Milano, 10.3.2015

Egregio Dottor Zatta,
un grande consulente!!
con i miei più
cari saluti

Le aziende familiari

Peter May
Thomas Ingelfinger

LE AZIENDE FAMILIARI

Strategie per il successo

EDITORE ULRICO HOEPLI MILANO

Titolo originale: *Erfolgsmodell Familienunternehmen*
Copyright © 2012 by Murmann Verlag, Hamburg
All rights reserved

Per l'edizione italiana
Copyright © Ulrico Hoepli Editore S.p.A. 2015
via Hoepli 5, 20121 Milano (Italy)
tel. +39 02 864871 – fax +39 02 8052886
e-mail hoepli@hoepli.it

www.hoepli.it

Tutti i diritti sono riservati a norma di legge
e a norma delle convenzioni internazionali

Le fotocopie per uso personale del lettore possono essere effettuate nei limiti del 15% di ciascun volume/fascicolo di periodico dietro pagamento alla SIAE del compenso previsto dall'art. 68, commi 4 e 5, della legge 22 aprile 1941 n. 633.
Le fotocopie effettuate per finalità di carattere professionale, economico o commerciale o comunque per uso diverso da quello personale possono essere effettuate a seguito di specifica autorizzazione rilasciata da CLEAREdi, Centro Licenze e Autorizzazioni per le Riproduzioni Editoriali, Corso di Porta Romana 108, 20122 Milano, e-mail autorizzazioni@clearedi.org e sito web www.clearedi.org.

ISBN 978-88-203-6692-6

Ristampa:

4 3 2 1 0   2015 2016 2017 2018 2019

Traduzione: Tiziana Prina
Realizzazione: Maurizio Vedovati – Servizi editoriali (info@iltrio.it)
Impaginazione: Sara Taglialegne

Stampa: L.E.G.O. S.p.A., stabilimento di Lavis (TN)

Printed in Italy

Sommario

Ringraziamenti — VII
Prefazione di Elena Zambon — IX

Parte 1: Tutto dipende dai proprietari
CAPITOLO 1 Le aziende familiari sono diverse — 3
CAPITOLO 2 La proprietà come chiave della diversità — 13
CAPITOLO 3 Tempo per un cambiamento paradigmatico — 39

Parte 2: Strategie per l'impresa
CAPITOLO 4 Perché le imprese familiari hanno bisogno di strategie particolari — 47
CAPITOLO 5 La leadership strategica — 51
CAPITOLO 6 Il finanziamento — 77
CAPITOLO 7 La corporate governance — 107

Parte 3: Strategie per i proprietari
CAPITOLO 8 Perché i proprietari hanno bisogno di proprie strategie — 131
CAPITOLO 9 Porre le giuste domande — 141
CAPITOLO 10 Trovare le risposte con la strategia proprietaria — 165

Epilogo — 221
Note — 225
Codice tedesco di governance per le aziende familiari — 263
Postfazione di Guido Corbetta — 287

Ringraziamenti

Ringraziamo gli imprenditori italiani e tedeschi che ci hanno dedicato il loro tempo: senza il loro esempio e contributo non avremmo potuto realizzare questo libro.

Un ringraziamento particolare va ad Armando e Pasquale Marinelli, Jacobo Barovier, Francesca Torrini, Piero Antinori, Marco e Giacomo Camuffo, Giuseppe Lavazza, Fabio De'Longhi, Gilberto Benetton e Gianni Mion, Michele Bauli e Maurizio Cimbali. Ci auguriamo che questo libro possa essere un ponte tra l'Italia e la Germania in un ambito in cui le affinità sono molto forti: gli imprenditori italiani potrebbero infatti trarre beneficio da una certa "sistematizzazione" dei comportamenti delle imprese familiari fatta dai tedeschi, per esempio, con il Codice di governance. E gli imprenditori tedeschi potrebbero trarre utile ispirazione dalla pratica storica delle aziende italiane più longeve: non a caso la maggior parte delle più antiche imprese nel mondo, infatti, è italiana.

Invitiamo i lettori a darci un riscontro sul libro scrivendoci alle email riportate in basso.

PETER MAY
p.may@intes-mayco.de

THOMAS INGELFINGER
thomas.ingelfinger@gmail.com

Prefazione

Le imprese familiari sono un soggetto economico particolare, non atipico nelle economie mondiali, ma indubbiamente di non semplice classificazione e certamente impossibile da omologare. La difficoltà di racchiudere in schemi lineari e analizzabili le molteplici forme e tipologie che le imprese familiari assumono nel tempo e nei diversi Paesi, rende ancora più apprezzabile questo libro.

Il testo di Peter May e Thomas Ingelfinger ha quindi il grande merito di fare da "carta geografica" – come scrivono gli autori – per coloro che cercano una guida nella realtà delle imprese familiari. Non a caso il primo elemento evidenziato dagli autori riguarda la necessità di approfondire lo studio di queste imprese così originali nel tempo e nei diversi Paesi in cui si sviluppano. Il racconto di casi aziendali e di storie di famiglie imprenditoriali aiutano infatti a comprendere le loro specificità e, soprattutto, a sfatare falsi miti e pregiudizi.

In Italia, dove il tessuto economico e imprenditoriale si basa in larga misura sull'imprenditorialità delle aziende familiari, nel 1997

Alberto Falck e un gruppo di imprenditori legati dagli stessi principi costituirono l'Associazione Italiana delle Aziende Familiari – AIdAF – che oggi raggruppa 150 aziende familiari e che rappresenta circa il 13% del Pil del nostro Paese, proponendosi di essere il riferimento in Italia per le aziende familiari con l'impegno di promuovere imprese di famiglia sane e solide perché fondate su valori imprenditoriali etici e su governance rigorose.

AIdAF è il rappresentante italiano del Fbn – Family Business Network – con cui crea continue occasioni di scambio e di approfondimento su tematiche concrete, presenti nella gestione della relazione Impresa-Famiglia Imprenditoriale prendendosi cura anche della crescita personale e professionale delle nuove generazioni.

Un secondo elemento importante da sottolineare, e che ritroviamo nel Codice tedesco di governance per le aziende familiari, è l'importanza di definire e rispettare delle regole di condotta. Due realtà familiari apparentemente simili possono vedere il proprio successo o fallimento a causa della presenza o meno di regole chiare, trasparenti e condivise. Non a caso è questo uno dei temi su cui più ci focalizziamo, in AIdAF, nei seminari di approfondimento.

Un terzo elemento è il forte legame con il territorio. Il contesto ambientale nel quale nasce e si sviluppa l'impresa influenza i modi, gli obiettivi, i valori con cui essa si muove. Nel caso delle imprese familiari è molto più facile che questa visione le porti ad assumersi un ruolo sociale ed etico verso la collettività in cui sono inserite. È dal territorio che l'impresa trae beneficio in termini culturali, sociali, di qualità della manodopera; per questo credo sia molto naturale per una famiglia imprenditoriale sentire il dovere di partecipare alla crescita di quel territorio, anche sviluppando accordi e partnership con le istituzioni locali, nonché con il mondo accademico.

Infine, come giustamente sottolineano gli autori, l'elemento tipico delle imprese familiari sono i valori della famiglia che guida l'impresa, regole che derivano da modelli educativi. Senza questi, le regole non hanno possibilità di essere comprese e applicate e, pertanto, perdono di significato. Dietro al termine "valori", dunque, risiedono, solo per citarne alcuni, l'impegno, l'esempio, il rispetto per i propri collaboratori. In altre parole, i valori identificano uno stile etico di fare impresa che, sono convinta, si rivelerà nel prossimo futuro un importante elemento distintivo e pertanto un asset fondamentale anche per la crescita del business.

La combinazione di questi elementi e di molti altri analizzati nel testo contribuisce alla definizione di un'identità e di una personalità dell'impresa familiare che, per sua natura, è unica e non distinguibile, così come ogni famiglia è particolare e irripetibile.

Per questa ragione, per l'impossibilità di determinare un modello unico che descriva le imprese familiari, è ancor più importante potersi avvalere di una "carta geografica", una mappa dettagliata e particolareggiata, com'è questo libro, per comprendere e navigare nella variegata realtà delle imprese familiari. Sono pertanto particolarmente grata agli autori per aver dedicato tanta attenzione e lavoro a questi temi complessi ma essenziali per capire meglio come aiutare le imprese familiari che sono la struttura economica portante del nostro Paese.

Un grazie sentito agli autori e buona lettura a tutti voi.

ELENA ZAMBON
Presidente AIdAF - Associazione Italiana
delle Aziende Familiari

Parte 1
Tutto dipende dai proprietari

1

Le aziende familiari sono diverse

Che cosa rende forti le imprese familiari? E quali sfide devono affrontare? Per poter rispondere a queste domande, dobbiamo capire che cosa significa veramente impresa familiare e secondo quali regole essa funziona.[1]

Qualche dato

Le imprese familiari hanno influenzato la storia del capitalismo: i Fugger o i Medici hanno ispirato intere epoche della storia mondiale, e anche la nascita delle manifatture e la prima industrializzazione sono inscindibilmente legate alle imprese familiari. Solo con la seconda ondata della rivoluzione industriale si è verificato un cambiamento: i progetti su larga scala, resi possibili grazie all'elettrificazione e all'uso industriale dell'acciaio, necessitavano infatti di maggiore capitale di quello che le singole famiglie potevano raccogliere, e senza le public company l'esplosione di prosperità dei passati cent'anni non sarebbe stata possibile.[2] Successivamente le imprese familiari hanno perso la loro pretesa di rappresentare in modo quasi esclusivo l'organizzazione imprenditoriale; accanto a queste, oggi, hanno un ruolo importante le società di capitali, le imprese di proprietà pubblica e, in misura crescente, le società controllate da investitori finanziari.

Tuttavia l'importanza delle imprese familiari non è cessata.[3] Nessun'altra forma organizzativa dell'attività imprenditoriale raggiunge anche solo in parte valori confrontabili.

... e qualche pregiudizio

Si sente spesso dire che le imprese familiari, rispetto alla concorrenza, prestano maggiore attenzione ai propri dipendenti e ai propri clienti, e che operano in modo più avveduto delle imprese in cui i decisori lavorano con denaro d'altri senza prendersi un rischio proprio, ma anche che esse, da un altro lato, prendono decisioni in maniera meno professionale.

Nel considerare i pro e i contro si è partiti per lungo tempo dal presupposto di un'inferiorità insita nel sistema delle imprese familiari. Dobbiamo soprattutto all'economista americano Alfred Chandler la concezione di un presunto rango economico secondario delle imprese familiari. In un libro pubblicato nel 1977, Chandler, economista alla Harvard University, aveva sostenuto l'opinione che l'ascesa delle nazioni industriali occidentali nel XX secolo era stata possibile solo perché, con la seconda fase della rivoluzione industriale, si era spezzato il potere economico delle famiglie. Chandler era convinto che, date le esigenze maggiori delle imprese in crescita, le famiglie fossero inadeguate. La separazione tra proprietà e management, com'è tipico delle public company, aveva aperto la strada a grandi strutture industriali e a un management orientato a criteri razionali. In questo ambito di pensiero non resta all'impresa familiare che il posto di "fase preliminare incompleta sulla via della public company gestita in modo manageriale".[4] Il giudizio di Chandler ha esercitato un influsso permanente sul pensiero economico. "L'attuale corrente principale del pensiero economico ignora l'impresa familiare come oggetto di una seria ricerca e l'ha quasi cancellata, considerandola come un relitto superato e insignificante",[5] constata lo storico dell'economia David Landes già nel 2006.

Un altro pregiudizio sulle imprese familiari è, se possibile, ancora più profondamente radicato: quasi tutti coloro che si occupano di imprese familiari partono dal presupposto che la loro durata sia di solito limitata a tre generazioni. Questa convinzione è talmente forte che è persino stata accolta indistintamente nel linguaggio popolare, in tutto il mondo. In Germania si dice che "der Vater erstellt's, der Sohn erhält's, dem Enkel zerfällts's"; in Italia "la prima generazione crea, la seconda mantiene, la terza distrugge", mentre in Francia "la première génération la crée, la seconde la développe et la troisième la ruine" e presso gli anglosassoni "shirtsleeves to shirtsleeves in three generations". La convinzione che nell'ascesa e nel declino di una dinastia familiare ci si trovi davanti a una specie di legge naturale è talmente diffusa a livello mondiale da definire il fenomeno come "sindrome dei Buddenbrook", facendo riferimento al famoso romanzo di Thomas Mann.

Ma questi pregiudizi sono giusti? Le nuove conoscenze hanno scosso questa visione tradizionale.

Le imprese familiari non sono di second'ordine

Punto di partenza per una rivalutazione è stato uno studio di Ronald Anderson e David Reeb pubblicato nel 2003.[6] In un'analisi dell'indice di Borsa di Standard & Poor's, i due studiosi americani avevano non solo constatato che le imprese quotate erano, per una parte notevole, sotto il controllo di famiglie, ma anche che tali imprese presentavano, nel periodo esaminato, uno sviluppo economico migliore[7] rispetto alle imprese equiparabili non familiari. Allo stesso tempo, il vantaggio era tanto maggiore quanto più un membro della famiglia proprietaria aveva influenza sul destino dell'impresa.[8] "Uno dei maggiori vantaggi strategici che può avere un'impresa è l'albero genealogico della famiglia": il risultato dello studio è stato così sintetizzato dalla rivista economica Businessweek. "Imprese in cui i fondatori o le loro famiglie hanno conservato una forte posizione nel management, nel consiglio di amministrazione, nel consiglio di vigilanza e/o come azionisti di maggioranza si affermano sul mercato in modo decisamente migliore rispetto ai loro concorrenti amministrati da manager."[9]

Questi risultati hanno suscitato una forte eco. La rivista Newsweek ha commissionato un confronto di performance per i principali listini azionari europei, giungendo a risultati paragonabili.[10] Il "family factor", come lo ha definito Newsweek, è diventato sinonimo di successo in Borsa e ha indotto le banche e i gestori patrimoniali a offrire ai loro clienti fondi speciali, aventi come cardine d'investimento le imprese familiari quotate in Borsa.

È ancora troppo presto per dedurre dai risultati dell'indagine una superiorità economica di questo tipo di imprese: le ricerche comparative sul successo o meno delle imprese familiari sono solo agli inizi.[11] Un risultato provvisorio si può tuttavia registrare: dobbiamo abbandonare l'idea tradizionale che l'impresa familiare sia di per sé inferiore ai propri concorrenti.

Le imprese familiari sono anche grandi

È vero che la maggior parte è di piccole o medie dimensioni, tuttavia le imprese familiari possono anche raggiungere dimensioni considerevoli. Barilla, Ferrero, Benetton, Zegna o Lavazza hanno fatturati nell'ordine di miliardi. Anche la più grande impresa del mondo, Walmart, si trova sotto il controllo familiare, come del resto la Volkswagen AG, la maggiore impresa industriale della Germania. Negli Usa, roccaforte del capitalismo manageriale, circa un terzo delle 500 maggiori società si trova sotto l'influenza di potenti famiglie proprietarie.[12] In altri Paesi industrializzati occidentali non va diversamente, e nelle economie emergenti il predominio delle imprese familiari è addirittura ancora maggiore.[13] In Turchia quasi tutte le imprese leader del Paese sono in mano a famiglie, e anche in India clan influenti come Tata, Mahindra, Mittal o Ambani hanno un ruolo importante. Le imprese familiari non sono per forza piccole o medie, ne esistono di tutti gli ordini di grandezza.

La sindrome dei Buddenbrook: una sfida non solo per le imprese familiari

Anche la sindrome dei Buddenbrook non è un male naturale delle imprese di famiglia. Certo, la durata della gran parte delle imprese familiari è limitata e in media persino più breve di quella tradizionalmente concessa delle tre generazioni.[14] Il successo economico non è infatti facile da conservare. Secondo uno studio della banca privata J.P. Morgan, solo il 15% di coloro che nel 1982 erano riusciti a essere sulla lista dei 400 di Forbes, è riuscito a rimanere nell'elenco per oltre 25 anni.[15] Un esempio particolarmente drammatico per un simile sviluppo è rappresentato dalla famiglia Vanderbilt.[16] Cornelius Vanderbilt aveva accumulato una fortuna nell'Ottocento con le navi a vapore e le ferrovie. Alla morte, questo tycoon dell'industria, considerato l'uomo più ricco del suo tempo, lasciò un patrimonio di 100 milioni di dollari, corrispondente a circa 150 miliardi di dollari attuali. Suo figlio William riuscì a raddoppiare la somma nel corso della sua vita; poi, alla sua morte, il patrimonio venne distribuito in parti uguali tra i suoi figli, e fu così fatto il primo passo per una distruzione forse a tempo di record dell'intero capitale. È bastata una sola generazione per dissipare il patrimonio dei Vanderbilt.

Il detto "la prima generazione crea, la seconda mantiene, la terza distrugge" non è tuttavia una legge di natura. L'Italia eccelle per anzianità nella fondazione di imprese familiari; queste occupano infatti ben sei posizioni tra le prime dieci nel mondo.

La più antica risulta essere la giapponese Houshi, una struttura termale alberghiera guidata dalla stessa famiglia sin dal 718.

Al secondo posto troviamo, insieme alla cantina francese Château de Goulaine, la Pontificia Fonderia di Campane Marinelli di Agnone, in provincia di Isernia, nel Molise, amministrata dai fratelli Armando e Pasquale Marinelli. Fu fondata nell'anno 1000 e le sue campane risuonano ormai in tutto il mondo, da New York a Pechino, da Gerusalemme a Buenos Aires, fino in Corea. La campana più grande, prodotta per l'Anno Santo 2000, pesa 5 tonnellate e ha una circonferenza di 6 metri.

Il cavaliere Pasquale Marinelli dice: "La nostra storia ha visto alternarsi momenti di difficoltà a momenti di grande soddisfazione. Su tutte, forse, l'esperienza più significativa risale al 1924, anno in cui papa Pio XI concesse alla famiglia Marinelli il privilegio di fregiarsi dello Stemma Pontificio. Non mancano, come detto, momenti difficili come quelli legati alla Seconda guerra mondiale, durante la quale la fonderia dovette sospendere l'attività produttiva, essendo state requisite le campane, il cui bronzo venne utilizzato per la costruzione di armi".

Al quarto posto tra le imprese più longeve vi è Barone Ricasoli. I suoi vigneti risalgono al 1141, anno di fondazione dell'azienda, rimasta da allora in mano alla famiglia, che vendeva all'estero già nel XVI secolo. Bettino Ricasoli fu anche primo ministro nei primi anni dello Stato italiano, succedendo a Cavour. Nel 1872 egli stabilì con il Sangiovese il tipo di vitigno principale per la produzione del Chianti. Dal 1993 Francesco Ricasoli, trentaduesimo barone di Brolio, ha raccolto il testimone dalle generazioni che lo hanno preceduto.

La Barovier&Toso, specializzata nel design in vetro, ha sede in un palazzo di Murano e si attesta al sesto posto. Nella storia del vetro muranese, il 1295 è l'anno di inizio dell'ininterrotta e vitale presenza della famiglia Barovier, a cui, dal 1936, si è unita la famiglia Toso. La Barovier&Toso fa parte dell'esclusivo club francese Les Hénokiens, che riunisce i titolari di aziende appartenenti da almeno duecento anni alla stessa dinastia. I prodotti hanno accompagnato nel corso dei secoli, attraverso ventuno generazioni, artisti del calibro di Tintoretto e Caravaggio. Oggi l'impresa è amministrata da Benvenuto e Giuseppe Barovier. Il presidente, Jacopo Barovier, dice: "L'innovazione è innanzitutto un fatto culturale. Le aziende possono essere giovani o vecchie, ma se non hanno una capacità di interpretare il periodo storico che stanno vivendo e un progetto chiaro al loro interno, avranno sempre dei problemi. I miei antenati sono stati bravi a essere sempre in grado di rinnovarsi, cambiare pelle e adattarsi. Ancora oggi siamo fedeli alla tradizione del vetro, inteso come lavorazione altamente artigianale, ma nel contempo siamo parte del grande mondo dell'arredo e del design. Siamo da sempre sottoposti agli stimoli che ci arrivano dal mercato, che è il terreno su cui dobbiamo confrontarci".

All'ottavo posto troviamo Casa Torrini, l'oreficeria più antica del mondo, che nel 1369 fece registrare il proprio marchio, un mezzo quadrifoglio con sperone, con cui ancora oggi sigla ogni manufatto. Dice Francesca Torrini: "La cultura di Firenze raggiunse i massimi livelli tra il XIV e l'inizio del XVI secolo, spinta dalle grandi famiglie patrizie e mercantili fiorentine, prima fra tutte i Medici".

La famiglia Antinori, al nono posto della nostra lista, fu fondata da Giuseppe di Piero Antinori e si dedica alla produzione vinicola dal 1385 attraverso ventisei generazioni, senza interruzioni nonostante guerre, sconvolgimenti politici, problemi finanziari, liti familiari e divergenze di carattere, generazione dopo generazione.

Oggi, l'azienda è diretta dal marchese Piero Antinori con il supporto delle tre figlie. Secondo lui, "la produzione vinicola non è un business per impazienti, ma un business legato alla terra, dove un esperimento può richiedere anche un anno di lavoro. Per assicurare il futuro, noi ricopriamo il ruolo di custodi molto più che quello di proprietari".

Fra le più antiche aziende familiari, al decimo posto figura Camuffo. Fondata nel 1438, quest'azienda pluri-generazionale, con le sue ininterrotte diciannove generazioni, ha effettivamente accumulato quasi sei secoli di documentata attività cantieristica, tanto da farle valere il primato di cantiere navale più antico del mondo. Dalla fondazione, per mano di El Ham Mufti di Camuffo, ha venduto barche tra l'altro a Maometto II, alla Repubblica di Venezia e perfino a Napoleone. I suoi motor yacht sono universalmente conosciuti come gli "Stradivari" del mare. Marco Camuffo, classe 1932, ha il titolo di Maestro d'Ascia. Dice che "ci vogliono una ventina d'anni per imparare la professione", e lui stesso ha lavorato quarant'anni accanto al padre Luigi Daniele Camuffo per produrre yacht realizzati esclusivamente in legno.

La durata in vita limitata non è dunque una particolarità che riguarda solo le imprese familiari, anche quelle non familiari falliscono o sono acquisite, e questo – come ha accertato il mio collega americano John Ward – in media anche prima delle imprese familiari. Mentre secondo Ward comunque il 20% delle imprese familiari raggiunge un'anzianità di oltre 50 anni, solo il 15% delle società elencate nell'indice azionario di Standard & Poor's sopravvive oltre i 40 anni.[17]

Impresa	Paese	Settore	Anno di fondazione
Houshi Onsen	Giappone	Alberghiero e ospitalità	718
Château de Goulaine	Francia	Alimentazione e generi voluttuari (vino)	1000
Pontificia Fonderia Marinelli	Italia	Industria di trasformazione (campane)	1000
Barone Ricasoli	Italia	Alimentazione e generi voluttuari (vino)	1141
Weingut Fürst Hohenlohe Oehringen	Germania	Alimentazione e generi voluttuari (vino)	1253
Barovier&Toso	Italia	Industria di trasformazione (vetro)	1295
Richard de Bas	Francia	Industria di trasformazione (carta)	1326
Torrini Manifattura Orafa	Italia	Articoli di lusso (orologi e gioielli)	1369
Marchesi Antinori	Italia	Alimentazione e generi voluttuari (vino)	1385
Cantiere Navale Camuffo	Italia	Industria di trasformazione (costruzioni navali)	1438

FIGURA 1. Le più antiche imprese familiari nel mondo.

Le imprese familiari non sono di per sé buone

I presunti vantaggi legati alle imprese familiari non hanno nessun carattere di legge naturale, e in particolare le imprese familiari non sono buone in sé e per sé. L'impresa dell'americano Bernard Madoff, che con il suo sistema piramidale ha procurato un danno inimmaginabile ai suoi investitori, era senza dubbio un'impresa familiare; anche Calisto Tanzi, che a capo dell'italiana Parmalat spicca come protagonista del più grande scandalo europeo di falso in bilancio e che truffò 135.000 piccoli azionisti facendogli perdere i loro risparmi, era un imprenditore familiare. Imprese familiari poco trasparenti ne esistono in abbondanza. Nessun sistema – il capitalismo di stampo anglosassone oppure quello "dal volto umano" – è in grado di spingere un'impresa a comportarsi in modo impeccabile dal punto di vista legale e morale. È il risultato di una consapevole libera scelta di chi ha la responsabilità nell'ambito dell'impresa. Ciò vale per le imprese familiari come per tutte le altre; la domanda è comunque se nelle prime sono presenti strutture, obiettivi e valori che favoriscono comportamenti socialmente adeguati.

È dunque tempo di considerare il fenomeno delle imprese familiari in modo specifico, e per questo dobbiamo comprendere ancor meglio che cos'è veramente un'impresa familiare e quali comportamenti e strategie derivano dal sistema che le è proprio.

②

La proprietà come chiave della diversità

Che cos'è un'impresa familiare?

Che cos'hanno in comune il negoziante di generi alimentari all'angolo, il produttore di pasta Barilla e l'imprenditore Benetton? Nonostante tutte le differenze di dimensioni, modelli di business e struttura proprietaria, qualcosa li unisce: sono imprese familiari. Questa constatazione non è affatto scontata, perché una nozione unica di ciò che è un'impresa familiare non si è ancora formata.[1]

A lungo si è sostenuto che, a causa della sua posizione di proprietaria dominante, la famiglia dovesse sia controllare sia gestire l'impresa. Quest'idea era anche alla base della concezione di Alfred Chandler sulla presunta secondarietà delle imprese familiari, ma non è solo in contraddizione con la consapevolezza di molti interessati, bensì anche con il buon senso. Nessuno arriverebbe a pensare di negare a un immobile, che è di proprietà di una famiglia, la classificazione di patrimonio familiare solo perché la famiglia decide di delegarne la gestione a un amministratore. Il riferimento determinante per classificare un bene patrimoniale è in generale non la questione di chi lo gestisce, ma a chi appartiene.

Il fatto che questo non sia così ovvio per le imprese, mostra come il nostro modo di pensare sia qui fortemente segnato dalla grande public company. Poiché i proprietari di una public company sono difficilmente individuabili e sono soggetti a un continuo cambiamento, il management diventa il fattore determinante dell'impresa. Ciò non toglie nulla al fatto che questo spostamento del focus rappresenti un'eccezione; non serve come punto generale di partenza per la definizione delle diverse forme organizzative dell'attività imprenditoriale. In linea di massima per le imprese non può che valere quel che vale per gli altri beni patrimoniali: l'approccio determinante per la definizione non è la domanda da chi sono gestiti, ma esclusivamente a chi appartengono.[2]

Sulla base di questa nozione si utilizza in questo libro una semplice definizione: le imprese familiari sono tutte le imprese in cui il proprietario dominante è una famiglia, con una concezione intergenerazionale dell'impresa stessa. Osserviamo più da vicino i singoli aspetti della definizione.

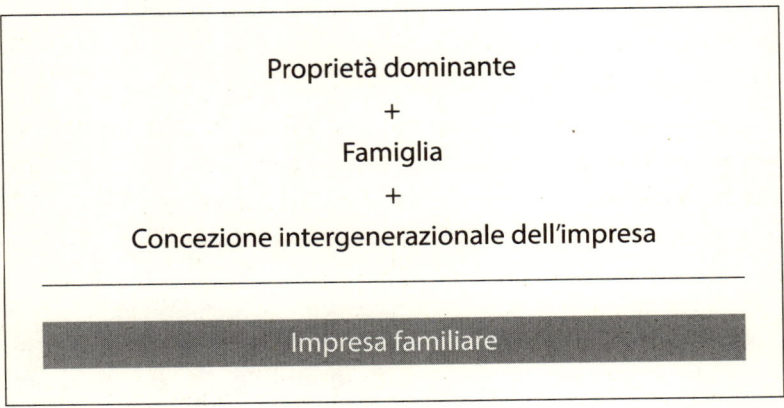

FIGURA 2. Definizione di impresa familiare.

La proprietà dominante

Per qualificare un'impresa come impresa familiare, la famiglia deve disporre di una posizione di proprietà dominante, oltre a essere nella condizione di influenzare secondo il proprio intendimento le principali decisioni imprenditoriali.

Non sono dunque tanto essenziali i rapporti delle quote di partecipazione: si può continuare a salvaguardare un influsso dominante con l'aiuto di costruzioni giuridiche, anche quando la famiglia ha perso la maggioranza del capitale. Così alcune imprese familiari quotate in Borsa utilizzano lo strumento dell'azione privilegiata senza diritto di voto, per assicurare alla famiglia proprietaria una maggiore influenza sull'impresa di quanto corrisponda alla sua partecipazione di capitale. Inoltre in Borsa, di solito, non è necessaria una maggioranza di quote con diritto di voto per mantenere la posizione proprietaria dominante. Data la presenza quasi sempre minima di piccoli azionisti nell'assemblea generale, si ritiene che già con il 30% delle azioni aventi diritto di voto si possa disporre di una certa influenza sull'impresa. Risultati simili si possono ottenere attraverso la scelta di forme giuridiche adeguate.

Mettendo da parte il fattore influenza, è possibile arrivare ugualmente a una classificazione adeguata delle imprese che sono controllate da una o più fondazioni (familiari). Il fatto che la maggioranza delle quote confluisca in una fondazione non esclude infatti una catalogazione come impresa familiare: con la decisione a favore di una fondazione come proprietaria dominante si sottrae soltanto alla famiglia il potere di disporre del valore patrimoniale della sua partecipazione e si assicura la conservazione dell'impresa, indipendentemente dalla volontà di proseguire l'attività da parte dei membri della famiglia. Per stabilire se un'impresa appartenente a una fondazione sia un'impresa familiare, bisogna vedere se alla famiglia è accordata un'influenza determinante negli organi decisionali.

La famiglia

La posizione di proprietaria dominante deve essere fatta propria dalla famiglia. In questo contesto viene tradizionalmente definita come famiglia "un gruppo di persone che è in un rapporto reciproco diretto di parentela e che discende da un determinato matrimonio e dai partner di questa unione".[3] Naturalmente non è più così da tempo, la nostra percezione del matrimonio è in continuo cambiamento: il progressivo individualismo ha portato a una pluralità di forme esistenziali. La famiglia borghese basata sulla parentela ha perso la sua pretesa di rappresentatività unica; le famiglie patchwork, le convivenze extraconiugali, le partnership omosessuali e altre forme del vivere insieme si sono aggiunte in modo più o meno paritario nei diritti, con conseguenze anche per le imprese familiari. Oggi ognuno deve decidere per sé che cosa intende per famiglia; non si è famiglia, famiglia si diventa attraverso una decisione consapevole. Va da sé che ne nascano sfide di nuovo tipo per i titolari delle imprese familiari.

Talvolta il ruolo proprietario dominante in un'impresa familiare è conservato grazie anche a più famiglie non imparentate tra loro. Tali imprese rappresentano una forma particolare tra quelle familiari e per chiarire la loro specificità andrebbero definite come imprese plurifamiliari.

Il concetto di impresa intergenerazionale

Il terzo criterio per la definizione delle imprese familiari è il concetto di impresa che abbraccia più generazioni di proprietari. In primo luogo è proprio l'intenzione di conservare la proprietà principale, ovvero di salvaguardarla per almeno un'altra generazione, a fare di un'impresa normale un'impresa familiare. I titolari che intendono trasmettere la loro azienda ai figli agiscono diversamente da coloro che pianificano solo considerando l'ambito della propria esistenza. Bill Gates non ha mai avuto l'intenzione di trasmettere la propria società ai figli. Il suo credo era: meglio una piccola quota in un'impresa mondiale che il 100% in una piccola ditta; così ha modellato una delle più importanti compagnie del mondo. Ma, appunto, non un'impresa familiare.

La maggior parte dei fondatori di un'impresa non si fa, all'inizio, alcun pensiero sulle intenzioni dinastiche; sarebbe sbagliato trattarli come imprenditori familiari e fornirgli tutti i consigli che si danno in questo libro per la guida di un'impresa familiare. A un certo punto, però, ogni titolare d'azienda deve pensare a che cosa succederà della sua attività dopo di lui: se decide di trasferirla nell'ambito della famiglia, da imprenditore titolare diventa imprenditore familiare.

A partire dalla seconda generazione prende piede una certa visione di impresa intergenerazionale: non si tratta però ancora di un fatto inevitabile, talvolta infatti, non ha più senso mantenere una tradizione imprenditoriale nella famiglia. O semplicemente non lo si vuole. Ogni famiglia deve perciò valutare con una certa regolarità la propria volontà dinastica; nel momento in cui questa viene meno, l'impresa familiare smette di essere tale.

Le imprese familiari e le famiglie imprenditrici

Come abbiamo visto, la proprietà dominante di una famiglia con una concezione imprenditrice che abbraccia più generazioni fa di un'impresa un'impresa familiare, e ciò a prescindere dal fatto che l'influenza determinante della famiglia sia diretta o solo indiretta.

Nello stesso tempo, trattando di imprese familiari, è ora che ci si liberi da una visione esclusiva e limitante: senza le famiglie proprietarie che le dominano, questa tipologia non è concepibile. Chi vuole capire davvero il fenomeno, deve comprendere a fondo le due entità che la costituiscono: impresa e famiglia. Le imprese familiari sono infatti imprese molto particolari, e le famiglie imprenditrici sono famiglie altrettanto speciali. È tempo che cogliamo la famiglia imprenditrice come un'unità di primaria importanza, e che indaghiamo i suoi meccanismi d'azione con la stessa curiosità che abbiamo verso quelli dell'impresa controllata.

Ci serve innanzi tutto una definizione ben chiara: le famiglie proprietarie o imprenditrici sono le famiglie che posseggono in via dominante (almeno) un'impresa e, allo stesso tempo, perseguono una concezione imprenditoriale che comprende più generazioni.

FIGURA 3. Definizione di famiglia imprenditrice.

Le conseguenze principali

L'analisi SWOT del family business

Una chiara rappresentazione di ciò che è un'impresa familiare ci aiuta a comprendere meglio le particolarità di questo tipo di impresa e rende accessibile a un giudizio razionale i suoi comportamenti; l'analisi SWOT può fornire un'introduzione in proposito. Questo popolare strumento di analisi aiuta le imprese a riconoscere specifiche opportunità e sfide derivanti dal loro ambiente nonché i punti di forza e di debolezza, a metterli in relazione e a posizionarsi di conseguenza.[4] Essa è utilizzata anche dalle imprese familiari, e tuttavia dovremmo qui integrarla per alcuni aspetti che risultano dal particolare carattere di questo tipo di impresa. Ognuna delle tre caratteristiche che la costituiscono spiega opportunità e sfide specifiche. Tutti quelli che hanno a che fare con le imprese familiari – non importa se siano concorrenti, clienti, fornitori, collaboratori o consulenti – sono tenuti a conoscerle.

I proprietari e i manager dovrebbero inoltre saper rispondere se e in quale misura la loro impresa familiare ha sviluppato i propri vantaggi teorici in punti di forza individuali o se invece continua a mostrare punti di debolezza. E dovrebbero capire se le potenziali minacce, inizialmente riconoscibili solo in via astratta, si manifestano in loro come debolezze concrete o se si è riusciti, con provvedimenti ad hoc, ad affrontarle con efficacia. In questo modo, grazie all'analisi SWOT del family business, si ottiene un importante supporto per sviluppare misure strategiche adeguate all'impresa familiare e ai suoi proprietari.

Opportunità e sfide della proprietà dominante

Il conflitto principale-agente

Nel confronto con le prestazioni delle public company, i sostenitori di quest'ultime richiamano volentieri l'attenzione sui punti di debolezza che si presume siano intrinseci al sistema delle imprese familiari, ma allo stesso tempo ignorano che anche le public company presentano debolezze. La più importante è il conflitto principale-agente,[5] facilmente spiegabile: nella public company i proprietari (principali) devono servirsi, per la direzione dell'impresa, di manager (agenti) incaricati ad hoc, che in parte perseguono interessi diversi dai loro principali. Mentre questi ultimi sono in prima linea orientati alla redditività del capitale impiegato, agli agenti importa in primo luogo la produttività del lavoro. La nozione che da qui nasca un problema risale a un'epoca precedente la moderna dottrina economico-aziendale. Adam Smith la formulò già nel 1776: "The directors of such companies, however, being the managers rather of other people's money that of their own, it cannot well be expected that they should watch over it with the same anxious vigilance with which the partners in a private copartnery frequently watch over their own".[6] Nella loro opera pionieristica anche Adolf Berle e Gardiner Means hanno descritto la moderna public company e la relativa separazione tra proprietà e management come decisive per il successo economico delle economie occidentali, pur attirando chiaramente l'attenzione sui rischi di questa separazione: "In the development of the corporation, constantly widening powers over the management of the enterprise have been delegated to groups within the corporation... With the separation of ownership and control, these powers developed to a stage permitting those in control of a corporation to use them against the interests of ownership".[7]

Dove ciò possa condurre, lo si è visto in tempi recentissimi quando sotto il pretesto della teoria dello shareholder value, la remunerazione complessiva dei manager assunti si sganciava così ampiamente dallo sviluppo dei valori dell'impresa che, nei risultati, la teoria dello shareholder value finiva per essere una teoria del manager value. Gli sforzi per assicurarsi una buona corporate governance nelle public company non sono dunque altro che il tentativo (spesso riuscito solo in parte) di circoscrivere le conseguenze negative del conflitto principale-agente. Di fondo, non cambia niente: per affrontare i problemi del conflitto principale-agente, le public company sono costrette a creare meccanismi di controllo e di incentivazione che sono legati a elevati costi di transazione. Questo svantaggio è ulteriormente rafforzato perché le public company non godono invece dell'effetto disciplinante che nel caso dell'identità tra principale e agente risulta dalla gestione delle proprie risorse.[8] Con il denaro degli altri ci si comporta con maggiore noncuranza che con il proprio.

Forse non bisogna arrivare agli estremi di Adam Smith, che già nel 1776 concludeva: "It is upon this account that joint stock companies for foreign trade have seldom been able to maintain the competition against private adventures".[9] Perlomeno i risultati dei più recenti confronti tra public company e imprese familiari fanno supporre che le conseguenze negative del conflitto principale-agente pesano come minimo allo stesso modo degli svantaggi spesso citati per la proprietà familiare.[10]

La concordanza tra proprietari e manager come beneficio sistemico

Nell'impresa familiare il conflitto principale-agente non si presenta con la stessa acutezza.[11] È addirittura del tutto escluso finché il proprietario guida lui stesso la propria impresa; a dire il vero, ciò cambia quando nelle generazioni successive ha luogo una suddivisione tra soci attivi e non attivi. Tuttavia anche in questa combinazione il conflitto principale-agente sorge solo in forma attenuata, perché l'agente è anche proprietario e a tale riguardo persegue un interesse comune con gli altri principali. Persino quando la famiglia delega la guida della propria impresa a un management esterno la situazione non è confrontabile con quella di una public company, perché come conseguenza della titolarità dominante della famiglia risulta sempre chiaro dove ha sede il potere. Frasi come "l'impresa familiare appartiene alla famiglia, la public company al consiglio di amministrazione"[12] rendono evidenti dov'è la differenza di percezione che si ha nei confronti dei manager impiegati nelle public company e nelle imprese familiari.

La totale o parziale assenza del conflitto principale-agente è un beneficio da non sottovalutare del sistema delle imprese familiari. I premi Nobel Fama e Jensen lo hanno così puntualizzato: "With owner managers, first, there is a natural alignment of interests about growth and risk. This alignment reduces costly mechanisms for separating the management and control of decisions. Second, private ownership personal involvement assures that managers will not expropriate shareholder wealth through consumption of perquisites and the misallocation of resources. Third, the special relation among owners provides advantages in monitoring decision making".[13]

Come conseguenza della ridotta problematica principale-agente, i meccanismi di controllo e di consenso sono meno costosi e richiedono una minore perdita di tempo; gli attriti diminuiscono. Secondo l'opinione dell'esperto di management Hermann Simon, i dirigenti delle imprese familiari medie impiegano solo il 10-30% del proprio tempo nel superamento di controversie interne all'impresa, mentre il dispiego di tempo paragonabile nelle imprese non familiari è tra il 50-70%.[14] Le decisioni vengono quindi prese e messe in pratica più celermente anche nelle grandi imprese, e ciò vale per il riesame di decisioni sbagliate. Meno marcato è il conflitto principale-agente, migliore è la garanzia che l'impresa sia guidata secondo gli interessi dei proprietari. Un management che agisce con la certezza che pagherà con soldi propri le conseguenze delle sue decisioni, opererà in maniera più consapevole. Inoltre la proprietà dominante permette di attivare un particolare bonus proprietario:[15] quando i titolari dominanti, siano manager, membri del consiglio di vigilanza o soci, si presentano in modo ben riconoscibile, possono capitalizzare un potenziale di fiducia, il cui valore economico è ancora molto poco studiato. Le famiglie di imprenditori che legano il proprio buon nome in modo visibile alla loro impresa, dispiegano un vantaggio competitivo a cui l'anonima public company non ha da opporre niente di paragonabile.

L'abuso di potere come sfida propria del sistema

La forte posizione di potere di un proprietario dominante non ha però solo vantaggi: nessuno gli può infatti impedire di abusare della propria posizione ai danni dell'impresa. Finché egli si muove nell'ambito del diritto e della legge, tale comportamento viene punito solo dal mercato. Chi ha il potere di assegnare importanti ruoli direttivi nell'impresa, può elevare a tali posizioni persone non sufficientemente capaci. Nelle imprese familiari il pericolo è particolarmente grande: molti genitori non sono in grado di fare distinzione tra la loro responsabilità di titolari d'impresa e il loro ruolo di genitori e affidano posizioni di comando a figli che non sono all'altezza del loro compito. E chi non ha solo un ruolo direttivo, ma essendo proprietario dominante non deve rispondere a nessuno, può restare al suo posto oltre ogni ragionevole limite d'età. Un tale comportamento non è né professionale né da prendere come modello.

Chi come proprietario dominante può decidere in tema di fissazione di obiettivi e valori, ruoli, strategie e altre misure vitali per l'impresa, porta una grande responsabilità, di cui può mostrarsi o meno all'altezza. Nelle sue decisioni può mettere in primo piano gli interessi dell'impresa, oppure orientarsi verso ciò che gli sembra auspicabile per sé o per i suoi familiari. Quando un'impresa familiare fallisce, molto spesso il motivo è nell'inadeguatezza della famiglia a ricoprire un ruolo da cui si sente schiacciata.

Le opportunità e le sfide della proprietà familiare

Due mondi si incontrano

Il fatto che il proprietario dominante sia una famiglia è per l'impresa un altro fattore importante. Il legame famiglia e impresa crea un ambiente dinamico, perché entrambi i sistemi funzionano secondo regole diverse.[16]

Mentre l'appartenenza a una famiglia si basa sulla parentela ed è soggetta solo a disposizioni limitate, l'adesione a un'impresa si fonda su basi contrattuali da cui ci si può svincolare. E mentre le imprese traggono il proprio valore dal loro successo economico e di conseguenza valutano i loro membri in base al contributo che danno per il raggiungimento di questo successo, le famiglie sono orientate a trasmettere ai propri membri sicurezza e solidità, nonché le necessarie abilità per affermarsi nella vita. Nella famiglia ideale il valore del singolo membro non si misura secondo la prestazione, ma risulta dall'appartenenza in sé all'unità familiare. Se nel sistema impresa è insito un trattamento differenziato, i membri del sistema famiglia richiedono un trattamento alla pari e una compensazione degli svantaggi derivanti dalla loro natura. Si potrebbe dire in modo chiaro ed esplicito: le famiglie ideali sostengono i deboli, le imprese ideali incoraggiano i forti.

Le famiglie imprenditrici e le imprese familiari devono quindi superare un difficile dilemma: le seconde, infatti, non sono imprese normali, perché oltre alle esigenze aziendali devono soddisfare in misura adeguata anche i bisogni della famiglia, se vogliono restare imprese familiari. E a loro volta le famiglie imprenditrici non sono famiglie normali: come titolari dominanti di un'impresa devono cercare di mantenere in un certo equilibrio sia gli interessi della famiglia sia quelli dell'impresa, se vogliono continuare ad avere successo sotto queste vesti. Le questioni decisive sono: fino a che punto il sistema familiare deve condizionare l'impresa e fino a che punto l'impresa la famiglia? Quale influenza è utile e quale dannosa?

I primi approcci teorici a queste domande sono già stati sviluppati negli anni Ottanta del secolo scorso.[17] Alla base del cosiddetto Modello dei due cerchi c'era l'idea che nella guida di un'impresa familiare si trattasse in prima battuta di conciliare i bisogni familiari con le esigenze aziendali. Come questo potesse riuscire, lo spiegano Ernest Doud e Lee Hausner, con l'aiuto di una storiella, nel loro libro *Hats Off to You*.[18] Un imprenditore ha un figlio della cui idoneità a dirigere l'azienda non è sicuro. Per metterlo alla prova, gli affida diversi incarichi in ambito aziendale; dopo un anno l'esperimento ha termine, con un risultato negativo. Il giovane non ha saputo dimostrare né capacità personali né professionali nel management, e di conseguenza il padre imprenditore dà appuntamento al figlio per comunicargli la sua decisione. All'inizio si mette nei panni dell'imprenditore. "Figlio mio," comincia "ora ti parlo come superiore; hai avuto un anno di tempo per dimostrare di essere un membro valido del nostro team manageriale, adatto a succedermi. Non hai sfruttato l'opportunità data e per quanto mi dispiaccia, conosci le regole. Sei fuori." Poi si ferma un attimo, abbraccia il figlio e prosegue: "Ora ti parlo come padre: hai appena ricevuto una notizia dannatamente cattiva. Come posso aiutarti?".

Con questa storia, Doud e Hausner vogliono illustrare una semplice regola. Per una relazione professionale in cui concorrono entrambi i sistemi della famiglia e dell'impresa non è sufficiente tenere presente la loro esistenza e le norme e i comportamenti di volta in volta validi. Le persone coinvolte devono anche considerare in quale sistema stanno operando, e agire di conseguenza secondo le regole pertinenti. Nella misura in cui si tratta di questioni aziendali, è necessario che vestano i panni dell'imprenditore; in temi familiari, quelli del membro della famiglia; proprio come l'imprenditore-padre ha fatto nella storia di Ernest Doud e Lee Hausner.

Premessa per il funzionamento del concetto dei due cappelli è tuttavia che le regole secondo le quali si decide in famiglia e nell'impresa, siano ben esplicitate. La famiglia proprietaria deve riflettere in che misura le attese dei familiari sono trasferite nell'impresa e quanto gli interessi dell'impresa debbano influire sulla cultura della famiglia.

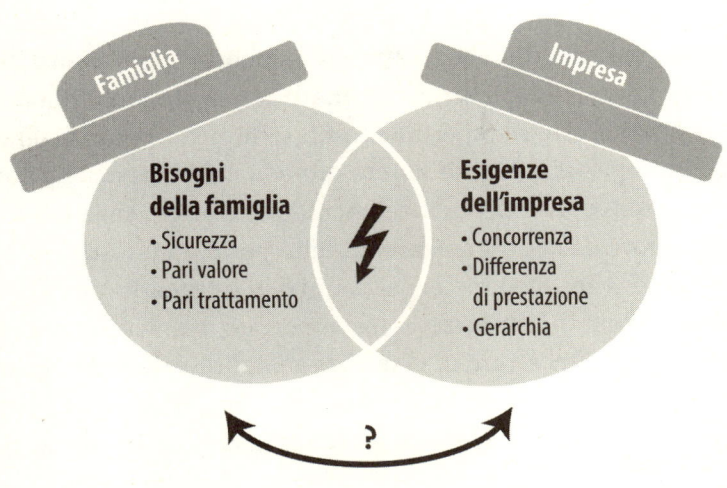

FIGURA 4. Il Modello dei due cerchi.

Nell'Europa centrale le famiglie di imprenditori favoriscono di solito un approccio doppiamente business-first. Per l'impresa ciò significa che l'esercizio dei diritti proprietari è posto sotto una riserva generale, per cui non deve gravare sull'impresa; e nella famiglia l'approccio business-first ha come conseguenza che nell'interesse dell'azienda i tipici aspetti del sistema famiglia hanno un valore relativo: in particolare, il valore dei singoli componenti è spesso misurato nelle famiglie business-first in base alla performance con cui contribuiscono al raggiungimento del comune obiettivo imprenditoriale.[19] Non si tratta ovviamente di un obbligo, e in effetti ogni famiglia proprietaria deve decidere per sé in che misura seguire nell'impresa e in famiglia la concezione business-first o family-first.

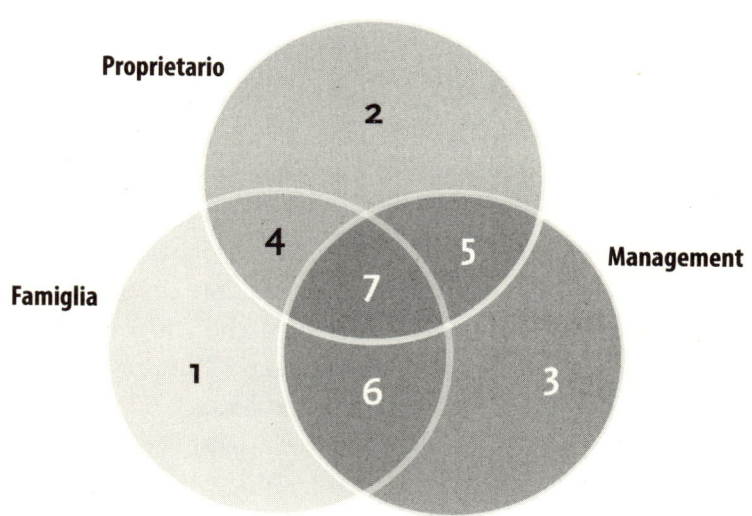

FIGURA 5. Il Modello dei tre cerchi.

1. Membro della famiglia proprietaria (senza partecipazione né funzione direttiva)
2. Proprietario esterno alla famiglia (senza funzione direttiva)
3. Manager esterno alla famiglia (senza partecipazione)
4. Proprietario appartenente alla famiglia (senza funzione direttiva)
5. Manager esterno alla famiglia con partecipazione
6. Membro della famiglia nella direzione dell'impresa (senza partecipazione)
7. Proprietario appartenente alla famiglia attivo nella direzione dell'impresa

Fonte: R. Tagiuri e J. Davis, "On the Goals of Successful Family Companies", *Family Business Review*, 5: 43-62, 1992.

Il Modello dei due cerchi è stato poi ulteriormente sviluppato da Tagiuri e Davis nel Modello dei tre cerchi.[20] Suddividendo la sfera impresa nelle due dimensioni proprietà e management, il Modello dei tre cerchi ha permesso di comprendere e classificare, oltre al conflitto di base famiglia verso impresa, anche i conflitti di ruolo nell'impresa familiare. Seguendo la nozione secondo cui il punto di vista di un individuo è determinato dalla posizione da cui agisce, il Modello dei tre cerchi rende evidente la varietà delle sfere di conflitto esistenti nell'impresa familiare. Esso aiuta per esempio a comprendere perché un manager esterno alla famiglia giudica la questione di un'adeguata distribuzione degli utili diversamente da un proprietario e perché tra titolari non attivi nel management e quelli attivi esistano ugualmente diversi punti di vista. Il Modello rende anche evidente perché i soci inattivi o i membri della famiglia che non partecipano all'impresa avranno una minore identificazione con l'impresa stessa. E non da ultimo mostra come le problematiche cambino a ogni variazione della struttura proprietaria, manageriale o familiare, richiedendo altre soluzioni. In breve: il Modello dei tre cerchi è uno strumento eccellente, perché serve anche a bilanciare meglio i sistemi parziali costituiti da famiglia, proprietà e management, e a trasformarli in pilastri di sostegno dell'intero sistema.[21]

La familiness come vantaggio del sistema

A seconda di come la famiglia proprietaria riesce a vincere le sfide competitive insite nel suo sistema, la proprietà familiare può risultare un vantaggio o uno svantaggio per l'impresa. Corrine Mühlebach ha spiegato in modo esauriente nella sua dissertazione, molto apprezzata all'università di San Gallo, come le risorse della proprietà familiare possano trasformarsi in vantaggi competitivi.[22] Ogni famiglia dispone di una ricchezza di capacità che, grazie alla titolarità dominante, è in grado di impiegare in maniera produttiva nella propria impresa; quindi può mettere a disposizione dell'impresa il capitale e il know-how di cui questa ha bisogno. Di più ancora: le famiglie forti possiedono una cultura unica che può diventare il fondamento di una cultura aziendale altrettanto unica. In qualità di proprietari ben riconoscibili offrono un potenziale di identificazione spendibile per il bene dell'impresa come valido asset.

I conflitti familiari come sfida propria del sistema

Tuttavia non tutte le famiglie di imprenditori corrispondono all'immagine ideale. In molte sono all'ordine del giorno invidia, gelosia e risentimento; solo poche si sforzano in maniera professionale di trovare un adeguato equilibrio tra sfide familiari e imprenditoriali, e piuttosto spesso l'impresa diventa il luogo in cui si giocano conflitti familiari che risalgono già alla prima infanzia. Dai litigi al parco giochi si passa a una lite persistente per il denaro, il potere e l'eredità a livello aziendale. Grant Gordon dell'Institute for Family Business e Nigel Nicholson, professore alla London Business School, hanno raccolto di recente una serie di notevoli controversie internazionali.[23] Tra queste rientra anche la storia della famiglia Gucci, che dopo un'ascesa repentina ha trovato una misera conclusione nell'omicidio e nella morte violenta. Nel 1921 il sellaio Guccio Gucci di Firenze creò un piccolo laboratorio; la sua maestria e il suo sicuro buon gusto resero l'impresa rapidamente di successo. Ben presto Gucci aprì filiali in tutta Italia e vendette con grande successo cinture, borse e foulard di alta qualità. La seconda generazione proseguì la success story, internazionalizzò l'impresa e sviluppò Gucci come brand di lusso, leader in tutto il mondo. Nella terza generazione si girò però pagina. Gli eredi litigarono sulla direzione che doveva prendere il business, e in questo non dovettero essere troppo delicati. Secondo le cronache "in occasione delle riunioni del consiglio direttivo nella sede storica fiorentina, i nipoti del leggendario Gucci si scagliavano portacenere e vasi di fiori e si avventavano l'uno contro l'altro con le sedie finché non scorreva sangue".[24] Quando divenne di pubblico dominio che il nipote del fondatore, Maurizio, si era assicurato la maggioranza delle azioni nell'impresa falsificando le firme, egli fu costretto a fuggire in Svizzera. L'anno dopo, lo zio e i suoi figli vendettero le proprie quote a investitori arabi, che impiegarono nuovamente Maurizio come manager. Ma la fine del clan Gucci era ormai inarrestabile, e il peggio doveva ancora succedere. Due anni dopo il passaggio ai soci arabi delle ultime quote dell'impresa, ormai in crisi, Maurizio Gucci fu ucciso il 27 maggio 1995 da un killer professionista su incarico dell'ex moglie.

I Gucci sono forse un caso particolarmente tragico, ma di certo non isolato. Invidia, gelosia e risentimento, nonché contese per il denaro, il potere e l'amore costituiscono il Triangolo delle Bermude, in cui spariscono per sempre molte famiglie imprenditrici. Che ci piaccia o no, i litigi nella famiglia dei titolari sono una delle maggiori cause di distruzione del valore della loro impresa; tuttavia ogni famiglia ha lei stessa in mano la scelta: se vuole moltiplicare i vantaggi della proprietà familiare e giocare una positiva familiness oppure confrontarsi con gli svantaggi derivanti dall'invidia, dalla gelosia e dall'animosità. Di strumenti ve ne sono a sufficienza; bisogna solo saperli usare.

Le risorse limitate come sfida intrinseca al sistema

Come conseguenza della proprietà familiare, queste imprese hanno di fronte un'ulteriore sfida propria del sistema. Finché deve essere mantenuta la posizione proprietaria dominante della famiglia, l'impresa dipende dalle risorse finanziarie che le vengono messe a disposizione dalla famiglia stessa. Queste sono per natura limitate e si alimentano soprattutto con la rinuncia agli utili dei proprietari. Un'impresa che ha come obiettivo la conservazione del predominio familiare può utilizzare in maniera solo limitata le opportunità del mercato dei capitali; quando giunge il momento in cui tutti gli strumenti si esauriscono, la famiglia titolare si vede posta davanti alla scelta o di cedere l'influenza dominante esercitata dalla famiglia o di rinunciare a un ulteriore ricorso al mercato dei capitali. Comunque si guardi la faccenda, la conseguenza del vincolo risultante dall'intenzione di mantenere la proprietà dominante porta le imprese familiari a dover cercare il proprio successo con risorse limitate.[25] Ciò richiede strategie diverse rispetto alla guida di una public company, ma non è detto che debba essere necessariamente uno svantaggio; lo dimostrano le storie di numerose imprese familiari che sono arrivate a notevoli successi nonostante le risorse finanziarie limitate.

Le opportunità e le sfide di un'impresa intergenerazionale

La visione intergenerazionale

Anche la terza caratteristica, la concezione di impresa intergenerazionale, giustifica i pregi nonché le sfide specifiche delle imprese familiari. I proprietari pensano per lunghi cicli, vogliono che nel loro ruolo si succedano figli e nipoti, e i loro modelli non sono tanto gli imprenditori in cima alle classifiche dei più ricchi, bensì i campioni di longevità come Houshi o Antinori. Ispirano in questo senso le loro imprese familiari: i loro comportamenti si distinguono di conseguenza in modo significativo da quelli delle altre forme organizzative di attività imprenditoriale. Le public company sono soggette alle norme del mercato dei capitali, e questo esige rialzi dei corsi a breve termine. Per le imprese sotto il controllo degli investitori finanziari non è diverso: nell'interesse dei loro investitori anche le società di private equity e gli hedge funds si aspettano un'elevata redditività sul capitale impiegato, e questo nel più breve tempo possibile. In tal senso elaborano culture aziendali e sistemi di governance, perseguono strategie d'impresa e di finanziamento e portano gli individui in posizioni di decisori determinanti per il raggiungimento degli obiettivi fissati. Per i proprietari delle imprese familiari vale lo stesso discorso, solo che l'obiettivo non è l'ottimizzazione nel breve periodo dello shareholder value, ma la preservazione sul lungo periodo dell'impresa nelle mani della famiglia. L'impresa familiare quotata in Borsa unisce entrambi gli obiettivi.

De'Longhi è un'azienda italiana produttrice di elettrodomestici, leader mondiale nelle macchine da caffè espresso, nella preparazione dei cibi e nei prodotti per la casa. Produce e commercializza i suoi prodotti con quattro marchi: De'Longhi, Kenwood, Braun e Ariete. Ha iniziato la produzione di elettrodomestici negli anni Settanta ed è quotata alla Borsa di Milano dal 2001.

La famiglia controlla il 67% delle azioni e dei diritti di voto. Fabio De'Longhi, amministratore delegato, dice a proposito dei benefici della quotazione in Borsa: "L'imprenditore tende a pensare e a sviluppare la propria azienda con un orizzonte temporale di lungo periodo, quasi infinito. Al contrario la Borsa impone il perseguimento e ottenimento dei risultati di anno in anno, di trimestre in trimestre; inoltre la Borsa costringe ad agire con un forte orientamento ai risultati e a formulare la strategia in modo chiaro e rigoroso. In questo senso De'Longhi sa coniugare valori tipici delle imprese familiari quali prodotto, qualità e fabbriche, a rigorosi obiettivi finanziari di crescita, redditività e generazione di cassa".

La continuità come vantaggio del sistema

In effetti l'orientamento a lungo termine ha molti vantaggi per un'impresa; permette la costruzione di durevoli posizioni di successo,[26] un lavoro, che secondo Cuno Pümpin, docente di management a San Gallo, richiede cinque, dieci o più anni ancora.[27]

Poiché le imprese familiari sono obbligate alla continuità generazionale, devono anche essere interessate a costruire relazioni durature sul lungo periodo con i loro shareholder più importanti. I collaboratori che non si sentono considerati solo come fattore di costo ma anche come persone, rispondono con la stessa moneta di stima e lealtà ricevuta. L'idea che si incontra in molte imprese familiari, ovvero di una famiglia aziendale che includa i collaboratori e le loro famiglie, è la base di una cultura d'impresa che si rispecchia poi in una performance superiore.[28] Il fondamento di questo vantaggio competitivo è la fiducia capitalizzata, la cui costruzione è tanto più solida quanto più a lungo chi dà fiducia trova conferma delle proprie attese nel comportamento desiderato del suo interlocutore.[29] Una politica aziendale basata su un lungo periodo di stabilità rappresenta in questo caso un vantaggio. La continuità nella proprietà permette di creare e assicurare tale vantaggio, e di consolidarlo attraverso una guida durevole. A ragione si considera quindi come prerogativa positiva intrinseca del sistema delle imprese familiari il fatto che la durata media dell'incarico di un amministratore delegato sia di circa vent'anni, mentre nelle public company è meno di cinque anni. Hermann Simon lo conferma nel suo libro *Hidden Champions des 21. Jahrhunderts*: "La continuità è (...) una condizione irrinunciabile per un successo duraturo. Insieme alla tenacia può portare alla leadership sul mercato mondiale".[30]

Il ciclo di vita come sfida propria del sistema

L'orientamento a lungo termine espone però le famiglie imprenditrici anche a una particolare sfida. Chi vuole vivere a lungo, finisce prima o poi in conflitto con la legge del ciclo di vita. La legge di natura di nascita, crescita, maturità e declino non vale infatti solo per i sistemi biologici, ma anche per le culture e gli stati.[31] E per le imprese.

Dobbiamo soprattutto a tre grandi pensatori la conoscenza dei nessi che vi sono attivi. Così, la consapevolezza che il progresso ha luogo raramente attraverso le rivoluzioni, bensì molto più spesso attraverso percorsi evolutivi, si basa sui lavori pionieristici del britannico Charles Darwin. Secondo Darwin, l'evoluzione è un processo di selezione permanente, in cui vince chi è in grado di adattarsi nel modo migliore alle condizioni dell'ambiente.[32]

Adam Smith ha spiegato chiaramente nella sua opera monumentale *La ricchezza delle nazioni* che in un sistema economico capitalistico il mercato rappresenta l'ambiente fondamentale per l'impresa.[33] A questo e al suo continuo cambiamento è necessario adattarsi, come fa presente chiaramente Smith in uno dei paragoni che si cita spesso: "Non dalla benevolenza del macellaio, birraio o panettiere ci aspettiamo quel che ci serve per mangiare, bensì dal fatto che essi seguono i propri interessi". Con questo, Smith ha espresso ciò verso cui deve orientarsi ogni imprenditore se vuole sopravvivere: la concorrenza e la soddisfazione dei propri clienti. La superiorità in questo ambito costituisce il criterio di selezione fondamentale nel processo evolutivo dell'economia capitalistica di mercato.

E Joseph Schumpeter ci ha insegnato perché l'economia capitalistica soggetta alle leggi di mercato debba essere necessariamente legata all'ascesa e al declino.[34] In una società fondata sulla concorrenza non ci può essere un equilibrio stabile. Chi è in basso vuole salire e nel farlo deve scalzare coloro che sono ai vertici. "Questa ascesa rappresenta il propulsore più importante nel mondo capitalistico", scrive Schumpeter nella sua opera fondamentale sulla teoria dello sviluppo dell'economia di mercato. "Poiché l'ascesa avviene con l'eliminazione della concorrenza rappresentata dalle vecchie imprese (...) vi corrisponde sempre un processo di declino, declassamento, eliminazione". Il mezzo per gestire l'ascesa, Schumpeter lo vede in una distruzione creativa basata sull'innovazione. Nessuna impresa può mai sostenere la propria posizione ai vertici di un settore "senza trarre (dall'attività) qualcosa di nuovo e senza viverla con tutte le sue fibre nervose". Osservando l'ascesa e la caduta delle imprese familiari di successo del XIX secolo, Schumpeter è arrivato alla conclusione che le imprese che si limitano alla routine, vengono di conseguenza ben presto scalzate da concorrenti propensi all'offensiva e al rischio e con idee nuove.[35] Il docente americano di management Michael Porter ha trattato nella sua famosa teoria delle cinque forze la minaccia rappresentata dai nuovi e migliori prodotti e servizi come una delle forze fondamentali della concorrenza.[36] E in un saggio purtroppo non abbastanza considerato, Cuno Pümpin, insieme al collega Jürgen Prange, ha illustrato come, oltre alla minaccia esterna, le imprese siano soggette anche a un ciclo di vita interno.[37]

Il risultato è evidente. Il ciclo di vita, la legge di nascita, crescita, maturità e declino, domina il nostro sistema capitalistico di economia di mercato. Nessuno deve confidare sul fatto che un mercato oggi stabile non sia già domani in declino; esistono a dire il vero mercati con cicli di vita più lunghi e altri più brevi, ma prima o poi tutti spariscono o si trasformano in maniera permanente. Nessuno, inoltre, deve essere sicuro che un'impresa che oggi è di successo, domani non sia spodestata dalla sua posizione ai vertici. Chi è in cima non è detto che ci resti. Il mercato è una gara a eliminazione, in cui a intervalli irregolari i concorrenti nelle posizioni secondarie sono esclusi dalla corsa. Questo mette gli imprenditori che pensano in termini dinastici davanti a una grande sfida, ma rappresenta anche un'assegnazione chiara di compiti per i proprietari e per i manager di queste imprese: che cosa dobbiamo fare per affrontare in modo efficace le sfide interne ed esterne del ciclo di vita e assicurare la sopravvivenza della nostra impresa sul lungo periodo? Una famiglia titolare che pensa in termini dinastici deve trovare una risposta alla domanda su come tutelare la propria impresa in maniera adeguata dai rischi dell'evoluzione del mercato derivanti dal ciclo di vita. E deve ugualmente rispondere alla domanda su come arrestare il processo interno di maturità dell'impresa e salvaguardare la volontà di distruzione creativa nella gestione e nell'organizzazione. In ultima analisi, si tratta di affrontare efficacemente la decadenza dello spirito imprenditoriale in seno alla famiglia proprietaria descritta da Thomas Mann nel suo romanzo *I Buddenbrook*. Non è impossibile. Ne sono una dimostrazione tutte le imprese familiari che hanno alle spalle una storia di successo di uno o più secoli.

Conclusione

Teniamo ben presente: le imprese familiari si distinguono dalle altre forme di organizzazione dell'attività imprenditoriale. Il criterio fondamentale di differenziazione è qui nella proprietà, che è caratterizzata dalla posizione proprietaria dominante di una famiglia accompagnata da una concezione intergenerazionale dell'impresa. Dalle tre caratteristiche derivano vantaggi e sfide specifiche del sistema. Dalla proprietà dominante risulta una concordanza elevata tra proprietà e management dell'impresa con relative conseguenze positive nonché con il pericolo di un abuso di potere da parte di proprietari incapaci o velleitari. Il fatto che si tratti di una famiglia può comportare per l'impresa una positiva familiness o una serie di conflitti familiari per denaro, potere ed eredità, nonché l'obbligo di cercare il proprio successo con le risorse limitate che la famiglia proprietaria può e vuole mettere a disposizione. L'approccio intergenerazionale permette infine all'impresa di far valere quei vantaggi che derivano dal suo orientamento sul lungo periodo e dalla continuità a esso legato; l'espone, tuttavia, anche ai rischi che risultano dal ciclo di vita dei mercati e dei prodotti, delle imprese e delle famiglie.

Caratteristica	Vantaggio di sistema	Sfide intrinseche al sistema
Proprietà dominante	▪ Corrispondenza tra proprietà e direzione	▪ Abuso di potere
Famiglia	▪ Familiness	▪ Conflitti familiari ▪ Risorse limitate
Concezione intergenerazionale dell'impresa	▪ Continuità	▪ Ciclo di vita

FIGURA 6. Sintesi dei vantaggi e delle sfide intrinseche al sistema delle imprese familiari.

Le imprese familiari si trovano davanti a sfide specifiche, in parte di tipo diverso da quelle delle imprese con altre strutture proprietarie. Sta alla singola famiglia titolare se trasformare i vantaggi e le sfide generali astratte in concreti punti individuali di forza o di debolezza.

③

Tempo per un cambiamento paradigmatico

L'importanza del proprietario

La proprietà è l'elemento chiave che permette di capire l'impresa familiare; ciò ha naturalmente delle conseguenze, e le strategie delle imprese familiari dovrebbero in futuro armonizzarsi in maniera più decisa con le particolarità legate alla proprietà. Un'impresa familiare deve trovare risposte alle sfide generali del mercato e della concorrenza, ma anche considerare il contesto che risulta dalla sua tipologia. Ciò richiede lo sviluppo di strategie specifiche, soprattutto per i settori centrali del management: direzione strategica, finanziamento e governance.[1]

I proprietari di imprese familiari devono poi acquisire una maggiore professionalità e sviluppare il proprio ruolo nella direzione di una professional ownership a tutto campo.[2] Per realizzare tutto questo non basta estrapolare singole questioni o solo reagire quando vi sono problemi gravi: un comportamento improntato alla professionalità non aspetta che si manifestino i sintomi di una malattia, ma mette subito in atto misure di prevenzione. Proprio come si richiede al management di essere competente in tutte le sue scelte strategiche, sul piano della proprietà è necessaria una strategia proprietaria globale. I primi tentativi in questa direzione li hanno intrapresi il mio collega di San Gallo Cuno Pümpin, Randolf Carlock e John Ward.[3] È tempo che questi approcci vengano recepiti e ulteriormente sviluppati, perché i proprietari sono una parte importante della compagine imprenditoriale. Se vogliono agire professionalmente, hanno bisogno di un insieme di conoscenze per gestire in modo adeguato il ruolo di proprietari.[4]

Un appello per una nuova economia aziendale

L'impostazione qui proposta permette non solo lo sviluppo di un pensiero autonomo nel campo dell'economia aziendale riguardante la famiglia imprenditrice,[5] ma è anche funzionale all'evoluzione dell'economia aziendale nel suo complesso.[6] Com'è accaduto per le imprese familiari, finora l'economia aziendale ha infatti potuto spiegare solo in modo poco soddisfacente i comportamenti specifici delle imprese di proprietà pubblica o di investitori finanziari. Il fatto che un'istituzione riunisca gli interessi proprietari e li imponga nell'impresa controllata non si adatta alla nozione convenzionale di management aziendale per il quale la proprietà dominante è un corpo estraneo. Non è sempre stato così. Le teorie di business predominanti nell'Ottocento puntavano ancora direttamente all'imprenditore come elemento determinante della struttura aziendale,[7] e il fatto che l'attuale economia aziendale abbia messo completamente da parte queste conoscenze è stato un grave errore, tuttavia facilmente rimediabile.

Un'economia aziendale che includa i punti di vista della proprietà avrebbe in effetti molti vantaggi, permetterebbe soprattutto una differenziazione della strategia secondo i tipi di proprietà. Una tale diversificazione consentirebbe lo sviluppo di norme strategiche idonee non solo per le imprese familiari, ma anche per tutti gli altri tipi di imprese, senza per questo ricorrere a una rivoluzione.

FIGURA 7. Appello per una nuova economia aziendale.

Le conoscenze fin qui acquisite di economia aziendale non sarebbero tuttavia affatto obsolete; alcuni modelli teorici manterrebbero la loro validità per singoli tipi di impresa, altri avrebbero un'utilità generale. Una differenziazione per tipologie renderebbe solo necessario distinguere tra una parte generale di dottrina economica, efficace per tutte le imprese, e una particolare per le singole forme di organizzazione aziendale, attribuendo di volta in volta al giusto ambito le conoscenze teoriche. A questo proposito, la dottrina economica aziendale potrebbe orientarsi alla giurisprudenza, che ha già intrapreso questo percorso e distingue all'interno delle sue discipline tra una parte generale e una parte specifica.

Il vantaggio per la politica

Anche la politica trarrebbe vantaggio da una tale distinzione, essendo il suo compito quello di organizzare il sistema economico attraverso condizioni quadro che favoriscano gli obiettivi superiori della collettività. La Germania ha adottato nella sua Costituzione il modello economico capitalistico, ma con un orientamento verso il sociale. I proprietari, anche i titolari di imprese, sono in linea di massima liberi di disporre a propria discrezione dei loro beni, ma al tempo stesso hanno obblighi verso il bene comune. Solo chi agisce nell'ambito della propria impresa con intenti orientati a questo benessere collettivo, ha il pieno sostegno della Costituzione.

Ora, come è noto, non vi è una sola forma di capitalismo e di imprenditorialità. A fronte del capitalismo familiare vi è quello manageriale, statale e finanziario.[8] Per essere all'altezza del compito, la politica deve creare un contesto giuridico effettivo che porti a un mix ottimale delle diverse forme, tenendo conto del dettato costituzionale. La prospettiva qui proposta si dimostra particolarmente utile nel superare questo compito. Una diversificazione per tipologia di proprietari darebbe a chi è politicamente responsabile uno schema grazie al quale aiutarsi a misurare e a valutare l'utilità delle diverse forme per la collettività.

Il capitalismo familiare non dovrebbe temere una tale professionalizzazione del lavoro politico; le imprese familiari ben amministrate incarnano un capitalismo socialmente responsabile e offrono forse la risposta più adeguata alle sfide socio-politiche del nostro tempo.[9] Gli imprenditori familiari non sono per questo di certo le persone migliori, in loro è doppiamente attiva l'"invisible hand" di Adam Smith.[10] Poiché i proprietari delle imprese familiari vivono spesso in stretto contatto sociale con i propri collaboratori e con il luogo d'insediamento connotato dalla propria impresa, essi agiscono nello spirito di un interesse personale non economico quando saggiamente operano in maniera compatibile con la collettività. Chi manda i figli alla stessa scuola dei propri collaboratori, vuole piuttosto creare posti di lavoro e non smantellarli. E chi vive in una comunità con i propri dipendenti e le loro famiglie, è più interessato a farli partecipi dei vantaggi del proprio benessere. Se imprenditori come Reinhold Würth costruiscono padiglioni per esposizioni ed eventi, sostengono club sportivi e altri circoli, agiscono anche nel proprio interesse. Modificando la metafora del panettiere di Adam Smith si potrebbe dire che "non dalla benevolenza degli imprenditori familiari ci aspettiamo che essi conservino i posti di lavoro e si presentino come mecenati, ma dal fatto che salvaguardano i propri interessi". La posizione di partenza del manager di una public company che vive in una grande città è nettamente diversa. Per lui l'apprezzamento all'interno del suo gruppo di pari è più importante di quello dei suoi collaboratori. E per un manager di hedge funds, che da Londra prende decisioni su un'impresa di una lontana provincia tedesca, il riconoscimento sociale in loco non ha nessuna importanza: contano i soldi, e ancora più soldi! I decisori politici lo dovrebbero sapere e tenerne conto nelle loro scelte.

Tuttavia, le imprese familiari non sono l'unico tipo di impresa di cui abbiamo bisogno. Anche le public company assolvono un'importante missione sociale. Senza la loro capacità di raccogliere in breve tempo grandi capitali e renderli utilizzabili per scopi imprenditoriali, gli imponenti progetti di industrializzazione della seconda rivoluzione industriale non sarebbero stati realizzati con la stessa rapidità. Il capitalismo familiare, con le sue limitate risorse, non se lo sarebbe potuto permettere, e persino il capitalismo statale e quello finanziario agiscono in modo significativo entro confini ristretti. I politici devono dunque dare risposte alla questione del modello capitalistico idoneo non decidendo per "questo o quello", bensì per "questo e quello"; è essenziale che possano stabilire il giusto mix ricorrendo a parametri di scelta razionali. In questo l'approccio teorico che presentiamo può dare un contributo.

Parte 2
Strategie per l'impresa

4

Perché le imprese familiari hanno bisogno di strategie particolari

La storia di Aldi

Aldi è tra le imprese familiari più grandi e di maggior successo nel mondo. La sua riuscita è un caso che affascina; si ammira un'impresa che nel giro di pochi decenni, partendo da dimensioni modeste, ha rivoluzionato un settore e cambiato la nostra società. Persino le voci critiche parlano con rispetto di una "aldizzazione" della società.[1] Aldi conquista anche perché, nella sua ascesa, l'impresa ha apertamente e continuamente infranto i dogmi delle teorie tradizionali di management. Karl e Theo Albrecht non facevano quel che si "doveva" fare, ma quel che ritenevano giusto. Seguivano una propria rotta. "Se penso che qualcosa sia una sciocchezza, con tutta probabilità lo è", pare che abbia detto una volta Karl Albrecht. E Dieter Brandes, che finora ha presentato la miglior analisi del successo di Aldi, ribadisce: "Aldi non ha avuto successo nonostante, bensì proprio perché era diversa, e questo con perseveranza!".[2]

Mentre il tradizionale commercio di generi alimentari negli anni del miracolo economico basava la concorrenza principalmente sulla gamma del suo assortimento e sulla varietà delle marche offerte, Aldi riduceva drasticamente l'offerta merceologica, rinunciando ai prodotti di marca e alle chiacchiere e facendo concorrenza sul prezzo. Invece di combattere con strategie intercambiabili per le quote di mercato, i fratelli Albrecht osarono infrangere le regole, offrirono vantaggi concreti a tutti i consumatori che non vivevano nel superfluo e scoprirono il discount. Mezzo secolo più tardi, un euro su due di generi alimentari è speso in un punto vendita Aldi o dei suoi concorrenti. I fratelli di Aldi non si fermarono però solo a una drastica riduzione dell'offerta merceologica: rinuncia coerente, semplicità e una conseguente standardizzazione di tutti i processi aziendali sono stati da loro sviluppati in una filosofia manageriale a tutto campo. Mentre il resto del mondo rifletteva sui metodi per affrontare la crescente complessità, Aldi stabiliva il principio della semplicità come nuovo paradigma del successo. Anche nel finanziamento seguì propri percorsi: invece di continuare ad affidarsi al credito bancario, preferì far finanziare l'impresa dai propri fornitori. Il modello di business di Aldi lo ha reso possibile; la ridotta offerta merceologica e i prezzi vantaggiosi permisero infatti un rapido smercio, per cui Aldi aveva già venduto la merce al momento di pagare i propri fornitori. Il fatto che il credito da parte dei fornitori sia in teoria una forma costosa di finanziamento, impressionò poco i manager di Aldi; comunque gli sembrava uno strumento più sicuro dei crediti bancari, per avere i quali i due fondatori si erano a lungo inutilmente dati da fare all'avvio della loro idea imprenditoriale.

Anche sull'aspetto della crescita, Aldi non ha agito come si fa di solito. Qui i fratelli si sono comportati in maniera sorprendentemente tradizionalista. Invece di accelerare la crescita dell'impresa puntando su acquisizioni rischiose e costose, in Aldi si è puntato su una crescita con le proprie forze e sulla moltiplicazione continua del proprio programma.[3] Il ritmo di espansione era determinato dalle risorse liquide disponibili. La moderazione implicita in tale scelta stupisce tanto più che il suo concorrente Lidl si è mosso in modo molto più aggressivo nella competizione, accumulando pesanti debiti bancari. Ciò che i critici valutano come una dimostrazione di sintomi di stanchezza nel pioniere del discount, non è in realtà niente altro che un'ulteriore testimonianza della straordinaria capacità di Aldi di perseguire un'espansione coerente. L'impresa antepone esplicitamente l'indipendenza alla crescita e agisce di conseguenza, persino se per questo deve pagare un prezzo.

Infine, anche nella governance Aldi segue un proprio percorso; non solo per il fatto che entrambi i fratelli hanno reso praticamente impossibile una vendita delle quote dell'impresa da parte dei membri della famiglia, facendo confluire le loro partecipazioni in fondazioni. Con Aldi Süd si è andati anche oltre. In occasione del ritiro di Karl Albrecht dalla guida di Aldi, la famiglia ha rinunciato al diritto di operare in futuro nel management dell'impresa. Gli eredi di Karl Albrecht intendono infatti seguire attivamente la loro impresa e guidarla attraverso il supporto delle fondazioni, mentre il management attivo è affidato a dirigenti capaci provenienti dai ranghi dell'impresa.

... e quel che dovremmo trarre come insegnamento

Nessun dubbio: Aldi ha successo, e la sua riuscita non è né casuale né spontanea. Anche Ikea, Walmart, Miele e molti altri ce l'hanno fatta, ricorrendo a strategie su cui la dottrina tradizionale non può che scuotere la testa senza comprenderle. Tutte queste imprese sono infatti esempi formidabili che ci aiutano a capire con quali strategie si è vincenti sul mercato.

Di che cosa si tratti è presto spiegato: le ditte familiari hanno come titolare dominante una famiglia con una concezione aziendale che abbraccia più generazioni. A ognuna delle tre caratteristiche si collegano specifici vantaggi e sfide che ho già esposto nella prima parte di questo libro. Per avere successo il management di un'impresa familiare deve sforzarsi, al di là dell'adattamento ottimale alle condizioni generali dell'ambiente, di trovare una risposta alle opportunità e ai rischi addizionali che nascono dal carattere particolare dell'impresa. Nel caso ideale si riesce a sviluppare i vantaggi insiti nel sistema, e a farli valere nella concorrenza, affrontando in modo efficace le sfide connesse e se possibile trasformandole in benefici. Ciò vale soprattutto per le funzioni centrali di management strategico, finanziamento e corporate governance.

Ma come si presentano le strategie adatte alle imprese familiari?

⑤

La leadership strategica

Alcune osservazioni introduttive

La leadership strategica dell'impresa è tra i compiti centrali della gestione di un'azienda, e negli ultimi anni è rientrata sempre più spesso nel focus della teoria del management.[1] Al centro vi è la questione di come l'impresa si possa posizionare nel modo migliore sul mercato, considerando le sue possibilità nei confronti dei clienti e dei concorrenti. I concetti fondamentali sono stati sviluppati in prevalenza sul modello della grande public company, ma ciò nonostante la gran parte di essi si dimostra utile anche per altre tipologie di imprese, e a ragione rivendica una validità quasi universale.

Alla domanda in base a quali criteri si possa giudicare l'attrattività di un mercato e dove si possa intervenire per cambiarne le regole, anche le imprese familiari possono trovare la risposta migliore nel Modello delle cinque forze di Michael Porter:[2] l'analisi di Porter sulle alternative fondamentali nella strategia competitiva tra differenziazione o leadership nei costi[3] è per le imprese familiari non meno corretta che per le public company. Lo stesso vale per l'analisi SWOT[4] o per quella riguardante la costituzione ottimale di un portafoglio aziendale.[5] Tutti questi strumenti forniscono preziosi servizi al management di ogni tipo di impresa, ma non tutte le teorie di strategia aziendale hanno questa validità; così, per esempio, la concezione di shareholder value sviluppata da Alfred Rappaport[6] mostra i suoi enormi vantaggi solo nel caso di proprietari che siano interessati soprattutto o in esclusiva alla massimizzazione del beneficio economico della loro partecipazione. Nell'impresa familiare, dove il valore economico è definito in maniera diversa ed è per giunta legato a un valore emotivo, la teoria dello shareholder value è solo di utilità marginale. La maggior parte degli imprenditori familiari lo ha capito presto e ha rifiutato a ragione un'adozione acritica di questa teoria.

Per il management di un'impresa familiare ne derivano due conseguenze importanti:

1. non deve accettare dogmaticamente raccomandazioni operative di strategia, ma prima deve analizzarle, alla luce della loro compatibilità con gli obiettivi prefissati e le caratteristiche particolari della propria impresa. Solo una concezione strategica che superi questo stress test può trovare posto nella toolbox aziendale; inoltre serve buon senso e una dose di coraggio. La linea migliore sarebbe orientarsi alla fiducia che un Karl Albrecht nutre verso se stesso: "se penso che sia una sciocchezza, allora con tutta probabilità lo è";

2. deve partire dal presupposto che concetti strategici adeguati che tengano conto delle sue esigenze forse non sono ancora stati sviluppati. Per troppo tempo le imprese familiari sono state considerate una tipologia di impresa di serie B al di fuori dell'interesse del mainstream aziendale. Anche se l'orientamento è nel frattempo cambiato, gli imprenditori familiari farebbero bene ancora per un po' a non affidarsi

soltanto alle offerte teoriche preconfezionate, ma a sviluppare soluzioni individuali in modo del tutto creativo: tanto più ci si indirizza alle specificità dell'impresa familiare nell'elaborarle, tanto maggiori saranno le opportunità di successo.

Le raccomandazioni strategiche per l'impresa familiare

Vorrei qui di seguito presentare alcune delle più importanti strategie di management dell'impresa familiare. Non tutte sono frutto di teorie, ma si sono sviluppate dall'operato di imprenditori coraggiosi, dando prova della loro idoneità nella pratica.

Creare una cultura imprenditoriale unica

Negli anni Novanta del secolo scorso Jim Collins e Jeffrey Porras hanno dimostrato il vantaggio economico di possedere forti culture d'impresa e attirato l'attenzione sul fatto che in questo caso le imprese familiari mostrano vantaggi competitivi misurabili.[7] Non c'è da stupirsi in proposito: grazie alla connotazione familiare e intergenerazionale della proprietà, un'impresa familiare ha la possibilità di creare una cultura aziendale unica e inconfondibile sul lungo periodo. Come la famiglia titolare è particolare, così lo può essere anche la cultura della relativa impresa.

Sebbene gestire un'impresa sia un'attività economica, i valori e gli obiettivi della maggior parte delle imprese familiari non sono mai orientati esclusivamente all'aspetto economico. Accanto ai valori e agli obiettivi del titolare, quali per esempio il mantenimento dell'indipendenza aziendale e il possesso dell'impresa sul lungo periodo, ha un ruolo importante anche l'attitudine nei confronti dei collaboratori e dei clienti. Simili manifestazioni di disponibilità possono essere irrise come romanticismi sociologici dal mercato dei capitali, ma nella concorrenza sui mercati delle merci e della forza lavoro offrono vantaggi tangibili. I collaboratori apprezzano di essere visti dal loro datore di lavoro non come semplici fattori di produzione o di costo, bensì come parte integrante di una famiglia aziendale, in cui il datore di lavoro non è inteso come un freddo capitalista, ma come un *pater familias* che si sente impegnato non solo per il proprio interesse ma anche per quello dei suoi dipendenti. Un ottimo esempio è l'azienda Amplifon nel campo audioprotesico, fondata a Milano nel 1950 dall'ingegner Algernon Charles Holland. L'azienda fornisce al cliente una formula che è una combinazione di distribuzione, applicazione e personalizzazione delle soluzioni acustiche. La presidente del consiglio di amministrazione e azionista di maggioranza, Susan Carol Holland, dice: "per sentirsi bene bisogna innanzi tutto sentire bene: per condividere, dialogare e partecipare. Da più di sessant'anni questo alimenta la nostra passione e far sentire bene fa sentire bene anche noi. Per la nostra attività e per garantire la massima soddisfazione dei nostri clienti è fondamentale la qualità delle persone che lavorano con noi. Da sempre, insieme al cliente, i nostri dipendenti rappresentano la priorità numero uno, e per questo cerchiamo di selezionare i migliori, di formarli adeguatamente distillando in loro la passione che ha ispirato mio padre nel fondare l'azienda". Quando i proprietari di Amplifon dichiarano di voler creare benessere per i propri dipendenti e soci (esattamente in questo ordine di successione), testimoniano un sentimento di responsabilità nei confronti dei collaboratori, sulla cui reciprocità fanno assegnamento. E anche i clienti sanno apprezzarlo, se gli si dà la fondata sensazione che la vendita dei prodotti e dei servizi non serve solo al profitto, ma è allo stesso tempo una questione di cuore.

Le dichiarazioni di intenti dei proprietari sono la base del successo aziendale solo quando, come realtà effettivamente sperimentata, diventano una parte ovvia della cultura aziendale; da ciò ne deriva una chiara raccomandazione operativa per il management delle imprese familiari.

1. Le imprese familiari dovrebbero curare e far valere i propri vantaggi culturali.
2. I relativi valori e gli obiettivi dei proprietari devono essere comunicati in modo attivo all'impresa e da questa fatti propri.
3. Per questo motivo le idee dei proprietari devono essere sperimentate e vissute in maniera credibile da loro stessi e dai manager.
4. Con atti simbolici e sistemi di management adeguati la visione dei titolari va trasferita senza contraddizioni fino all'ultimo dipendente. Vi è un semplice test per capire se questi sforzi hanno successo. Quando per la prima volta visito un'impresa, alla prima persona che incontro faccio una domanda apparentemente innocua: "che tipo di impresa è questa?". E allora mi capita spesso di notare che se arriva una risposta breve, essenziale, precisa e con un commitment riconoscibile, di solito tra cultura aziendale e risultato vi è sintonia.

Ricercare i mercati adeguati

Conoscete le società Marposs, Carpignani, De Nora, Askoll? No? Non c'è da stupirsi. Queste imprese appartengono infatti alla specie esclusiva dei Campioni Nascosti, i leader di mercato mondiali nascosti del made in Italy.

Marposs, con sede a Bentivoglio (Bologna), è leader mondiale nei sistemi di misurazione di massima precisione; Carpignani, con sede ad Anzola dell'Emilia (Bologna), è leader nel mondo delle macchine per la produzione del gelato; De Nora di Milano ha il primato internazionale nella produzione di cloro e soda; Askoll, a Dueville (Vicenza), ha la leadership mondiale nella tecnologia per acquari. Secondo le stime di esperti, in Italia esistono oltre 200 di tali Campioni Nascosti.[8] Alcuni di loro dominano settori di cui molti non conoscono nemmeno l'esistenza.

Hermann Simon e Bernd Venohr hanno analizzato a tutto campo le strategie di questi Campioni Nascosti,[9] e hanno verificato che la stragrande maggioranza di questi è costituita da imprese familiari. E vorrei affermare in proposito che non si tratta di un caso, ma del risultato di una leadership aziendale intelligente e appropriata al tipo di impresa.[10]

La domanda "in quale mercato vorrei competere?" rientra tra i temi centrali del management strategico. Con il suo Modello delle cinque forze, Michael Porter ha posto i fondamenti per la risposta, e per le imprese familiari io vorrei integrarla con un ulteriore aspetto. L'impresa in cui una famiglia proprietaria detiene un ruolo proprietario dominante e lo vuole salvaguardare, dipende in sostanza dalle risorse che può mettere a disposizione dell'impresa stessa. Ciò vale soprattutto per la sfera finanziaria. Mentre nelle imprese familiari maggiori, la mancanza di manager adatti provenienti dai ranghi della famiglia può perlomeno essere compensata con l'impiego di personale esterno, il bisogno di capitale proprio non più sostenibile da parte della famiglia porta prima o poi alla fine dell'esistenza come impresa familiare. Per salvaguardare la caratteristica di società familiare, il management deve cercare di ottenere risultati con i mezzi finanziari provenienti dal capitale proprio messo a disposizione dalla famiglia titolare, e anche se questi possono crescere ricorrendo al mercato dei capitali o ad altre forme idonee di finanziamento, restano comunque limitati e carenti rispetto alle possibilità di finanziamento delle grandi public company[11]. A parte queste considerazioni, conserva la sua validità il vecchio principio secondo cui, in un contesto competitivo, il successo arride solo ai migliori, ovvero alle imprese leader di mercato.

Per la conduzione dell'impresa familiare ne deriva il compito ambizioso di mirare alla leadership di mercato utilizzando le risorse finanziarie limitate di cui dispone; i mercati dove la competizione si decide in forte misura sull'impiego della potenza finanziaria, non sono dunque adatti a questa forma d'impresa. Le imprese familiari dovrebbero allora privilegiare mercati in cui i mezzi finanziari non hanno un ruolo così importante, ma sono invece decisivi parametri di concorrenza in cui per la loro stessa natura queste imprese sono meglio dotate.[12]

Spesso si tratta di mercati di nicchia: per prevalere in mercati ben circoscritti è infatti di solito necessario solo un impiego di capitale ben accertabile; inoltre i mercati di nicchia sono meno allettanti per le imprese orientate al mercato dei capitali, e quindi sono presi in considerazione solo raramente. Gli imprenditori familiari più abili lo hanno capito e si sono stabiliti con strategica lungimiranza come leader di mercato in questi segmenti, agendo secondo il principio: "meglio primi in un villaggio che secondi a Roma".

Tuttavia la strategia di nicchia non è l'unica strada da percorrere per risolvere il problema della leadership di mercato con risorse finanziarie limitate. Molte grandi imprese commerciali sono di tipo familiare, e il commercio non è certo un mercato di nicchia; quel che conta non è tanto se un mercato è piccolo, ma se la potenza finanziaria è un fattore concorrenziale decisivo. E poiché le imprese commerciali sono riuscite a coprire ampiamente il loro fabbisogno di capitali ricorrendo ai propri locatari per il capitale d'investimento e ai fornitori per quello circolante, il commercio è e resta un terreno privilegiato per le imprese familiari.

Proprio il gruppo americano Cargill ha legato in modo davvero esemplare i propri obiettivi di crescita con la capacità di un'intelligente scelta dei mercati. L'impresa familiare fondata nel 1865 ha oltre 80 membri titolari e rientra tra i grandi player nell'agribusiness con un fatturato di oltre 100 miliardi di dollari Usa e 100.000 addetti. Nello stesso tempo ha diversificato le sue attività imprenditoriali in più segmenti del mercato, per i quali si tratta o di business commerciali o di attività specifiche a bassa intensità di capitale; così, da un lato Cargill è tra le maggiori aziende mondiali che operano nel commercio di zucchero, cacao, cotone, mais e frumento, dall'altro è tra le imprese che mirano a sostituire i prodotti sintetici con la soia o ad abbassare il contenuto di colesterolo negli alimenti. In sintesi, ciò si inserisce nel quadro di un'impresa familiare di notevoli dimensioni e solidità finanziaria. Cargill è "l'ExxonMobil dei mercati agricoli", e al tempo stesso "una dei maggiori Campioni Nascosti della global economy",[13] stimavano Javier Blas e Gregory Meyer all'inizio del 2010 sul *Financial Times*. Una tipica impresa familiare, appunto.

Sfruttare il bonus derivante dalla proprietà

Tra gli aspetti centrali della leadership strategica rientra l'elaborazione di una strategia competitiva che dia risultati. Si tratta dunque di stabilire quali comportamenti deve adottare l'impresa per affermarsi nella competizione per l'acquisizione di clienti, collaboratori, capitale e altri importanti fattori di successo. Come ho spiegato nella prima parte del libro, le imprese familiari dispongono di un vantaggio competitivo intrinseco. La proprietà dominante limita il conflitto principale-agente e i costi di transazione che vi sono connessi; tradotto nella pratica, ciò significa che il legame più stretto tra direzione e proprietà permette un'azione più rapida, e la velocità è una carta vincente nella concorrenza. Alcuni sostengono persino che "non i grandi mangiano i piccoli, ma i lesti mangiano i lenti".

Tuttavia non si tratta solo di velocità. I proprietari dominanti sono nella posizione di costituire in modo mirato un capitale di fiducia. Fa la differenza se qualcuno in qualità di manager assunto prende decisioni utilizzando soldi di altri o se deve essere garante dell'attività con il proprio patrimonio. E non bisogna credere che le persone non avvertano questa differenza. La fiducia che si fonda sulla garanzia costituita dai propri beni ha, tra l'altro, un'efficacia ben maggiore e forte quanto più a lungo è definito il commitment dei proprietari. Ne risulta un ulteriore vantaggio delle imprese familiari con il loro approccio intergenerazionale.

Il bonus derivante dalla proprietà ha poi un effetto particolarmente forte sui collaboratori. Tutti conoscono le ansie che sorgono quando il capo invecchia e non è chiaro se la giovane generazione subentrerà come erede nell'impresa. Oppure a tutti è noto il sollievo dipinto sui visi delle maestranze quando in una riunione del personale la famiglia titolare annuncia come risposta a un'allettante offerta di acquisizione: "non vendiamo". Ed è bello poter avere un capo da affrontare, uno che non scappa appena arrivano le difficoltà, che si preoccupa della continuità e della stabilità dei posti di lavoro e che tiene all'impresa più che a se stesso.

Le imprese familiari fanno bene a utilizzare in modo mirato il vantaggio competitivo derivante dal bonus della titolarità. Nel quadro della loro strategia verso la concorrenza dovrebbero quindi avere chiaramente stabilito:

1. se
2. con quale obiettivo
3. in che misura
4. nei confronti di chi
5. attraverso chi
6. e come

si deve far uso del bonus della proprietà.

La vicinanza al cliente

Un ulteriore vantaggio competitivo può venire alle imprese familiari dalla vicinanza dei proprietari al loro business insieme alla limitata disponibilità di risorse finanziarie. Dal lavoro fondamentale di Tom Peters e Robert Waterman sulle performance imprenditoriali d'eccellenza,[14] dovrebbe essere ormai chiaro a tutti quanto siano importanti per il successo i clienti soddisfatti, mentre la strategia del management si è concentrata finora in modo più massiccio sulla concorrenza piuttosto che sui clienti. Le conseguenze sono state espresse efficacemente da Hermann Simon, uno tra i più competenti esperti di management: "nell'estate del 2003 presentammo al presidente del consiglio di amministrazione di una nota impresa quotata in Borsa un'elaborata strategia che doveva assicurare un redditizio percorso di crescita. Tuttavia questi aspettò con crescente impazienza la fine della presentazione per mandare in fumo sei mesi di lavoro con una semplice frase: 'È tutto molto bello, ma io voglio distruggere la concorrenza'".[15] Nella teoria del management messa in pratica nella public company si tratta in primo luogo di crescita, di dimensioni e di acquisizione di quote di mercato a scapito dei concorrenti e solo in seconda battuta della soddisfazione dei clienti. Questo modo di pensare viene giustamente criticato da Hermann Simon: "La quota di mercato non è causa, ma effetto del successo economico (...) L'obiettivo primario dell'impresa è entusiasmare i clienti e realizzare utili, non distruggere la concorrenza".[16]

Alle imprese familiari risulta più facile seguire questo consiglio. Puntano per natura più su una concezione intelligente per la soddisfazione dei clienti che su strategie a forte intensità di capitale per l'ottenimento di quote di mercato, e trasformano così un ipotetico svantaggio in vantaggio verso i competitor: niente, infatti, infiamma maggiormente il successo dell'impresa che i clienti soddisfatti, e i clienti sono appagati soprattutto quando gli si risolve i problemi. Arnold Weissman, fondatore di una società di consulenza specializzata nelle imprese familiari, riassume il compito centrale del management in una formula semplice quanto efficace: "Quale problema fondamentale dei miei clienti risolvo molto meglio della concorrenza?". Chi è in grado di rispondere a questa domanda, non si stanca di ripetere Weissman nei suoi seminari sul management, ha in mano la chiave del successo aziendale. Nel suo *Success Secrets for Remarkable Results*, il leggendario Sam Walton, fondatore di Walmart, dà a tutti gli imprenditori un semplice consiglio sul percorso da seguire: "Superate le aspettative dei vostri clienti, in questo modo torneranno sempre da voi. Dategli quel che chiedono, e anche un po' di più. Fate in modo che avvertano di essere apprezzati (...) Le due parole più importanti che io abbia messo per iscritto si trovano sulla primissima insegna di Walmart: soddisfazione garantita! Queste parole (...) hanno con ogni probabilità fatto la grande differenza rispetto ai nostri concorrenti".[17]

Le imprese familiari di successo lo sanno e hanno sviluppato questa consapevolezza in una strategia globale per soddisfare il cliente ed essergli vicino. Gli elementi centrali di una simile strategia sono:

1. la creazione di unità organizzative piccole e gestibili. I campioni della clientela conoscono i vantaggi delle dimensioni ridotte nel rapporto con i clienti e li utilizzano in modo consapevole nell'organizzazione. Hermann Simon lo ha esplicitamente sostenuto nel suo libro sui Campioni Nascosti: "È ovvio che i Campioni Nascosti hanno un vantaggio naturale in materia di vicinanza al cliente, la loro grandezza ben individuabile. Non ogni impresa piccola o media è automaticamente vicina al cliente e non ogni grande impresa è per analogia lontana, tuttavia una simile tendenza non la si

può negare. Alle imprese maggiori, con una organizzazione del lavoro fortemente parcellizzata, riesce difficile essere prossimi alla clientela. Le unità più piccole sono in questo senso facilitate".[18] Molte imprese familiari di successo sono di per sé di dimensioni contenute, ma anche i grandi campioni non hanno dimenticato i vantaggi delle dimensioni controllabili e vi provvedono attraverso una decentralizzazione coerente a mantenere piccole unità operative;

2. la concorrenza grazie alla differenziazione. Le imprese familiari di successo competono raramente sul prezzo.[19] Conoscono i costi e i pericoli delle strategie di prezzo, che riescono solo se si basano su una coerente leadership di costi, e di solito il loro conseguimento è legato a un elevato impiego di capitali.[20] Le strategie basate sui prezzi competitivi senza che vi sia una leadership di costi danno raramente frutti, di norma i concorrenti sopravvivono e tutti guadagnano meno.[21] Le imprese familiari avvedute preferiscono dunque fare concorrenza su una coerente differenziazione; non è raro che i loro prezzi siano al di sopra del livello di mercato.[22] Finché la prestazione è superiore, se lo possono tranquillamente permettere;

3. la risoluzione di problemi. Tanto più le differenziazioni di prestazioni sono di successo, tanto più l'impresa coglie e soddisfa i bisogni fondamentali dei suoi clienti. Non è un caso che i Campioni Nascosti abbiano i maggiori vantaggi competitivi negli aspetti che sono di particolare rilevanza per i loro clienti.[23] Le imprese orientate ai clienti non si considerano fabbricanti di prodotti, ma risolutrici dei problemi dei clienti. Sviluppano i propri punti di forza esattamente dove è importante per il cliente, di conseguenza service e soluzioni di sistema hanno un ruolo crescente nella gamma di offerte dei Campioni Nascosti;[24]

4. la cura costante dei contatti con i clienti. Chi vuol risolvere i problemi dei propri clienti deve conoscerli. Anche qui le imprese familiari di successo rinunciano a soluzioni costose e organizzativamente complesse. "Non hanno grandi divisioni di marketing e raramente sono veri e propri professionisti in questo ambito" constata Hermann Simon. Per questo motivo praticano una vera e propria vicinanza al cliente e preferiscono consultarlo direttamente. "Diversamente dalle grandi imprese, la percentuale di addetti che hanno contatti con i clienti è circa cinque volte maggiore" dice Simon, "e anche il top management partecipa attivamente all'interazione con la clientela".[25] Abbastanza spesso il capo ha un ruolo diretto nelle vendite;
5. il focus sui clienti più importanti. Infine, i campioni si concentrano con avvedutezza sui vincitori del mercato. Hermann Simon lo conferma: "Se si vuol diventare o restare leader di mercato, si devono conquistare i clienti più importanti e soddisfarli in modo continuo (...) Ciò ha due vantaggi: primo, i clienti top hanno una funzione di driver della performance verso l'interno; secondo, hanno un elevato valore di riferimento. Solitamente la leadership di mercato richiede di essere i fornitori dei clienti top".[26] Fedeli al motto: "If you can make it there, you can make it anywhere". E chi punta con successo ai vincitori, ha inoltre il vantaggio di essere partecipe ai profitti derivanti dalla loro crescita. Il conseguente orientamento verso la clientela top può produrre dipendenze, ma queste non devono essere temute da un vero e proprio campione. Il rapporto di subordinazione che si viene a creare tra un cliente importante e un fornitore importante è reciproco.
Hermann Simon dice a proposito di questo tema complesso: "Queste convinzioni e raccomandazioni sono solo buon

senso, tuttavia la loro realizzazione è tutt'altro che facile. Nel rapporto con il cliente e nella vicinanza a questo si manifestano forse le maggiori differenze tra media e grande impresa (...) Quando il tema è la relazione con il cliente, i Campioni Nascosti sono un modello".[27]

Il coraggio d'infrangere le regole

La vicinanza al cliente e lo stretto legame tra proprietà e management dell'impresa creano la base per un'ulteriore strategia di successo nei confronti della concorrenza.[28] A partire dai lavori di Joseph Schumpeter sappiamo che l'economia capitalistica si basa sulla distruzione creativa. Ascesa e declino sono una parte naturale del sistema ed esaltano le forze creativamente distruttrici degli uomini. Chi sta in basso vuole salire, e ciò riesce nel modo migliore in un ordine soggetto alle leggi di mercato, quando si crea qualcosa di nuovo, qualcosa che non c'è mai stato, un'idea del tutto innovativa che risolve meglio i problemi dei clienti rispetto alle offerte che già esistono. Molti successi imprenditoriali si basano su questa semplice regola.

Un esempio è Ingvar Kamprad, che nel suo "incredibile mobilificio" Ikea trasferì ai clienti un passaggio a intensità di costi nella creazione di valore aggiunto, ovvero il montaggio dei mobili, esportando in tutto il mondo a prezzi competitivamente vantaggiosi l'eleganza scandinava nell'arredamento. "Avevo in mente l'idea che un buon arredamento dovesse essere offerto a un prezzo allettante anche a chi ha scarse risorse, trovando così posto nel suo budget; volevo vendere mobili che chiunque si potesse permettere",[29] così Kamprad, in una delle sue rarissime interviste, ha spiegato la filosofia alla base del suo successo imprenditoriale.

L'elenco dei grandi distruttori è lungo. Carl Benz e Gottlieb Daimler, gli inventori dell'automobile, rientrano in questa lista, come Henry Ford che ne ha permesso la produzione di massa. Anche Melitta Bentz, che ha ideato il filtro per il caffè, vi fa parte; il pioniere del lievito in polvere August Oetker; Bill Gates, a cui dobbiamo il pc; Steve Jobs con i suoi iPod, iPhone e iPad. E molti altri ancora. L'elenco non fa che allungarsi. Mentre leggete questo libro, ovunque nel mondo ci sono persone che pensano a come risolvere i problemi dei loro clienti, migliorando così anche il proprio destino. Di problemi ce ne sono abbastanza e ogni soluzione crea un nuovo problema. "Il più è ancora da fare. Meraviglioso, il futuro!" sostiene Ingvar Kamprad nel suo *Testamento di un commerciante di mobili*.[30] In questo vi è un'opportunità per tutti gli imprenditori, e non è necessario che si tratti di opere distruttive grandiose. Detto ciò, il sistema segue una semplice regola: chi risolve piccoli problemi, guadagna piccole somme; chi ne risolve grandi, incassa grandi cifre. Chi risolve i problemi di pochi, intasca poco, e chi risolve i problemi di molti incassa molto. Più è grande il problema e tocca un ampio numero di persone, maggiore potrà essere il vostro successo. Ma il nostro sistema non vive solo dei grandi progetti faro, bensì della somma di numerosi piccoli miglioramenti: del nuovo gusto di gelato, della salsiccia prodotta in modo biologico o della prestazione di un cellulare.

E le basi per azioni imprenditoriali pionieristiche non sono solo ed esclusivamente le migliorie direttamente percepibili dal cliente, come ha ben presto notato Schumpeter.[31] Tutte le funzioni aziendali costituiscono un ambito per la distruzione creativa. Pensate solo ai cambiamenti pionieristici che sono scattati grazie all'introduzione dell'organizzazione parcellizzata del lavoro, ai metodi di lavoro orientati al processo o alla scoperta di collettori di capitale nella forma di public company quotate in Borsa. Di spazio per il cambiamento ce nè abbastanza, e un'alternativa a questo non esiste. La legge fondamentale del sistema capitalistico di mercato è efficiente quanto crudele: "Lo stallo è regressione". Oppure: "Chi non sta al passo, passa insieme al tempo". Queste o simili manifestazioni di buon senso rientrano nel repertorio base di chi è attivo con successo in campo imprenditoriale.

Forse date tutto questo per scontato, ma vi siete mai chiesti perché la maggior parte delle grandi azioni pionieristiche sono state realizzate da imprenditori? Funzionari statali o manager assunti dalle grandi public company si trovano molto raramente in questa lista di distruttori creativi.[32] Non c'è da stupirsi: della prestazione distruttiva non fa parte solo l'idea intelligente, serve anche il coraggio di infrangere le regole. Alcuni buoni prodotti sono stati inventati da persone il cui nome è da molto tempo dimenticato. Senza una personalità imprenditoriale che abbia coraggio e assertività non si può cambiare nessun mercato e metter in moto nessuna opera di distruzione creativa. Da che cosa dipenda, vorrei illustrarlo con l'aiuto di un piccolo aneddoto. Al suo ritorno dalle Americhe, Cristoforo Colombo si arrabbiò per la dichiarazione del cardinale Mendoza, secondo cui era pur stata una cosa facile scoprire il Nuovo Mondo. Lo avrebbe potuto fare chiunque, disse il cardinale in occasione di un banchetto. Colombo invitò allora i presenti a mettersi un uovo in testa, e tutti tentarono senza riuscirci. Alla fine i commensali si convinsero che si trattava di un compito impossibile, ma Colombo prese l'uovo, lo batté con la punta contro il tavolo in modo che fosse leggermente schiacciato e potesse restare in verticale. Anche loro ci sarebbero riusciti in quel modo, protestarono gli astanti. Colombo rispose: "La differenza, miei signori, è che voi avreste potuto farlo, ma io invece l'ho fatto!" Il messaggio è chiaro: non bisogna solo pensare a ciò che è eccezionale, ma anche metterlo in pratica. Chi fa quel che tutti già fanno, può nel migliore dei casi arrivare ai vertici del gruppo. I Medici, i Fugger, i Rothschild, i Carnegie e i Rockefeller, i Daimler e i Benz, le Aldi, le Ikea, i Gates e i Google, tutti quanti hanno dunque avuto un tale successo, perché possedevano la forza e il coraggio non solo di incidere sui loro mercati, ma di cambiarli.

A questo proposito emerge un altro vantaggio del sistema legato alle imprese familiari. Il coraggio imprenditoriale ha moltissimo a che fare con la personalità, ma trae beneficio anche da un ambiente circostante adatto, e le condizioni per audaci decisioni imprenditoriali sono tanto migliori tanto più direzione e proprietà sono tra loro strettamente legate. Non ci deve allora stupire se nel confronto in termini di successo tra public company e imprese familiari emergono in modo superiore alla media soprattutto le prime due generazioni di imprese familiari amministrate dai proprietari.[33]

Per le imprese familiari sorge però anche un'altra sfida: devono fare il possibile per salvare lo spirito imprenditoriale nel passaggio generazionale, e questo, soprattutto quando il numero dei principali inattivi aumenta, non è facile. Ciò che è presente in modo naturale nella generazione dei fondatori, va attivamente promosso nelle generazioni successive.

Hermann Simon ha constatato nei Campioni Nascosti una forza innovativa complessivamente superiore alla media e sintetizza nel modo seguente le conoscenze più importanti acquisite: "Le innovazioni sono uno dei fondamenti su cui si basa la leadership di mercato dei Campioni Nascosti. Ciò vale da un lato per le innovazioni pionieristiche che creano un nuovo mercato e da cui sono emersi molti Campioni Nascosti e dall'altro per i continui miglioramenti grazie ai quali essi difendono la posizione di mercato conseguita (...) Fissiamo le seguenti nozioni.

- Leader di mercato si diventa e si resta solo innovando; la pura e semplice imitazione non è sufficiente.
- Un'innovazione deve contribuire o con il vantaggio per il cliente o con costi più bassi. Per raggiungere questo obiettivo, le attività innovative non si devono limitare al prodotto e alla tecnologia. Tutti gli aspetti dell'attività di un'azienda offrono spunti per i miglioramenti e sono da sfruttare in tal senso (...)

- Non bisogna mirare soltanto a innovazioni rivoluzionarie e spettacolari. Molti Campioni Nascosti hanno successo proprio perché introducono in modo continuo e con grande tenacia piccole e graduali migliorie.
- Le innovazioni dovrebbero essere compito dei vertici aziendali. O, detto in altre parole, toccherebbe al top management dare impulso alle innovazioni e imporle. Questo ruolo richiede un'elevata vicinanza all'impresa (...)
- I clienti sono una fonte preziosa di idee e dovrebbero quindi essere coinvolti nella misura più estesa possibile nel processo di innovazione. Ciò presuppone relazioni basate sulla piena fiducia.

Nonostante le risorse finanziarie limitate, i Campioni Nascosti si dimostrano innovatori di successo; essi ricorrono a pratiche che per molti versi si differenziano da quelle delle grandi aziende."[34]

Dimostrare tenacia – Sviluppare vantaggi competitivi difficilmente imitabili

Il successo imprenditoriale non nasce dall'oggi al domani; è il risultato di un lavoro continuo e ostinato di miglioramento. L'obiettivo può essere raggiunto solo quando la grande visione arriva al dettaglio, quando non è solo abbozzata in belle parole sulla carta, ma è vissuta da ognuno, ogni giorno e fin nel minimo ambito dell'impresa. Per questo, però, serve un periodo di lungo respiro. Il leggendario capo della Nestlé, Helmut Maucher, lo ricorda a tutti i colleghi nei 10 *Gründsätzen für den Unternehmenserfolg*: "Non dimenticate mai gli aspetti di lungo termine e l'evoluzione nel lungo periodo dell'impresa, nonostante tutte le pressioni del breve termine."[35]

Le public company si trovano in difficoltà davanti a questa esortazione. Investimenti efficaci sul lungo periodo, la cui redditività è tangibile solo in decenni, sono certamente di continuo promossi dalle public company, ma raramente onorati nella quotidianità del mercato dei capitali. Nessuno stupore che i manager delle public company preferiscano concentrarsi su misure di breve respiro o cercare la propria fortuna in acquisizioni sensazionali, piuttosto che costruire in un decennio una particolare posizione di concorrenza con le proprie forze.

Nell'impresa familiare le cose stanno diversamente. In questa, un'efficace azione sul lungo periodo non è solo possibile, ma necessaria per concretizzare l'obiettivo dei proprietari di includere più generazioni. La loro meta primaria non è un aumento di valore a breve termine, ma la salvaguardia dell'impresa nel lungo periodo, e nella realizzazione di questo obiettivo il management sa di avere alle spalle i proprietari.

Riassumendo: vantaggi competitivi veri, difficilmente imitabili e quindi efficaci sul lungo periodo, non nascono da azioni di breve respiro e da acquisizioni sensazionali. Essi sono il risultato di un orientamento strategico indirizzato al vantaggio del cliente e alla sua coerente realizzazione fino all'ultimo dettaglio imprenditoriale. Per questo serve costanza e tempo, e proprio di questi dispongono le imprese familiari. La loro strategia riguardante la concorrenza dovrebbe dunque rispondere in modo convincente alle seguenti domande.

1. Dove vogliamo andare?
2. Che cosa dobbiamo fare per arrivarci?
3. Quanto tempo ci vuole?
4. E quanto può costare?

"Never bet the company"

Finora il discorso era quasi esclusivamente sulle opportunità imprenditoriali, ma anche un efficace management del rischio rientra in una buona strategia aziendale.[36] Questa è la base di ogni corretta gestione d'impresa, ma vale in particolar modo per le imprese familiari: esse devono non solo garantire la loro sopravvivenza, ma anche assicurare il mantenimento della titolarità dominante da parte della famiglia. Questa ulteriore esigenza giustifica una richiesta aggiuntiva al management delle imprese familiari, che non solo devono avere il coraggio di infrangere le regole, ma anche la forza di rinunciare. "Di giorno sii audace negli affari, ma fa' solo quelli che ti permettono di dormire bene la notte", ricorda il vecchio Buddenbrook al suo erede. Nella limitazione del rischio le imprese familiari non devono dunque tener conto solo delle norme generali, ma anche delle particolarità che risultano dalle loro caratteristiche peculiari.

L'elemento speciale di una tale strategia di salvaguardia è evidente: se il mantenimento dell'impresa come impresa familiare è la massima priorità, il management deve evitare tutte le opzioni strategiche che in caso di insuccesso – per quanto esso possa sembrare improbabile – mettono in pericolo la capacità di sopravvivenza dell'impresa o il suo mantenimento come proprietà della famiglia. Quando Hermann Simon, tra i massimi studiosi di management, ne parla, invita a evitare "il grande errore",[37] e io non posso che essere d'accordo con lui. E vorrei allo stesso tempo integrare facendo presente che il "grande errore" nell'impresa familiare, rispetto a una public company, si crea in una fase anteriore. L'obiettivo fondamentale viene mancato nell'impresa familiare non solo con il fallimento dell'impresa, ma anche con la perdita del dominio familiare. I cambiamenti nella struttura proprietaria, come conseguenza di errori imprenditoriali, sono meno drammatici dal punto di vista della public company.

"Never bet the company" deve quindi essere messo come principio intoccabile delle attività di ogni impresa familiare. Chi l'infrange, rischia di pagare cara la sua violazione.

Fanno dunque parte della relativa strategia di tutela dell'impresa familiare:

1. un'esplicita rinuncia al "grande errore" e un'adesione al principio "Never bet the company";
2. una valutazione delle conseguenze delle decisioni strategiche e delle opzioni che vi sono alla base;
3. la costituzione di strumenti di salvaguardia mirati, per esempio attraverso una struttura aziendale che limiti la responsabilità;
4. un piano di emergenza con chiare istruzioni su come si debba procedere se i precedenti elementi di tutela fallissero.

Dribblare il ciclo di vita

Tra i rischi intrinseci delle imprese di proprietà di una famiglia rientrano le regolarità presenti nel ciclo di vita. La legge di nascita, crescita, maturità e declino fa anche parte dell'economia di concorrenza. Proprio come gli uomini, gli animali e le piante, i prodotti, i mercati e le imprese periscono. Per le imprese che contano su un lungo spazio temporale, il ciclo di vita è un nemico naturale. Una delle questioni strategiche centrali per loro è: come possiamo dribblare il ciclo di vita? Per farlo, bisogna prestare attenzione ad alcune semplici regole.

1. Scegliere mercati longevi: vi ricordate ancora dei piccoli e deliziosi Tamagotchi? Il giocattolo elettronico di origine giapponese consisteva in un pulcino virtuale sullo schermo del computer, di cui i giocatori – per lo più bambini – dovevano occuparsi come se fosse un vero e proprio animale do-

mestico. Nella seconda metà degli anni Novanta del secolo scorso, i Tamagotchi regalarono al loro produttore, la società Bandai, un successo mondiale rapidissimo, ma subito dopo sprofondarono altrettanto rapidamente nell'oblio.[38] Anche se il declino non è sempre così estremo come per il Tamagotchi, a molti produttori e mercati tocca una vita relativamente breve: il nastro magnetico, il mangiacassette, il Walkman o la macchina da scrivere con la testina rotante hanno avuto successo per un breve periodo, ma sono stati poi di nuovo rapidamente dimenticati. I mercati con cicli di vita alla Tamagotchi sono poco adatti per imprese che pensano in termini di generazioni. Le imprese familiari dovrebbero privilegiare i mercati con lunghi cicli di vita; non a caso le imprese familiari più antiche del mondo sono attive nell'industria alimentare, nella finanza, nel settore dell'ospitalità o simili.

2. Attivare un radar per il ciclo di vita: la scelta di un mercato durevole non rappresenta una garanzia totale, anche se ha ragione chi sostiene che "si è sempre mangiato e bevuto". Il pericolo di una distruzione creativa è appostato anche nei mercati durevoli. Le preferenze dei clienti, i processi produttivi e le condizioni esterne cambiano e portano alla sparizione di prodotti e di imprese affermate. Chi non si adegua per tempo, va a fondo. Le imprese familiari hanno dunque bisogno di un radar affidabile che rilevi in ogni momento in quale fase del ciclo di vita si trovano i loro principali prodotti e servizi. Tra gli strumenti irrinunciabili di analisi del loro kit strategico ci dovrebbero però essere la curva del ciclo di vita, l'analisi delle cinque forze di Michael Porter e una significativa matrice di portafoglio.

3. Eseguire continui adeguamenti: per attenuare i rischi del ciclo di vita è raccomandabile uno sviluppo continuo della gamma di attività lungo la catena delle proprie competenze

principali. Le focalizzazioni troppo limitate sono da valutare in maniera critica, i poor dogs presenti nel portafoglio sono da eliminare, mentre va utilizzata la forza delle cash cows per costruire per tempo nuovi prodotti e future star. Talvolta è necessario passare a tutt'altri mercati. Una vera e propria diversificazione cambia in maniera durevole l'impresa e richiede quindi competenza e attenzione strategiche particolari; soprattutto è necessaria una sintonia stretta con i proprietari. Va così chiarito se la diversificazione deve avvenire sul piano della proprietà o dell'impresa, quali competenze centrali sono necessarie per la nuova sfera di business e per la guida di un'impresa diversificata, e se queste sono disponibili o possono essere create con successo. Inoltre, con una vera e propria diversificazione si interviene anche nella struttura organizzativa dell'impresa familiare. Luxottica è un esempio di impresa italiana che si è diversificata verticalmente attraverso le acquisizioni, possedendo catene di retail che vendono le sue numerose marche di occhiali. Non raramente vi è una trasformazione in holding. I relativi passi richiedono un'analisi attenta dal punto di vista economico, ma anche legale e fiscale.

4. Prendere decisioni coraggiose: talvolta le imprese familiari devono fare un ulteriore passo e prendere decisioni difficili. Per tempo, prima che il ciclo di vita di un'attività finisca e che distrugga il relativo patrimonio, bisogna liberarsene. Ai fabbricanti di carrozze a cavalli è servito poco che nel 1906 l'imperatore tedesco si dichiarasse pubblicamente a favore del cavallo e considerasse l'automobile come un fenomeno passeggero. Gli imprenditori che volevano trarre dalle parole di Guglielmo II un'assicurazione per l'esistenza, hanno pagato con il crollo della propria impresa. Chi è attivo in mercati in declino ha spesso difficoltà a riconoscere la minaccia derivante dal cambiamento e ad accettare la costrizione ad

agire che ne deriva. Ciò vale tanto più se il cambiamento non è rivoluzionario ma avanza con passo leggero. I leader d'impresa si comportano allora spesso come la rana che nel famoso esperimento sugli animali si rende conto troppo tardi dei pericoli del riscaldamento progressivo dell'acqua che la circonda. "Perché cambiare qualcosa? Non continuiamo forse ad avere successo? C'è tempo prima che il nuovo si affermi, e non è detto che tutte le ciambelle riescano con il buco. Non può andare così male, e poi ne ha da passare di tempo" recita il pericoloso credo delle imprese dei mercati in declino. Prendiamo un esempio recente. Già subito dopo l'invenzione di Internet era chiaro a osservatori esterni che questo strumento avrebbe scosso i modelli di business dei giornali classici basati sulla carta stampata e i ricavi pubblicitari. Ma mentre giovani imprenditori intraprendenti come Google & co. sviluppavano uno dopo l'altro nuovi modelli di business, la maggioranza degli editori classici guardava il cambiamento che si delineava nei media in modo passivo. "Quel che non deve non può essere" non è un'attitudine mentale che dia agli imprenditori garanzia di sopravvivenza.

Nelle imprese familiari si aggiunge spesso un'ulteriore difficoltà; non solo il valore economico, ma anche quello emotivo è strettamente legato all'attività costitutiva dell'impresa. A questa si collegano miti della sua fondazione, tradizione, orgoglio e l'identità di famiglia e impresa; insieme rafforzano la tendenza alla tenacia e giustificano un fenomeno che ho definito altrove rigidità strategica.[39] Per quanto comprensibile sia la tendenza a essere inflessibili, da un punto di vista aziendale è un comportamento che non ci si può permettere, e questo deve essere risaputo dal management, che in stretto accordo con i proprietari, dovrebbe quindi elaborare una serie di criteri oggettivi, utili a un cambiamento nell'attività imprenditoriale.

Moltiplicare prima di acquisire

Le particolarità delle imprese familiari segnano anche la ricerca di adeguate strategie di crescita. Nelle public company termini come crescita e acquisizione sono strettamente connessi; le fusioni e le acquisizioni sono spettacolari, mettono le ali a fantasie sulle quotazioni e incrementano la reputazione dei manager che le realizzano. Il fatto che siano legate all'impiego di capitali e a rischi elevati,[40] non preoccupa veramente i manager delle public company. Il capitale necessario lo si può ottenere sul mercato dei capitali e un insuccesso dell'operazione legato alla distruzione di valore non è di certo voluto, ma nemmeno drammatizzato. Agli azionisti resta come minimo la possibilità di separarsi in ogni momento dalla loro partecipazione al valore di mercato. E i responsabili dell'insuccesso sono indennizzati con una ricca liquidazione per la perdita anticipata del loro posto di lavoro, e tornano a essere disponibili sul mercato del lavoro dei top manager, che funziona a meraviglia.

Nell'impresa familiare le cose stanno diversamente. Chi è costretto a cercare il successo con risorse di capitale limitate e vuole assicurare in modo duraturo il controllo familiare, dovrebbe evitare le strategie di crescita che sono legate a un grande impiego di capitale e a un elevato rischio d'insuccesso. Il destino di Schaeffler e Merckle lo illustra in maniera chiara. Le imprese familiari di successo preferiscono dunque crescere con i propri mezzi; confidano nella moltiplicazione delle proprie idee di successo più che nell'integrazione di una cultura imprenditoriale differente.[41]

Una simile strategia nasconde chiaramente minori rischi. Helmut Maucher, per lungo tempo capo di Nestlé, ha in verità scartato per sé e per la propria impresa una totale adesione alle acquisizioni come strategia di crescita. "Le acquisizioni", scrive in un manuale di management che raccoglie l'insieme delle sue esperienze "possono (...) abbreviare i tempi di raggiungimento di importanti obiettivi strategici, per esempio l'ingresso in nuovi Paesi o in nuovi settori produttivi, quando il proprio percorso diventa troppo lungo. Qui è (...) da soppesare il fattore tempo a fronte del prezzo delle acquisizioni". Ma egli cita chiaramente anche i rischi principali dell'attività di acquisizione; al di là della tendenza a illudersi e a lasciare che la propria passione offuschi il buon senso, Maucher critica soprattutto il catastrofico management post-merger. "Il successo di un'acquisizione" osserva concludendo "dipende infine (...) da ciò che se ne vuole fare poi. L'integrazione di una società acquisita (...) necessita di grande prudenza, di un sesto senso e di una capacità psicologica di immedesimazione (...) In molte imprese si è visto molto spesso che le acquisizioni sono fallite perché poi si sono fatti tutti gli errori che era possibile fare."[42]

- Creare una cultura imprenditoriale unica
- Cercare mercati adatti
- Usare il bonus proprietà
- Essere più vicini ai clienti
- Avere il coraggio di rompere le regole
- Mostrare perseveranza, sviluppare vantaggi competitivi difficilmente copiabili
- "Never bet the company"
- Aggirare il ciclo di vita
- Moltiplicare prima di acquisire

FIGURA 8. Sintesi: consigli strategici per imprese familiari.

Finché la volontà dinastica alimenta il desiderio di garantire l'indipendenza dell'azienda, l'impresa familiare non dovrebbe aumentare i propri rischi facendo crescere le attività imprenditoriali più rapidamente dei propri mezzi finanziari.

(6)

Il finanziamento

Alcune osservazioni introduttive

Il finanziamento delle imprese familiari è un campo ancora poco compreso e fortemente connotato da emozioni.

Non c'è da meravigliarsi: le imprese familiari e i loro principali finanziatori non vanno facilmente d'accordo. Molte banche non capiscono come funzioni l'impresa familiare e le vendono prodotti finanziari insoddisfacenti per entrambe le parti. E molte imprese familiari non vogliono capire che la banca è una normale azienda che guadagna soldi attraverso i propri servizi. Non è un'istituzione principesca, il suo business non è sovvenzionare l'attività imprenditoriale; proprio come il management dell'impresa familiare, anche la direzione della banca ha, innanzi tutto, obblighi verso gli interessi dei suoi proprietari: deve cercare di amministrare il denaro messo a disposizione nel modo più efficiente. L'impresa familiare è al tempo stesso partner e antagonista per interessi, proprio come in una qualsiasi altra relazione cliente-fornitore. Solo se l'impresa familiare e il suo finanziatore sono d'accordo su quale partita giocano insieme e quali interessi muovono l'una e l'altro, affrancheremo il finanziamento da una professionalità carente e da un'emotività eccessiva; solo allora si creeranno le condizioni per finanziare con successo le imprese familiari. È tempo di rimettere le cose nella giusta luce.

I fondamenti per capire il finanziamento dell'impresa

Il finanziamento dell'impresa ha un'importante funzione di sostegno nella gestione aziendale; il suo compito è procurare all'impresa i capitali che le servono per finanziare il patrimonio immobilizzato nell'impresa e gli impegni di pagamento assunti. Terreni ed edifici, macchine, attrezzature, stock e crediti esigibili dai clienti richiedono la copertura di capitale al pari dei salari dei lavoratori o degli interessi e degli ammortamenti della banca; garantire tutto questo è compito del finanziamento all'impresa.[1]

Come per le altre funzioni aziendali, anche nel finanziamento si tratta di ottimizzare: un finanziamento che vada bene per tutte le stagioni non esiste e la giusta strategia al riguardo è sempre da decidere caso per caso. Perciò i vantaggi e gli svantaggi delle diverse offerte finanziarie vanno bilanciati con gli obiettivi e le possibilità di ciascuna impresa e legati a un piano complessivo convincente.

La disponibilità, l'affidabilità e i relativi costi sono criteri importanti per stabilire vantaggi e svantaggi di uno strumento finanziario. Aiuta poco sapere che ci si può procurare del capitale proprio attraverso la Borsa, se la mia impresa non soddisfa le premesse per un ingresso in Borsa, e non aiuta nemmeno pensare al factoring se i miei clienti hanno escluso per contratto la cessione dei loro diritti. Dalla disponibilità nasce dunque spesso una prima importante limitazione alle alternative finanziarie fruibili, o una caratteristica per classificarle: infatti la risposta alla domanda relativa alla disponibilità non è spesso un "sì" o un "no", ma "più facile" o "più difficile".

Un secondo aspetto della classificazione risulta dalla domanda sull'affidabilità del finanziamento; per giudicare uno strumento finanziario è importante sapere se i capitali promessi all'impresa per il periodo necessario siano disponibili con assoluta o limitata sicurezza. È altrettanto importante capire se il partner finanziario può essere sostituito e se le condizioni pattuite possono essere cambiate in modo unilaterale. Minor sicurezza in tali questioni fondamentali significa minor attrattività dello strumento finanziario. E viceversa. Sopravvive infatti solo chi è in grado in ogni momento di soddisfare gli impegni di pagamento che gli vengono rivolti: non solo l'insolvenza, ma anche un eccessivo indebitamento porta inevitabilmente al fallimento.

Infine sono i costi a determinare l'attrattività di uno strumento finanziario; qui non si tratta solo dei costi direttamente tangibili e misurabili nella forma degli interessi, anche i costi indiretti rientrano nel confronto. Sorgono ulteriori costi per consulenze e mediazioni? Per registrazioni notarili, iscrizioni al registro delle imprese o adempimenti richiesti dalle leggi sul mercato dei capitali? Per campagne di pubbliche relazioni e simili? E non vanno nemmeno dimenticati i costi ricorrenti. Chi, per esempio, entra in Borsa con la sua impresa, deve da quel momento in poi assolvere in modo costante le formalità derivanti dal diritto azionario e del mercato dei capitali; deve avere un consiglio di sorveglianza, tenere un'assemblea generale, soddisfare determinati doveri di pubblicazione e le esigenze d'informazione degli analisti finanziari. Questo è spesso più costoso di quanto si pensi, e limita la via della Borsa come strumento di finanziamento a miriadi di piccole imprese. Bisogna poi aggiungere costi qualitativi: con la quotazione in Borsa la maggiore esposizione al pubblico che vi è collegata non è vista positivamente da tutte le imprese. Chi sta nella propria nicchia di prodotti e guadagna molto, non ha grande interesse ad attrarre l'attenzione dei suoi concorrenti e clienti sulla bontà del suo business, e probabilmente preferirà ricorrere a un altro strumento finanziario. Anche eventuali garanzie come le ipoteche, la costituzione in pegno di quote, una fideiussione personale o la concessione di diritti di consultazione nelle decisioni aziendali devono essere incluse nella valutazione, prima di prendere una decisione. L'analisi dei costi finanziari quantitativi e qualitativi è l'aspetto più coinvolgente e al tempo stesso più difficile nel confronto sull'attrattività dei vari strumenti finanziari. Tale aspetto del finanziamento, ma anche la sua valutazione globale, presuppone un'analisi completa che tenga conto di tutte le voci più importanti confrontabili.

Per questo motivo sono necessari criteri di confronto adeguati, ricavabili dagli obiettivi finanziari, da quelli aziendali e da quelli superiori fissati dai titolari. Solo quando sappiamo ciò che vogliamo, possiamo giudicare la qualità dei mezzi che sono a nostra disposizione per ottenerlo.

Il sistema di obiettivi di un'impresa è di solito definito con il triangolo crescita, redditività e stabilità; le imprese orientate al mercato dei capitali seguono di solito una gerarchia di obiettivi che si può riportare alla semplice formula: crescita prima della redditività e redditività prima della stabilità.[2] Questo modo di vedere determina la disposizione verso il finanziamento. Se la redditività ha nel sistema target un'importanza superiore alla stabilità, tenderò a dare la preferenza a un credito incerto attraverso il conto corrente piuttosto che a un credito costoso a lungo termine. E se la crescita è più importante della redditività e la redditività più importante della stabilità, allora userò l'effetto turbo del leveraging, sebbene a ogni spostamento dal finanziamento proprio a quello esterno la resistenza dell'impresa alle crisi e la sua stabilità ne risentano. L'utilizzo esteso dell'effetto leverage attraverso investitori finanziari e public company è la conseguenza obbligata di una filosofia che pone la crescita davanti alla redditività e la redditività davanti alla stabilità, e permette agli agenti di partecipare ai possibili successi e svincolarsi dalle responsabilità legate ai rischi di insuccesso.

... e ciò che è diverso nelle imprese familiari

Nelle imprese familiari le cose stanno diversamente.[3] Il loro sistema target si differenzia in modo fondamentale da quello degli investitori finanziari e delle public company. Quando molti imprenditori familiari di successo manifestano il loro credo: "Non cresciamo più rapidamente del nostro capitale", mettono in questo modo senza possibilità di equivoci la stabilità in cima alla loro gerarchia di obiettivi e agiscono in conformità. Chi vuole assicurare la posizione dominante della famiglia titolare per generazioni, deve garantire che la sua impresa non farà niente che metta a repentaglio questo obiettivo anche sotto l'aspetto dei finanziamenti. Eviterà quelli che portano un'influenza indesiderata dall'esterno e farà attenzione a che non sorgano situazioni che minaccino l'indipendenza dell'impresa familiare. Il "grande errore" può essere commesso anche nel finanziamento: le strategie che vi sono legate si possono infatti tradurre in pericoli letali per le imprese familiari, nel momento in cui non viene escluso il rischio di perdere l'autonomia. Chi pone al di sopra di tutto l'indipendenza da influenze di terzi, perché intende salvaguardare l'impresa come impresa familiare, deve anteporre la stabilità alla redditività e alla crescita, e per questo rinunciare tra l'altro a opportunità di utili e di espansione, dichiarandosi eventualmente pronto a finanziarsi in modo più costoso, ma più sicuro.[4]

Le regole di finanziamento per le imprese familiari

Nell'affrontare il compito di conservare l'indipendenza accedendo nello stesso tempo a un valido finanziamento esterno, le imprese familiari dovrebbero farsi guidare da alcune semplici regole. Queste sono il risultato del buon senso e derivano dal carattere particolare dell'impresa familiare e dal tipo di proprietà; sono collaudate e messe in pratica con successo in tutto il mondo dalle più importanti e riuscite imprese familiari. Sembrano semplici, eppure sono difficili da imporre, perché richiedono coraggio e coerenza. Notoriamente, nulla è così difficile come essere "semplici", non solo nel finanziamento.

L'utile è il contributo fondamentale del finanziamento

A prima vista sembra un'ovvietà. Più alto l'utile, più elevato l'importo disponibile per il finanziamento. L'importanza dell'utile per il finanziamento è tuttavia ancora maggiore nell'impresa familiare che nella public company. Chi rifiuta l'influenza esterna, deve limitarsi nell'aumento del capitale proprio ai mezzi finanziari che gli vengono messi a disposizione dalla famiglia, e poiché di solito questa è capace e pronta a effettuare liberi trasferimenti dai fondi privati in misura limitata, l'utile trattenuto in azienda rappresenta la fonte più importante di consolidamento del capitale proprio nell'impresa familiare.[5]

Più alto è il profitto, più gli interessi di tesaurizzazione e di distribuzione degli utili da parte di proprietari sono facilmente conciliabili. Più alto è il profitto, maggiore è la parte di questo che può restare in azienda senza che il valore economico ed emotivo della partecipazione subisca danni dal punto di vista della proprietà. Non è saggio da parte del management di un'impresa familiare ricordare di continuo ai titolari il dovere di rinunciare alla distribuzione degli utili con la giustificazione che la "ditta viene prima", e contemporaneamente non adempiere al proprio dovere di partecipare attivamente al conseguimento dell'utile e della redditività. La priorità data alla stabilità rispetto alla redditività e alla crescita non significa certo che le imprese familiari potrebbero cavarsela senza redditività e crescita, anzi esse devono perseguire un semplice triplice scopo: innanzi tutto fare attenzione a disporre sempre di un solido finanziamento e in particolare avere una dotazione di capitale proprio che permetta di superare le crisi senza finire in dipendenze finanziarie. Poi devono essere così redditizie da indurre i finanziatori della famiglia - così come gli altri - a lasciare il capitale necessario nell'impresa o a renderne disponibile di nuovo. E infine dovrebbero crescere sempre e soltanto con la rapidità consentita dagli obiettivi di stabilità e di redditività, nonché dalle esigenze di mercato. Questo compito di ottimizzazione è tanto più facile da assolvere quanto più elevato è l'utile dell'impresa: il management lo deve avere ben chiaro ed essere pronto a raccogliere la relativa sfida. Un buon management finanziario è strettamente legato al management strategico e operativo dell'impresa.

Operare in modo che la maggior parte dell'utile resti nell'impresa

Per finanziare l'impresa non è di solito disponibile tutto l'utile prodotto, anzi sia lo Stato (sotto forma di imposte) sia i proprietari (sotto forma di dividendi) avanzano pretese legittime su una partecipazione al risultato conseguito. La politica fiscale e quella distributiva sono quindi ulteriori elementi importanti che entrano in gioco nel finanziamento dell'impresa, fanno parte del potere decisionale dei proprietari e saranno quindi tra i temi principali trattati nella terza parte di questo libro. Ciò non ci vieta tuttavia di riassumere qui brevemente i principi operativi più importanti.

Le imprese familiari hanno un fondato interesse a lasciare in azienda una parte il più possibile consistente dell'utile conseguito a rafforzamento del capitale proprio, anche se non gli risulterà facile. In molte imprese lo Stato è diventato, con i suoi diritti fiscali, un "socio silenzioso" importante; le imprese familiari, che non possono compensare prontamente le relative uscite con il ricorso al mercato del capitale esterno, ne sono colpite in maniera più forte rispetto alle public company. Nel quadro delle loro strategie di finanziamento sono dunque giustificate, se non obbligate, a effettuare una riflessione su come ridurre il carico fiscale. Un impianto fiscale intelligente è un pilastro portante del management finanziario nelle imprese familiari, ma non deve mai mirare soltanto all'ottimizzazione del carico fiscale. Il diritto e l'economia aziendale pongono dei paletti rilevanti, e l'autodifesa tramite l'evasione fiscale non è concepibile. L'ottimizzazione deve dunque avvenire nello stretto rispetto delle leggi vigenti, e inoltre non creare ulteriori complessità che ostacolano una leadership aziendale produttiva. Chi programma la guida della propria impresa secondo il carico fiscale, si vedrà rapidamente sfuggire i risultati. Va detto inoltre che i proprietari devono prendere le dovute precauzioni per evitare una diminuzione eccessiva e imprevista del capitale sociale; avere fa rima con mantenere, e allora nessuna sorpresa se le imprese familiari modello hanno un atteggiamento più difensivo delle public company nella politica distributiva degli utili.

In una strategia professionale del finanziamento rientrano una moderata politica distributiva e accordi per i diritti di recesso, comprensivi di limitazioni nella disdetta e nell'indennizzo, nonché patti a salvaguardia del capitale dell'impresa, che si estendono fin nell'ambito privato.

IL FINANZIAMENTO 85

"Low leverage is key" – Perché le imprese familiari hanno bisogno di quote elevate di capitale proprio

Una dotazione di prim'ordine di capitale proprio rientra in un certo qual modo tra le caratteristiche distintive delle imprese familiari di successo.

Impresa	Quota di capitale proprio
Benteler	31%
Bertelsmann	31%
Braun Melsungen	37%
Freudenberg	46%
Haniel	35%*
Henkel	41%
Heraeus	56%
Knauf	51%*
Merck	61%
Oetker	61%
Phoenix Contact	36%**
Wacker Chemie	45%
Würth	41%

*2007 - ** 2007/2008

Fonte: *Süddeutsche Zeitung*, 9 luglio 2009, p. 28.

FIGURA 9. Quote di capitale proprio di importanti imprese familiari tedesche, anno 2008.

Mentre gli investitori finanziari utilizzano l'effetto turbo del leverage per massimizzare la redditività del capitale impiegato, le imprese familiari percorrono la via opposta: per proteggere la propria indipendenza, danno la preferenza alla stabilità economica rispetto all'ottimizzazione rischiosa della redditività.

Chi vuol rimanere indipendente, dovrebbe orientarsi a un leverage basso e a una quota di capitale proprio elevata ed essere disposto ad accettare la relativa rinuncia a un'ottimizzazione del ritorno sugli investimenti, nonché a opzioni di crescita eccessive. Dal punto di vista dell'impresa familiare, l'elevata quota di capitale proprio non porta che benefici: riduce il rischio d'impresa e i costi del capitale, aumenta l'indipendenza aziendale e crea buone premesse per un vantaggio, tipico di queste imprese, nella forma di decisioni rapide e non influenzate da obblighi esterni. L'aspirazione ad avere quote elevate di capitale proprio è così un'ulteriore prova della capacità, da parte di una buona impresa familiare di limitare i presunti svantaggi, trasformandoli anzi in vantaggi.

Creare l'indipendenza dalle banche

Un'elevata quota di capitale proprio è una condizione necessaria, ma non sufficiente per l'indipendenza finanziaria. Il management dell'impresa familiare deve fare in modo che nessuno dei finanziatori esterni raggiunga una posizione tale da poter mettere a repentaglio l'autonomia aziendale.

Questo richiamo vale soprattutto nei confronti delle banche. Non voglio fomentare luoghi comuni: le banche non sono il nemico naturale dell'impresa familiare, sono normali partner d'affari il cui compito consiste nel guadagnare il più possibile con i soldi affidatigli dai loro investitori. Poiché le banche, a differenza dei fornitori, non hanno di regola interesse a legami con l'impresa che vadano oltre l'attività di finanziamento, e molti imprenditori hanno strappato ai partner bancari margini risicati e la rinuncia a garanzie, è più che normale che nel caso delle banche si abbia a che fare con finanziatori tendenzialmente suscettibili. Il concetto dominante della banca di fiducia[6] ha alterato lo sguardo sul ruolo opportuno del finanziamento fatto ricorrendo al credito bancario. Le banche offrono più del semplice finanziamento, e sotto molteplici aspetti economici sono importanti partner delle imprese familiari,[7] tuttavia queste ultime devono fare attenzione a conservare la propria autonomia dall'istituto bancario se vi ricorrono per il finanziamento del proprio business.

Un buon finanziamento ha il suo prezzo

Il motivo della popolarità del ricorso al classico credito bancario è semplice: il denaro della banca è relativamente poco costoso. Leasing, factoring, crediti dei fornitori, persino i prestiti dei soci sono di solito più costosi del credito concesso dalla propria banca e dunque sono utilizzati più raramente dalle imprese familiari attente ai costi.

Personalmente sostengo che è tempo che gli imprenditori familiari rivedano le loro strategie di finanziamento. I costi di finanziamento sono un parametro importante nella scelta del relativo strumento, ma per un tipo di impresa a cui importa soprattutto il mantenimento dell'indipendenza, la garanzia del finanziamento deve avere un valore superiore. A questo proposito, rispetto alle varie alternative esistenti di finanziamento, non ne escono bene il credito su conto corrente, revocabile in ogni momento, e neanche i prestiti la cui esistenza è legata ai cosiddetti covenant. Leasing, factoring, crediti dei fornitori e prestiti dei soci sono spesso più costosi, ma anche più sicuri; il solo elemento dell'economicità non è infatti sufficiente. La sicurezza è un asso nella manica e come tale ha notoriamente il suo prezzo. Chi crede seriamente nell'indipendenza della propria impresa familiare, deve essere disposto ad accettare i costi aggiuntivi come una specie di premio assicurativo a fronte della perdita di autonomia. I crediti bancari restano un elemento importante del finanziamento aziendale, anche dell'impresa familiare, ma la loro importanza deve nettamente diminuire.[8]

Termini congrui per il finanziamento

La regola aurea di bilancio è morta. Oggi quasi nessuno osa sostenere ciò che un tempo era considerata l'essenza dell'uomo d'affari per bene, ovvero che il capitale immobilizzato a lungo nell'impresa dovrebbe essere coperto interamente da capitale proprio. Poiché la pratica di questa nobile pretesa è sufficente solo in rari casi, la teoria l'ha abbandonata e sostituita con più miti richieste.[9]

Ma esistono anche eccezioni in cui la regola d'oro di bilancio è sopravvissuta. Le imprese familiari di prim'ordine, a cui importa soprattutto la propria indipendenza, continuano a dare invariato valore alla copertura degli investimenti con capitale proprio. Nessuna meraviglia: l'adeguatezza dei termini è un principio elementare per assicurare un finanziamento indipendente dell'impresa; questo deve essere sempre a disposizione per un tempo più lungo di quanto serva per l'asset da finanziare. Le vecchie regole basilari di un finanziamento dai termini congrui, considerate antiquate e polverose dai moderni acrobati della finanza, rientrano quindi in maniera invariata tra le componenti fondamentali del finanziamento dell'impresa familiare.

- Le immobilizzazioni di lungo periodo non possono essere finanziate a breve termine, anche se il finanziamento nel breve periodo è più economico. Chi finanzia gli investimenti attraverso crediti a breve termine, perché risparmia in questo modo un paio di decimi di punto percentuale, rischia di perdere l'indipendenza della propria impresa e la sua sopravvivenza come tale. Il capitale necessario sul

lungo periodo deve anche essere finanziabile per un tempo lungo e la forma migliore, perché disponibile in maniera più sicura, resta il capitale proprio dei titolari.
- Il finanziamento di lungo periodo del capitale a breve non è un'operazione disonorevole, al contrario. Più stock, crediti e altri elementi del capitale circolante sono coperti da finanziamenti estesi nel tempo, tanto meglio è sotto l'aspetto della sicurezza. Un premio assicurativo per questa sicurezza è del tutto accettabile.
- Il capitale di terzi con scadenza a breve deve poter essere pagato in ogni momento attraverso beni realizzabili nel breve periodo; va quindi fatta molta attenzione alla disponibilità di questi beni, che deve essere sempre più rapida rispetto alla richiesta di riscossione dei debiti in scadenza. Su questa semplice verità si basa il concetto di liquidità di 1°, 2° e 3° grado.[10]
- Gli strumenti di gestione del capitale investito e della liquidità di 1°, 2° e 3° grado nonché un cash flow amministrato in modo professionale fanno parte della toolbox di ogni impresa familiare e dovrebbero essere trattati secondo il principio: tanto più sicuri, tanto più adeguati.

Non contrarre inutili rischi di garanzia

Fa parte della tutela dell'indipendenza anche limitare i rischi di garanzia in modo che non ne derivino pericoli per la sopravvivenza dell'impresa e per la sua conservazione nelle mani della famiglia. Non mi riferisco qui tanto alla completa responsabilità personale. Molti imprenditori familiari devono o vogliono rispondere con il proprio patrimonio privato verso i loro creditori: questa è una decisione dei singoli, e io posso solo sperare che abbiano ben soppesato i vantaggi (per esempio diritti di partecipazione, obblighi di pubblicità e di codeterminazione e buon nome) e gli svantaggi connessi (non ultimo il mantenimento dell'indipendenza imprenditoriale).

Qui parliamo di imprese familiari che hanno fatto grandi sforzi per tutelare il proprio patrimonio e l'indipendenza. Accanto alla scelta di una forma giuridica che circoscriva la loro responsabilità, queste imprese ricorrono spesso a una limitazione delle responsabilità con l'aiuto delle cosiddette holding, in cui le diverse attività imprenditoriali hanno garanzie separate. Se un settore finisce in difficoltà, questo non contagia subito l'intero sistema.[11] Sarebbe fatale se questa decisione normativa dei proprietari fosse compromessa da errori del management finanziario. Le imprese familiari che vogliono salvaguardare la propria indipendenza, devono dunque controllare che nelle loro attività finanziarie non sia rimesso in discussione il confine posto alla loro responsabilità; questa, se possibile, dovrebbe essere appunto limitata all'oggetto da finanziare. Le garanzie trasversali a settori giuridicamente separati dell'impresa o l'assunzione di responsabilità per l'intero gruppo sono da evitare, e lo stesso discorso vale per la responsabilità individuale verso singoli creditori. In questo modo si aumenta solo la ricattabilità in caso di crisi, mettendo in pericolo l'indipendenza finanziaria più che rafforzarla. Se ci devono essere responsabilità personali, che siano verso tutti.

Il buon finanziamento comincia dall'attivo

Un buon management finanziario non si limita al passivo di bilancio. Non è sufficiente identificare adeguati strumenti di finanziamento e combinarli in un mix qualificato. Il finanziamento di tipo professionale inizia dall'attivo di bilancio, perché non devo finanziare un capitale che non possiedo. La riduzione dell'investimento immobilizzato nell'impresa causa, in alternativa, un miglioramento della stabilità finanziaria o la possibilità di crescita senza un parallelo aumento del rischio.[12] Per questo ci sono in sostanza tre approcci disponibili. [13]

- Vendita dei beni non necessari all'impresa. Un imprenditore aveva l'intenzione di ristrutturare la propria impresa e di darle un nuovo orientamento strategico. Tra noi ci fu una discussione sul fatto che la ristrutturazione avrebbe richiesto un capitale notevole, mettendo alla prova l'esistenza stessa dell'impresa. In questo contesto indicai una possibilità di finanziamento all'interno dell'impresa. L'impresa familiare era in possesso di un grande immobile in ottima posizione nel centro della città. Dal ricavato della vendita si sarebbe potuto finanziare l'intera ristrutturazione dell'azienda. Ne discutemmo in maniera animata. "L'edificio rappresenta un punto di attrazione per la clientela" argomentava il proprietario. "Rappresenta la tradizione, la cultura e il prestigio della nostra azienda, inoltre ospita l'amministrazione e la distribuzione della nostra ditta." Replicai che "amministrazione e vendite possono anche avere sede in spazi presi in affitto, e il prestigio è un lusso che non ci si può più permettere." La mia argomentazione non lo aveva convinto e l'imprenditore non se la sentì di alienare il bene, così carico di valore emotivo; preferì farsi finanziare la ristrutturazione dalle sue banche. Non fu tuttavia sufficiente e alcuni anni dopo il mio amico perse l'immobile e l'impresa di famiglia. La storia illustra le possibilità e i limiti di una gestione attiva del capitale investito a scopo di finanziamento. La maggior parte delle imprese familiari dispone di un patrimonio ragguardevole, che in parte potrebbe trovare un uso attivo nel finanziamento di obiettivi aziendali – invece di doversi autofinanziare –, ma spesso alla vendita di un patrimonio non necessario all'esercizio dell'impresa si oppongono barriere emotive. Un management finanziario di tipo professionale ha un'altra visione: richiede un'analisi oggettiva dei vantaggi legati alla conservazione del bene (per esempio necessità aziendale, aspetti fiscali, funzione di riserva per gli immobili ammortizzati ecc.) e degli aspetti positivi di una vendita (per esempio funzione di finanziamento, utilizzo di opportunità di crescita reali ecc.). Non posso pronosticare il risultato concreto di una tale valutazione, ma oso affermare che nel capitale fisso a bilancio delle imprese familiari sonnecchia un enorme potenziale per finanziare da solo la crescita aziendale.

- Working capital management. Ciò che vale per il capitale immobilizzato è vero per analogia anche per il capitale circolante: nel working capital vi sono infatti notevoli riserve di finanziamento. Una programmata riduzione dello stock e dei crediti diminuisce il fabbisogno finanziario e crea sicurezza e opportunità di crescita. Prendete Aldi come esempio e organizzate il vostro working capital in modo che da sperperatore di mezzi finanziari diventi generatore degli stessi. Operate in modo che il vostro stock abbia un rapido turnover e che i clienti anticipino nel tempo i loro pagamenti. Com'è noto Aldi è riuscita a fare sì che i suoi stock siano già pagati prima che l'impresa saldi i propri fornitori. "Impossibile" dite? "Niente è impossibile" e "non funziona, allora non c'è" sono due dei principi di base degli imprenditori di successo; se è necessario, essi cambiano anche il loro modello di business. Aldi non ha fatto diversamente.

- Risparmio. Infine vorrei indicare un particolare tipo di gestione attiva del patrimonio aziendale. Si tratta del risparmio. Chi deve amministrare con risorse scarse, sa che un euro non speso non è da finanziare, e sa inoltre che indirizza i propri dipendenti verso comportamenti di spesa oculati, se li sperimenta in prima persona in modo visibile e coerente. Gli imprenditori familiari che spengono la luce nei bagni dell'azienda o, come l'ineffabile Robert Bosch, raccolgono da terra le graffette, non sono spilorci un po' strambi, ma leader di imprese che agiscono in maniera strategica. Ingvar Kamprad, fondatore di Ikea e re senza corona degli amministratori oculati, ha confessato in una delle sue rare interviste: "Perché preferisco volare low cost? Perché in treno viaggio in seconda classe? Come diavolo posso pretendere dai miei dipendenti che risparmino sulle spese, se poi io nuoto nel lusso?". L'oculatezza in un'impresa familiare non è (solo) avarizia, ma una regola di finanziamento.

- Il contributo più importante al finanziamento è l'utile.
- Provvedere in modo che la maggior parte dell'utile resti nell'impresa.
- "Low leverage is key" – perché le imprese familiari hanno bisogno di quote elevate di capitale proprio.
- Garantirsi l'indipendenza dalle banche.
- Un buon finanziamento ha il suo prezzo.
- Non rimandare i rischi al futuro.
- I tempi del finanziamento devono essere congrui.
- Non incorrere in inutili rischi legati alla responsabilità.
- Un buon finanziamento comincia dall'attivo di bilancio.

FIGURA 10. Sintesi: regole di finanziamento per le imprese familiari.

I principali strumenti di finanziamento – Un confronto per attrattività

Le regole sul finanziamento ci permettono di valutare i maggiori strumenti di finanziamento dal punto di vista delle imprese familiari. Seguiamo così la composizione del bilancio e stimiamo gli strumenti di finanziamento per l'attivo e il passivo sulla base dei criteri classici di disponibilità, sicurezza del finanziamento e costi, tenendo particolarmente conto dell'esigenza di indipendenza specifica delle imprese familiari.

Vendita di beni non necessari all'azienda

Per le imprese familiari la vendita di beni non necessari all'azienda occupa sempre l'ultima fila nella scala delle preferenze.[14] Molti imprenditori hanno difficoltà a vendere ciò che intendono come "l'argenteria di famiglia". A torto. Oggettivamente il finanziamento dell'impresa familiare con la vendita di beni non necessari all'azienda è infatti allettante. Gli effetti desiderati sono raggiungibili e sicuri; certamente bisogna esaminare sotto l'aspetto dei costi fino a che punto il ricavato della vendita si riduce per via delle imposte e se eventualmente sorgono nuovi costi, perché, per esempio, al posto dell'immobile venduto bisogna prenderne uno in affitto. Tuttavia questi aspetti sono facilmente calcolabili e solo raramente hanno un peso notevole rispetto ai benefici che si traggono dalla vendita di beni non necessari all'azienda. Rimanere aggrappati al passato non è infatti una buona politica: la vendita riduce il totale di bilancio e porta denaro in cassa; migliora gli indici di bilancio, aumenta la stabilità finanziaria e crea margini d'azione per la crescita. È un elemento importante per assicurare l'indipendenza e rientra quindi inevitabilmente nella strategia finanziaria dell'impresa familiare.

Leasing

Il leasing, in particolare il classico leasing finanziario per beni mobili, è stato nel frattempo accettato dalle imprese familiari, e a ragione: esso è facilmente ottenibile e garantisce all'impresa un'elevata garanzia di disponibilità. Certamente il leasing è di regola più costoso del classico finanziamento attraverso il credito, ma di solito i maggiori costi si contengono per via del trattamento fiscale privilegiato. Per questo il leasing è allettante sotto l'aspetto della salvaguardia dell'indipendenza. Il concessionario del leasing subentra come finanziatore al posto della banca e contribuisce in questo modo a migliorare la possibilità di indipendenza da questa; inoltre il leasing riduce il totale di bilancio, migliorandone gli indici e in misura limitata i margini del finanziamento.

Ciò vale a maggior ragione per il sale and lease back, perché qui compare in funzione di finanziamento, aumentandone l'attrattività, lo sblocco del capitale derivante dalla vendita a monte. Nel sale and lease back vengono dapprima venduti al concessionario di leasing e poi riscattati beni durevoli del patrimonio dell'imprenditore, in genere immobili o beni mobili di elevato valore: in questo modo confluiscono nell'impresa notevoli mezzi finanziari che possono essere utilizzati per sovvenzionare la crescita. Se gli imprenditori hanno ancora un atteggiamento di resistenza verso il sale and lease back, vale ciò che si è detto per la vendita di beni non necessari all'azienda. Di solito non è giustificata la resistenza alla vendita dei presunti "gioielli di famiglia": chi vuole finanziare in modo sicuro la propria impresa e sfruttare al massimo il potenziale di crescita, dovrebbe prendere in seria considerazione come alternativa il sale and lease back.

Il working capital management

Gli strumenti di gestione che riducono l'immobilizzazione del capitale circolante sono abbastanza conosciuti nelle imprese familiari, tuttavia non vengono ancora utilizzati in maniera professionale; come strumento di finanziamento, il working capital management è infatti quasi imbattibile. Disponibilità e sicurezza dipendono dalla prestazione del management dell'impresa, i costi sono quantificabili e di regola controllabili, e l'indipendenza dell'impresa aumenta, dati gli effetti di riduzione del bilancio. Su questa base è facile dare un consiglio: un working capital management professionale fa parte dello strumentario che deve avere ogni management finanziario competente.

Il factoring

Benché si tratti in fondo di uno strumento simmetrico al leasing per la sfera del capitale circolante, la forfettizzazione dei crediti dei clienti, il cosiddetto factoring, è ancora ben distante dalla popolarità e dal grado di sfruttamento del leasing.[15] Il motivo non è razionale, ed è a mio avviso sbagliato, perché invece il factoring è un elemento interessante per il mix finanziario dell'impresa familiare. Nella misura in cui non sorge un divieto di cessione da parte del cliente, è facilmente disponibile e del tutto sicuro, anche se ha costi molto elevati,[16] a cui si controbilanciano tuttavia la diminuzione del rischio di credito e una riduzione dei costi amministrativi, dato il trasferimento della gestione del credito all'impresa di factoring. Ma il factoring contribuisce soprattutto ad aumentare l'indipendenza imprenditoriale; come il leasing riduce la dipendenza dalle banche, perché la vendita dei crediti alla società di factoring rende superfluo un finanziamento bancario (per lo più a breve termine). Oltre a questo vantaggio, il factoring migliora gli indici di bilancio e di conseguenza i margini d'azione finanziaria dell'impresa familiare, e come il sale and lease back libera liquidità. Non è dunque solo adatto come strumento per finanziarsi attraverso i crediti, ma in misura limitata anche per finanziare la crescita.

I mezzi propri dei titolari

Sul finanziamento attraverso aumenti di capitale e utili trattenuti da parte dei proprietari non c'è molto da dire: in nessun altro strumento finanziario, fatta eccezione per la vendita di beni non necessari all'impresa e per il working capital management, si combinano in maniera così favorevole sicurezza del finanziamento, costi e indipendenza. Per l'impresa nessuno è più fidato dei proprietari stessi, nessuno è miglior garante della sua indipendenza, e tutto questo ai costi variabili degli interessi sul capitale proprio. L'impresa familiare ha bisogno di "patient capital", e una forma di capitale più tranquilla e affidabile di quella fornita dai soldi dei proprietari è difficile da trovare. Peccato solo che non ce ne sia di più.

Poiché i soldi dei titolari sono soldi sicuri, molte imprese familiari cercano di immobilizzare di nuovo i dividendi precedentemente distribuiti attraverso i prestiti dei soci; questi sono diffusi e godono di popolarità nelle imprese familiari. Non va tuttavia ignorato che, a differenza dei veri e propri aumenti di capitale e agli utili trattenuti, essi non rappresentano un capitale proprio effettivo. Come denaro stanziato dai titolari è un capitale oltremodo affidabile; in caso di crisi, da un punto di vista giuridico, è considerato come capitale proprio, ma in situazioni normali si tratta tuttavia di un finanziamento attraverso un prestito che a seconda della sua struttura è più o meno incerto. I ben più diffusi conti correnti dei soci sono in ogni momento revocabili e spesso più costosi dei prestiti bancari. Per rendere allettante il mantenimento del prestito del socio nell'impresa, le imprese familiari pagano in generale interessi più elevati rispetto ai crediti bancari confrontabili.

Il finanziamento da parte di terzi è un capitolo difficile, tocca aspetti razionali ma anche emotivi ed è importante che esso venga gestito nella maniera più professionale possibile. Vi fanno parte un giusto equilibrio tra un vero finanziamento di capitale proprio mediante gli utili trattenuti e un finanziamento di terzi attraverso prestiti dei soci, nonché una forma di finanziamento esterno in cui vengono ricompensati con la corresponsione di interessi più allettanti gli impegni di lungo periodo rispetto a quelli a breve.

Il capitale proprio esterno

Il capitale proprio necessario al finanziamento dell'impresa non deve necessariamente venire solo dalla famiglia proprietaria. Prima di aprirsi a investitori esterni, è necessario rispondere ad alcune domande importanti. Tutte quante ruotano intorno a un tema fondamentale: siamo del tutto disposti a tollerare l'influenza di un proprietario esterno nella nostra impresa? Con che vantaggio? E a quale prezzo? Nelle risposte sono poco utili le emozioni epidermiche, piuttosto bisognerebbe cercare di valutare in maniera razionale ricorrendo ai classici criteri di giudizio sugli strumenti finanziari. Ciò porta alle seguenti conoscenze.

1. Disponibilità: esistono mercati efficienti sia per private equity che per transazioni in Borsa di quote di imprese. Tuttavia questi mercati non sono aperti a tutti, così per i diversi segmenti di Borsa vi sono requisiti d'ingresso differenziati da soddisfare se si vuol far negoziare le proprie quote. Inoltre gli investitori sul mercato dei capitali hanno determinate aspettative che vanno soddisfatte se un'impresa vuole avere a lungo successo su detti mercati. E anche le società di private equity hanno di solito criteri chiari su quali imprese vogliono investire. Soddisfiamo questi criteri? Siamo sufficientemente allettanti dal punto di vista degli investitori? Per molte imprese familiari il viaggio verso un capitale proprio esterno finisce già con questo ostacolo.

2. Sicurezza del finanziamento: il capitale proprio è fondamentalmente un capitale sicuro. Per molte partecipazioni

di private equity ciò vale però in modo limitato. Il denaro messo a disposizione dalle società di private equity è infatti un capitale proprio a tempo, e tende a essere immobilizzato per il più breve tempo possibile. Lo dovrebbe sapere chiunque si rivolga a questo strumento, e tenerne conto sia nella scelta dei partner sia nei contratti. Le imprese familiari dovrebbero preferire società di private equity con un lungo orizzonte di investimento e una corrispondente disponibilità contrattuale di immobilizzazione, con un classico private equity investor troveranno soddisfazione solo in casi eccezionali; diversamente succede con i cosiddetti family investor, privati abbienti o famiglie di imprenditori ricche che condividono obiettivi, valori e orizzonte di lungo periodo dell'investimento. Comunque, chi si impegna nel private equity deve stipulare contratti chiari e assicurarsi che il capitale promesso sia effettivamente disponibile per il periodo stabilito, e dovrebbe per tempo pensare a un adeguato finanziamento successivo.

3. Costi: il capitale proprio ha un grosso vantaggio, gli interessi sono infatti variabili e riscuotibili solo dagli utili conseguiti e/o dagli aumenti di valore. Ciò lo rende sicuro ed economico in tempi difficili; in quelli buoni può diventare molto costoso. I finanziatori si attendono infatti un interesse allettante dal capitale da loro impiegato come compenso per il rischio che si sono assunti in termini di patrimonio e di profitti. Nonostante questo, per le imprese familiari la quotazione in Borsa è attraente dal punto di vista dei costi del capitale, perché il dividendo che l'impresa deve pagare è piuttosto modesto e l'aumento di valore, che fa la parte del leone nella redditività del capitale, non deve essere corrisposto dall'impresa, ma da chi acquista le azioni. Per questo motivo la quotazione in Borsa è legata a notevoli costi accessori: già la prima adesione al mercato dei capitali assorbe parecchio denaro, e le spese

annuali ricorrenti, che sono dettate dal diritto delle società e del mercato dei capitali nonché dalle esigenze di informazioni del mercato, superano quello che molte imprese familiari possono o vogliono permettersi.

Nel private equity i costi accessori pesano meno: per questo gli investitori in questa attività hanno di solito attese di rendimento che sono al di sopra della redditività media delle azioni e che, in gran parte, devono essere onorate alla fine dell'impegno di capitale. Comunque, senza una precedente comprensione di tutti i costi razionali ed emotivi non ci dovrebbe essere un finanziamento esterno di capitale proprio da parte dell'impresa familiare.

4. Indipendenza: l'importanza maggiore nel processo decisionale è però data dagli effetti sull'indipendenza dell'impresa. La salvaguardia della dominanza della famiglia e la possibilità di guidare l'impresa secondo le proprie idee sono, dal punto di vista della famiglia stessa, un bene prezioso. Ciò comporta dei problemi quando si prende in prestito del capitale all'esterno. Chi partecipa con capitale di rischio all'impresa di altri, si attende infatti la possibilità di avere un'adeguata influenza sulle decisioni aziendali, e chi vuole utilizzare per la propria impresa non solo il capitale proprio, ma anche il capitale di rischio di un altro, lo deve sapere.

L'inclusione di finanziatori esterni alla famiglia trasforma l'impresa familiare; non solo le procura via libera dal punto di vista finanziario, ma relativizza i punti di forza e di debolezza tipici dell'organizzazione, e questo tanto più è marcata la posizione giuridica degli esterni. Il controllo effettivo da parte di terzi e l'operare sotto gli occhi del mercato dei capitali favoriscono la tendenza alla spersonalizzazione, ma oltre a ciò l'inclusione di soci esterni alla famiglia nasconde il rischio della perdita del controllo sull'impresa familiare. La pressione sull'indipendenza imprenditoriale è grande: nel momento di crisi gli investitori in private equity vogliono probabilmente assumere il potere o uscire in un momento inopportuno. L'azionariato diffuso della Borsa è palesemente meno pericoloso, ma per quanto tempo si può essere sicuri che qualcuno non si accaparri le quote e poi avanzi delle pretese? Per di più, il desiderio dei mercati di capitali per le buone notizie e gli aumenti di capitale è insaziabile. Fino a quando la famiglia riuscirà a tenere il passo? Le partecipazioni di minoranza, le quote senza diritto di voto e le speciali configurazioni giuridiche garantiscono una tutela incompleta. Per le famiglie imprenditrici orientate al proseguimento dinastico, l'ingresso di capitale esterno significa giocare con il fuoco; nella gamma di finanziamenti dell'impresa familiare serve quindi solo come ultima ratio o come primo passo verso l'uscita dall'impresa.

Gli accantonamenti

Fra capitale proprio e capitale di terzi trovano posto gli accantonamenti. Il fatto che vengano utilizzati volentieri dalle imprese familiari è dovuto alla loro efficacia. Gli accantonamenti permettono di bilanciare eventuali richieste indirizzate all'impresa, riducendo gli utili già nel momento in cui non è ancora stabilito se e in che misura la pretesa è effettivamente fondata. La costituzione di un accantonamento porta dunque a una riduzione anticipata dell'utile con relative conseguenze per il carico fiscale. Nella tassazione rinviata si trova l'effetto del finanziamento. Chi non lo capisce, se la prenda con se stesso.

Tuttavia la questione non è così semplice: abbiamo constatato che il finanziamento attraverso gli accantonamenti può diventare un pericolo per l'indipendenza dell'impresa familiare. Succede sempre quando, con lo scopo di costituire l'accantonamento, si avanzano nei confronti dell'impresa richieste di prestazioni, di cui non si è in grado di dire con sicurezza se l'impresa saprà soddisfarle successivamente. O se al momento della pretesa motivata si accettano condizioni, il cui successivo cambiamento può sbilanciare l'effetto del finanziamento.

I prestiti

Chi non ha per forza bisogno di capitale proprio, ma solo di capitale di terzi investito per un lungo periodo, può ottenere un miglior servizio dal prestito. Il prestito è infatti di solito più economico del finanziamento mezzanino, perché come capitale di terzi puro e semplice non deve essere risarcito per la partecipazione al rischio aziendale e la mancanza di diritti di codeterminazione nell'impresa. È sicuro, e l'indipendenza non è messa troppo in gioco, grazie alla distribuzione sul mercato dei capitali rispetto al credito bancario. A ragione, dunque, il finanziamento mediante prestiti gode di una crescente popolarità presso le imprese familiari.

I crediti da fornitori

Il credito da parte dei fornitori passa in teoria come una forma particolarmente costosa di finanziamento esterno[17] e viene ricordato solo marginalmente nella hit parade degli strumenti finanziari. Dal mio punto di vista, questa è una valutazione discutibile. I crediti da parte dei fornitori non sono affatto costosi: il fornitore non richiede interessi per il pagamento differito della merce o del servizio, i costi elevati derivano solo da un confronto con lo sconto offerto dal fornitore. Ma ha veramente senso avere da un lato un elevato portafoglio di crediti nei confronti dei clienti e dall'altro pagare nel più breve tempo possibile i debiti verso i fornitori, finanziando entrambe le voci con soldi prestati apparentemente a buon mercato dalla banca di fiducia? Come elemento di una strategia che antepone la redditività alla stabilità, può ancora andar bene, ma chi ha come valori supremi l'indipendenza e la stabilità finanziaria dovrebbe sapere che i crediti dei fornitori sono forse più costosi, ma in ogni caso più sicuri di quelli bancari. I fornitori sono infatti tra i finanziatori più affidabili di cui disponiamo, perché vogliono e devono guadagnare soldi non con il finanziamento, ma con la relazione d'affari che è alla base. Fino a quando il rapporto d'affari promette utili e il credito è in una certa misura sicuro, un fornitore saggio appoggia i propri clienti.

I crediti bancari

La forte concentrazione sul finanziamento attraverso il credito non ha conseguenze innocue. Se il mantenimento dell'indipendenza rappresenta il valore massimo, non si deve permettere che singoli finanziatori abbiano una quota più che proporzionale rispetto al finanziamento complessivo. Bisogna evitare i rischi a grappolo e distribuirli il più possibile; per un paio di decimi di punto percentuale non si deve preferire una forma di finanziamento che, come il classico conto corrente della banca di fiducia, è concesso solo "fino a nuovo avviso". Ogni volta sono sorpreso quando, alla domanda sulla certezza del finanziamento, gli imprenditori fanno riferimento con orgoglio alle loro generose linee di credito. Non sanno forse su quale polveriera stanno seduti? Non hanno mai conosciuto un collega imprenditore a cui la generosa linea di credito non è servita a nulla quando la sua impresa è finita in crisi? No, sui crediti da conto corrente non bisogna costruire il finanziamento dell'impresa familiare, ma anche per i finanziamenti a lungo termine occorre agire con prudenza. Il finanziamento accordato deve essere per davvero sicuro, il rischio esistente circoscritto e calcolabile. I diritti speciali di disdetta, sempre più diffusi al venir meno di determinati covenant, non sono equi come le clausole contrattuali che consentono alle banche di trasferire a terzi la loro posizione di creditori senza l'assenso del partner contrattuale.

È tempo di riflettere sul ruolo del finanziamento bancario nell'ambito delle imprese familiari; pur rappresentando un elemento importante, spesso irrinunciabile nel loro mix finanziario, è da utilizzare come copertura estrema più che come strumento finanziario di base. Il ripensamento in proposito cambierà positivamente il rapporto tra le imprese familiari e le banche; libererà da idee romantiche e da attese irrealizzabili e trasformerà un rapporto che oscilla tra pretesa principesca e mentalità da bazar in una partnership tra pari.

Un'annotazione conclusiva

Queste enunciazioni si inseriscono in una specifica strategia di finanziamento rivolta alle imprese familiari; essa si basa sulle particolari esigenze di questo tipo di impresa e per certi versi è trasversale alle nozioni della classica teoria finanziaria. Molte imprese familiari non operano ancora in maniera abbastanza coerente rispetto ai principi derivanti dall'esigenza di essere indipendenti e le cui implicazioni principali vorrei riassumere ancora una volta, per concludere.

1. Le imprese familiari si finanziano nella misura più ampia possibile con capitale proprio, che è generato soprattutto dagli utili trattenuti.
2. Per raggiungere una quota di capitale proprio il più possibile elevata, le imprese familiari riducono al massimo il patrimonio immobilizzato nell'impresa. Sono parsimoniose, si liberano di conseguenza dai beni non necessari all'impresa e gestiscono un coerente working capital management.

3. Le imprese familiari coprono poi il restante fabbisogno di capitale ricorrendo a finanziamenti il più possibile di lungo periodo, o a creditori che nel proprio interesse dimostrano una lealtà molto elevata nei confronti dell'impresa. In questo modo l'alternativa più costosa ma più sicura di finanziamento è preferita a quella più economica e più carica di rischi. Il classico credito bancario funge da estrema copertura ed è limitato alla misura in cui l'indipendenza dell'impresa non può essere minacciata nel momento di una crisi.
4. Nel caso ideale, il capitale fisso viene finanziato al 100% da capitale proprio e leasing, eventualmente integrato da prestiti e crediti bancari sicuri sul lungo periodo, mentre il capitale circolante è finanziato con crediti dei fornitori, factoring ed eccezionalmente con crediti bancari a breve.

	Attivo (patrimonio)		Passivo (capitale)	
	Gestione / riduzione attraverso		Finanziamento attraverso	
Capitale fisso	▪ Vendita del patrimonio non necessario ▪ Sale & lease back ▪ Leasing		▪ Apporti di capitale da parte della famiglia titolare ▪ Utili trattenuti	Capitale proprio
			▪ Eventuali prestiti e/o crediti bancari a lungo termine (in via eccezionale finanziamento mezzanino)	
Capitale circolante	▪ Working capital management ▪ Factoring		▪ Debiti verso i fornitori ▪ Prestiti dei soci ▪ Eventuali crediti bancari a breve	Capitale di terzi

FIGURA 11. Elementi fondamentali di una strategia di finanziamento delle imprese familiari.

5. L'impresa dispone di una chiara strategia finanziaria e la realizza in maniera coerente; tale strategia descrive il percorso da seguire per raggiungere gli obiettivi finanziari, i quali realizzano gli obiettivi aziendali che a loro volta discendono in modo coerente dagli obiettivi del proprietario.

A prima vista può sembrare strano, ma a un'analisi più precisa queste regole incarnano solo il buon senso caratteristico del comportamento di un businessman prudente e apprezzato.

⑦

La corporate governance

Qualche osservazione introduttiva
L'importanza di una buona governance

Le buone strategie non vanno solo finanziate, devono anche essere realizzate. Perciò c'è bisogno di una guida e di un contesto che permetta una buona leadership. Questo è il compito della corporate governance: essa si occupa delle regole della buona gestione nell'impresa[1] e riguarda soprattutto gli organi attraverso cui un'impresa agisce, i loro compiti, la loro composizione e il modo di operare.[2]

L'importanza della corporate governance è stata ben compresa solo negli ultimi anni. Gli eccessi del management, soprattutto nelle public company anglosassoni, hanno acuito la consapevolezza che una buona direzione aziendale non è un fatto scontato; chi vuole che essa agisca nell'interesse dei proprietari e di altri stakeholder deve creare un contesto che promuova e mantenga l'identità di intenti. In questa nozione sta il contributo centrale della teoria principale-agente per la moderna economia aziendale.[3]

Il quadro approntato dal legislatore non è però soddisfacente, essendo troppo ampio: com'è noto il diritto è una cosa, la pratica effettiva un'altra. Sulla problematica della proprietà frazionata nella public company, le norme societarie hanno dato una risposta saggia, creando con il consiglio di vigilanza un organo che deve controllare il consiglio di amministrazione al posto della proprietà. La legge tuttavia non ha potuto impedire che le buone intenzioni iniziali si trasformassero nel contrario nella prassi.

Per impedire questo e istituire un'ampia base organizzativa per una buona gestione dell'impresa, è sorta l'idea della corporate governance, sviluppatasi nella vasta disciplina del management aziendale. I relativi fondamenti li hanno posti Adolf Berle e Gardiner Means già negli anni Trenta del Novecento.[4] A partire dal 1990 hanno trovato eco a livello mondiale nei regolamenti integrativi.[5] In Germania è stato varato il 26 febbraio 2002 il Deutsche Corporate Governance Kodex,[6] che viene rivisto e aggiornato regolarmente; non ha in realtà valore di legge, ma esercita tuttavia una notevole pressione reale.

... e quel che è diverso nell'impresa familiare

Anche le imprese familiari hanno bisogno di una buona guida, ma qui le cose sono chiaramente diverse. La richiesta di una buona governance non è sufficientemente motivabile con la teoria del principale-agente. Nell'impresa familiare non si tratta tanto di tutelare proprietari senza autorità davanti agli abusi di potere dei loro amministratori fiduciari negli organi di gestione dell'impresa; i proprietari dominanti non hanno bisogno del vincolo protettivo della corporate governance. Se nell'impresa familiare si avanza la pretesa di una buona corporate governance, è proprio per obiettivi opposti: la corporate governance non mira a tutelare proprietari senza autorità a fronte di terzi, bensì proprietari forti nei confronti di se stessi e degli altri stakeholder. Qui la corporate governance è innanzi tutto un atto di saggia autolimitazione: essa ottimizza e aiuta ad aumentare le opportunità di sopravvivenza dell'impresa come proprietà della famiglia.

I requisiti di una buona corporate governance nell'impresa familiare

Il vostro obiettivo deve essere quello di valorizzare nel modo migliore, con adeguate strutture di leadership e norme, i vantaggi intrinseci nel sistema di un'impresa familiare, e di avere il controllo dei suoi punti di debolezza.[7] La massima sintonia tra proprietà e management, familiness e continuità, sono carte da giocare, mentre vanno arginati abusi di potere, liti familiari e uno spirito imprenditoriale fiaccato. Che cosa significa questo in concreto? Che cosa contraddistingue una buona governance nell'impresa familiare?

La personalità

Innanzi tutto la personalità. Le imprese familiari sono diverse; si differenziano in modo significativo l'una dall'altra per proprietà, dimensioni, cultura e forma giuridica. Una norma di governance che è sensata per un'impresa familiare, per un'altra può essere un errore, o essere semplicemente inattuabile. Dato questo scenario, non vi possono essere raccomandazioni uniche per una buona family business governance, per cui i codici di governance,[8] nel frattempo sviluppatisi in molti Paesi, si limitano di solito a chiarire le questioni a cui i proprietari devono rispondere per garantirla. Esse vogliono essere un filo conduttore, non un dogma, come sottolinea nel preambolo il Codice di governance tedesco, di cui riportiamo in fondo al volume il testo integrale nella versione aggiornata del 29 maggio 2015.[9]

Il fatto che nelle imprese familiari, a differenza di quanto accade nelle grandi public company, non ci possa essere una normativa unitaria, non significa tuttavia che nell'organizzazione della loro governance individuale i proprietari agiscano in uno spazio esente da valutazioni. Quando solo la morte poté rimuovere il leggendario Jack Weil a 107 anni dall'incarico di Ceo della propria azienda, si trattò certamente di un caso individuale, ma irragionevole nei tempi. La considerazione delle particolarità di ogni singola situazione è necessaria, ma non sufficiente per una buona governance dell'impresa familiare, servono anche misure che permettano una valutazione qualitativa affidabile delle regole e delle strutture stabilite dai titolari. Negli ultimi anni gli studi di economia aziendale hanno fatto grandi progressi nell'indagare l'efficacia delle norme di governance in contesti di vario tipo.[10] Vale la pena di utilizzarli.

Massima identità di interessi tra proprietari e amministratori dell'impresa

Tra le caratteristiche di un'impresa familiare rientra la proprietà dominante. Dove proprietà e direzione dell'impresa coincidono pienamente, in parte o perlomeno sono strettamente legate, si può operare in fretta e con audacia. Il conflitto ridotto principale-agente è tra i vantaggi competitivi propri del sistema dell'impresa familiare. Una buona family business governance assicura che questo vantaggio possa essere preservato e fatto valere il più ampiamente possibile, favorisce strutture e regole che permettono decisioni rapide e coraggiose e un'identità di interessi massima tra proprietà e guida dell'impresa. Gli scostamenti da questo principio sono da considerare solo se necessari alla tutela di altri interessi meritevoli.

Vivere una professional ownership

La proprietà dominante ha anche un rovescio della medaglia. Nessuno impedisce al titolare dominante di abusare del proprio potere e di prendere decisioni secondo considerazioni irrilevanti. Capostipiti che nonostante l'età avanzata sono incollati alle loro sedie, genitori che innalzano i propri figli non sufficientemente dotati a posizioni di comando, e altre decisioni che sono prese innanzi tutto nell'interesse personale dei partecipanti, rientrano tra le fonti di rischio della proprietà dominante nell'impresa familiare. Una buona family business governance provvede a che i proprietari agiscano responsabilmente nel loro ruolo dominante, perché solo se questi sanno gestire il potere imponendosi dei limiti in modo professionale e saggio, la proprietà verrà assicurata nel tempo. Il criterio per rispondere alla questione della governance non deve essere: come la preferirei? I proprietari dovrebbero piuttosto aver presente come agirebbe un terzo soggetto imparziale che persegue lo stesso obiettivo.[11]

Valorizzare la familiness

Il fatto che i proprietari dominanti siano una famiglia spiega un ulteriore vantaggio intrinseco dell'impresa familiare. Una famiglia mostra di solito una maggiore omogeneità grazie ai legami di parentela rispetto alla combinazione proprietaria di una public company o di un fondo di private equity. Inoltre i membri della famiglia dispongono di un insieme unico di capacità individuali che possono essere utili all'impresa, soprattutto nella creazione di capitale di fiducia. Una buona family business governance garantisce che questo vantaggio sistemico si realizzi e si estenda e possa essere valorizzato in maniera ottimale nell'interesse dell'impresa e della famiglia.

Garantire la fairness

Anche questo vantaggio del sistema offre una sfida specifica: nelle famiglie sono sempre all'opera dinamiche interpersonali, che producono non di rado un pericoloso mix di invidia, gelosia e risentimento, tanto più forte quanto più sono in gioco denaro, potere e amore. Una buona family business governance sa disinnescare il potenziale di conflittualità che vi è legato: a ciò contribuisce soprattutto un "fair process".[12] La garanzia di fairness all'interno della famiglia deve essere un elemento essenziale nella creazione di regole di governance nell'impresa familiare; presuppone che potere e arbitrarietà siano sostituiti da chiare regole del gioco, che il loro rispetto sia assicurato e che le relative decisioni siano trasparenti per tutti i soggetti coinvolti. Potere e arbitrarietà non promuovono infatti la conservazione dell'impresa familiare.

Creare le premesse per la continuità generazionale

La terza caratteristica costitutiva dell'impresa familiare è la volontà dinastica della famiglia titolare. Le imprese familiari sono un progetto transgenerazionale. Chi vuole mantenere in modo duraturo un'impresa sotto l'influsso preponderante della famiglia, deve crearne le premesse giuridiche nella governance, proteggere la proprietà da intrusioni di esterni alla famiglia e garantire che i membri titolari mettano a disposizione una base finanziaria sufficiente a mantenere l'impresa nelle mani della famiglia. La continuità generazionale non si attua solo attraverso la governance, ma una buona governance può fornire un contributo per il raggiungimento di questo obiettivo, creando nella visione di un progetto globale superiore le regole per l'impiego dell'utile, la trasferibilità della proprietà e il ritiro dalla cerchia dei titolari e provvedendo alla giusta comprensione dei limiti legati a queste misure.

Creare un plusvalore emotivo

Essere proprietari di un'impresa familiare non ha solo vantaggi, richiede da parte dei titolari anche la disponibilità ad accettare limiti nell'interesse del progetto dinastico. Questa disponibilità sarà tanto maggiore tanto più i proprietari verranno ricompensati in altro modo degli svantaggi da sopportare. Una buona family business governance sa ricondurre il valore di un'impresa familiare non solo alle sue componenti economiche, creerà infatti un plusvalore emotivo per i proprietari, legandoli all'impresa nel lungo periodo e assicurando non solo la coesione all'interno della famiglia ma anche l'adesione al progetto comune. E per questo non si limiterà alle regole e alle strutture pensate per l'impresa, ma avrà presente la famiglia e integrerà la corporate governance con una family governance altrettanto valida.

Garantire l'adattabilità

Se l'impresa vuole restare a lungo in possesso della famiglia, non deve seguire la moda, ma creare invece strutture efficaci sul lungo periodo, le sole che rendono possibile una pianificazione intergenerazionale; tuttavia deve anche avere la capacità di adattarsi. La famiglia proprietaria e la sua impresa, il mondo in cui operano, tutto cambia di continuo e con crescente velocità. Reagire in modo adeguato a questa sfida non è solo un compito del management strategico, anche la family business governance vi ha un ruolo importante: deve garantire che i fattori determinanti per il successo di lungo termine di famiglia e impresa siano protetti e che, nello stesso tempo, restino possibili i necessari adeguamenti. Dovrebbero pensarci soprattutto coloro che vogliono far confluire la proprietà della loro impresa in una fondazione.

- Individualità
- Sicurezza della maggiore identità possibile di interessi tra proprietà e direzione dell'impresa
- Esperienza vissuta di professional ownership
- Valorizzazione della familiness
- Tutela della fairness
- Creazione delle premesse per la continuità generazionale
- Creazione di un surplus emotivo
- Capacità di adattamento

FIGURA 12. Sintesi: requisiti per una buona governance nell'impresa familiare.

Importanti questioni specifiche di una buona corporate governance

La struttura della corporate governance nell'impresa familiare riguarda in primo luogo i proprietari; sono l'istanza superiore, e lo sono sia nella pratica che per diritto. Nella terza parte di questo libro presenteremo i dettagli nel quadro della strategia proprietaria, ma nel frattempo tratteremo alcuni aspetti importanti e in particolare ne anticiperemo uno: visto che nella proprietà dominante esistono vantaggi e svantaggi, non si può rispondere in modo astratto nel senso di "o questo o quello", bensì sempre e solo nel senso di "e questo e quello". Nell'impresa familiare si tratta di gestire i paradossi; tutto dipende sempre dai singoli casi.

I membri della famiglia nell'impresa: maledizione o benedizione?

La scelta del personale direttivo adatto è probabilmente il compito più importante nel quadro della corporate governance. I successi imprenditoriali sono legati in modo inscindibile agli uomini al vertice, come succede con l'ascesa degli Stati, dei partiti politici o delle squadre di calcio. Ford sarebbe impensabile senza il leggendario Henry Ford, come Microsoft senza Bill Gates, Apple senza Steve Jobs o Aldi senza Karl e Theo Albrecht. E l'ascesa di General Electric tra il 1980 e il 2000 sarà per sempre legata al nome di Jack Welch.[13] I leader determinano i successi e gli insuccessi, per questo la loro scelta è così importante.

Nell'impresa familiare ciò ha una particolare importanza, perché la posizione dominante della proprietà e il legame familiare fanno apparire ovvia la preferenza per i candidati provenienti dalle proprie fila: l'impresa familiare deve la propria esistenza a un fondatore appartenente alla famiglia. Già con la prima generazione nasce la domanda se sia giusto trasmettere lo scettro del comando a un membro della famiglia.[14] I sostenitori di questa scelta l'argomentano portando molti esempi di successione riuscita, mentre gli oppositori sono in grado di indicare diversi fallimenti, in cui gli eredi prescelti sono rimasti schiacciati dal loro incarico direttivo e hanno portato alla rovina imprese familiari una volta di successo. L'opportunità di una successione familiare ai vertici aziendali non si può spiegare in modo generale e astratto; essa può essere una maledizione, ma anche una benedizione, e deve essere decisa caso per caso sulla base delle circostanze individuali, soppesando i diversi aspetti.

La guida di un'impresa familiare da parte di un membro della famiglia proprietaria ha innegabili vantaggi: evita o riduce il problema principale-agente e permette decisioni più rapide, coraggiose e orientate al lungo periodo; inoltre consente di utilizzare il bonus della proprietà e la creazione del capitale di fiducia che vi è connesso nei confronti degli stakeholder più importanti. Non ci sono dubbi: per sfruttare in maniera ottimale i vantaggi intrinseci nel sistema impresa familiare, si deve puntare su una successione all'interno della famiglia.

Ma non bisogna ignorare nemmeno i rischi che ne possono nascere: è fatale per lo sviluppo dell'impresa se i proprietari elevano al vertice successori ai quali mancano le premesse per una posizione di leadership. L'identità di interessi del principale-agente sono un criterio decisionale importante nella valutazione, ma non sufficiente. Le qualifiche specifiche e ancor di più le doti personali sono elementi irrinunciabili, non solo perché la loro mancanza porta a decisioni sbagliate, e di conseguenza all'insuccesso, ma perché anche gli effetti diretti che derivano dalle decisioni sono ugualmente drammatici. Capi deboli attirano alla lunga collaboratori deboli, trascinando così verso il basso il livello professionale complessivo. E se sul mercato dei quadri dirigenti nasce l'impressione che le posizioni di vertice sono riservate ai membri della famiglia titolare, l'impresa perde rapidamente attrattività per le nuove leve qualificate, soprattutto quando il capo non è sufficientemente competente.

Non bisogna poi dimenticare i potenziali conflitti interni alla famiglia che possono sorgere per una decisione pro o contro un candidato della famiglia. Invidia, gelosia e risentimento sono compagni onnipresenti nelle imprese familiari; spesso si arriva a veri e propri litigi se il successore ideale è accettato, mentre un altro viene respinto. Oppure si fanno compromessi deleteri per mantenere la pace. Entrambe le soluzioni non vanno bene. Per i proprietari di Aldi Süd questi timori sono stati motivi sufficienti per rinunciare a una futura leadership familiare. Ai proprietari è lasciato solo il compito di orientare l'impresa, non di gestirla. Un membro della famiglia ha spiegato così questa decisione di vasta portata: "Volevamo il management migliore, e volevamo impedire che i nostri figli finissero per litigare su chi fosse il candidato più adatto al comando". Forse non è necessario andare così lontano come gli Albrecht per raggiungere i propri obiettivi, ma una cosa dovrebbe essere evidente: i membri della famiglia devono stare ai vertici se sono sufficientemente qualificati e se sono sostenuti dalla fiducia degli altri proprietari.

Una buona corporate governance crea le premesse per bilanciare nel modo migliore i vantaggi e i rischi di una guida familiare. Essa deve esprimere in modo molto chiaro:

1. se la guida dell'impresa da parte dei membri della famiglia è voluta;
2. a quali condizioni;
3. chi decide in proposito;
4. quali criteri decisionali sono da prendere in considerazione e in che misura hanno influenza.[15]

Lo stesso discorso vale per la partecipazione dei membri della famiglia al consiglio di vigilanza e per la collaborazione nelle gerarchie aziendali.

Continuità nella guida, ma non troppo a lungo

La continuità è un altro vantaggio del sistema imprenditoriale familiare; permette di raggiungere benefici duraturi nei confronti della concorrenza e la costituzione di un capitale di fiducia. L'assicurazione di un tale vantaggio è un compito importante della corporate governance, perché la continuità "è il risultato naturale derivante dalla perseveranza di chi forgia la strategia e dalla sua durata in carica", come constata a ragione Hermut Kormann.[16] Gli imprenditori familiari di successo lo sanno. Mentre l'incarico di un Ceo nelle public company è sempre più breve ed è arrivato nel frattempo a essere inferiore ai cinque anni,[17] il tempo che un leader di un'impresa familiare trascorre ai vertici della propria azienda non è mai meno di un'intera generazione.[18] Molte imprese familiari formidabili confermano la teoria del vantaggio risultante dai lunghi cicli di leadership.

Affinché questo sia possibile, i Ceo di imprese familiari arrivano spesso precocemente al potere, e l'esperto di management Hermann Simon non ne dà una valutazione negativa: "Più giovani significa dinamici, pieni di energia, con orizzonti di lungo respiro, ma anche con minore esperienza, maggiore pressione di fronte alla complessità, mancanza di calma (…) Questi vantaggi e svantaggi non si possono soppesare in termini generali; sono tuttavia del parere che i top manager delle grandi aziende arrivino spesso a posizioni di comando in età troppo avanzata, e che i Campioni Nascosti traggano per definizione notevoli vantaggi dalla chiamata precoce".[19]

Inoltre i Ceo delle imprese familiari restano al comando più a lungo, non sempre a beneficio dell'impresa. Persino al leggendario Warren Buffett, il fondatore di Berkshire Hathaway e forse il più grande investitore del XX secolo, non si sono risparmiate domande critiche in proposito. "Warren Buffett is a phenomenon. But no one, not even him, can beat the market of eternity" si leggeva in un editoriale del *Financial Times* dal titolo molto esplicito "Warren Buffett's biggest question".[20] Imprenditori come Buffet, che anche oltre gli ottant'anni sono ai vertici della propria impresa, devono permettere che gli si chieda se la maggiore esperienza e la personalità matura possano compensare forza e dinamismo necessariamente in calo. Anche se invecchiando siamo più esperti e performanti di prima, nessuno è immortale e nessuno ha riserve d'energia inesauribili. Conosco solo poche persone che anche a ottant'anni riescono a essere buoni capitani d'impresa, ma anche in questo caso non rientra forse in una successione riuscita dare l'incarico per tempo al proprio erede e fargli posto prima che la sindrome del principe Carlo si instauri e danneggi irrimediabilmente l'autorità del successore?

Gli imprenditori che rimangono incollati troppo a lungo alla propria sedia devono accettare il rimprovero di abuso del proprio potere a danno dell'impresa familiare: la buona corporate governance ha a questo proposito un compito di prevenzione. Essa deve:

1. fare in modo che attraverso l'indicazione dei valori e degli obiettivi la continuità di leadership sia effettivamente vissuta;
2. assicurare con misure di autodisciplina i limiti di età o simili, superati i quali i vertici non restano più al loro posto;
3. garantire una programmazione professionale della successione aziendale;
4. stabilire non solo le regole per il passaggio delle responsabilità manageriali, ma anche le direttive per l'avvicendamento alla guida dell'organo di controllo. Non serve a molto se il vecchio imprenditore cede la presidenza dell'azienda per poi operare, attraverso il consiglio di vigilanza o un comitato, una specie di leadership suprema.

Il giusto profilo di personalità: imprenditore e fiduciario nello stesso tempo

Capitani d'impresa di prim'ordine non sono solo buoni manager, sono soprattutto buoni imprenditori; a dire il vero le qualità di manager e di imprenditori non dovrebbero essere pensate come antitesi.[21] "Ma imprenditorialità/leadership" sottolinea a ragione Hermann Simon "è l'aspetto più importante."[22] In che consiste la differenza? Secondo Helmut Maucher, i punti di forza del manager si trovano soprattutto nella gestione e nell'ottimizzazione, e nella capacità di prendere decisioni sulla base di una riflessione razionale e fattibile dei possibili vantaggi e svantaggi. I manager sono soprattutto buoni artigiani e devono la loro autorità in primo luogo alle loro competenze professionali. Diversamente succede per l'imprenditore. Lui è innanzi tutto un ideatore, risveglia entusiasmo e ha il coraggio e la testardaggine di imporre, contro tutti gli ostacoli, le opportunità individuate. Secondo Maucher, gli imprenditori lavorano su semplici principi, confidano in larga misura sulla propria intuizione e devono la loro autorità meno alle competenze professionali, e più alla loro personalità ispiratrice.[23] Hermann Simon lo conferma; per lui la forza coinvolgente dei grandi leader d'impresa si basa su un nucleo di valori tangibilmente vissuti, su un'ampia concordanza di persona e incarico, di tenacia focalizzata e coraggio, nonché energia, vitalità e perseveranza ben al di fuori del comune. Conoscendo grandi leader d'impresa, condivido quanto afferma Hermann Simon: "Nelle mie visite ho spesso creduto di avvertire l'energia che emanano queste personalità. Esiste forse una specie di forza sconosciuta che possiedono solo poche persone?"[24]

Nell'impresa familiare questo tipo può più facilmente svilupparsi che altrove. Tanto maggiore è l'identità tra proprietà e direzione, tanto più facile e stimolante è per un capo d'impresa fondersi in un'unità con la sua azienda.

Una buona corporate governance provvede a reclutare manager con un forte potenziale imprenditoriale e un'elevata identificazione con il proprio compito, fidelizzandoli con opportuni sistemi di incentivazione. Nella maggior parte dei casi questo non è sufficiente. "I manager devono essere fiduciari."[25] Il titolare unico, che guida lui stesso l'impresa appartenente alla famiglia, difficilmente capirà questa richiesta, e non è nemmeno obbligato a farlo. Ma già il socio amministratore, che non è responsabile soltanto del proprio denaro, ma anche del patrimonio aziendale dei titolari non attivi nell'impresa, farà bene ad avere molto chiara la qualità in parte fiduciaria del proprio incarico: solo allora i proprietari inattivi gli accorderanno quel credito senza il quale non è possibile avere sul lungo periodo un'organizzazione di successo. Il tipo di imprenditore-fiduciario, che in via astratta è rappresentato dalla semplice immagine di un bravo assistente, non è facile da trovare. I Ceo delle imprese familiari devono affrontare un dilemma: fornire una leadership aziendale e, nello stesso tempo, considerarsi amministratori degli interessi degli investitori e della famiglia.

Una buona corporate governance fa in modo che gli imprenditori-fiduciari arrivino ai vertici attraverso adeguati criteri e procedimenti di selezione, e che gli incentivi e i sistemi di controllo siano configurati così da garantire la massima identità di interessi tra loro e i proprietari che non sono attivi nell'impresa. Solo il titolare unico attivo può permettersi di fare diversamente.

Gli strumenti di governance – Modello e sistemi professionali

Non è importante quel che diciamo, ma ciò che facciamo. Questa semplice verità rientra nelle nozioni fondamentali che ogni leader deve avere: la leadership si realizza non tanto con le belle parole, ma con l'esempio concretamente vissuto. Niente ha più efficacia sui collaboratori di un modello vivente; esso attrae tutti quelli che si identificano con ciò che è stato vissuto e sperimentato, che l'approvano, che ne vogliono far parte e che si sentono rassicurati dai punti di forza del leader, traendone ispirazione e orientamento per prestazioni migliori. E allo stesso tempo tiene a distanza coloro che non sanno che farsene. Le imprese sono lo specchio dei loro imprenditori, per questo la guida attraverso un modello è così importante.[26] Un esempio forte al vertice aziendale è un vantaggio nei confronti della concorrenza e può svilupparsi meglio in un'impresa familiare che in altri tipi di organizzazione, perché in questa il proprietario è in grado di esprimersi al massimo. Una buona corporate governance non ostacolerà, anzi favorirà una leadership basata su un modello, per esempio rendendo l'esemplarità una caratteristica personale centrale nel profilo richiesto per la guida dell'impresa. Essa baderà però anche che un buon modello non sia alla lunga l'unico strumento di leadership, attraverso cui gli obiettivi e i valori dei proprietari sono trasferiti nell'impresa di famiglia. Gli imprenditori carismatici che costruiscono la loro impresa tendono a puntare a una guida improntata sulla personalità, ignorando che una leadership basata solo su questa crea un grosso rischio e che non serve in un'impresa destinata poco a poco a trasformarsi, passando da un titolare unico a un'azienda di fratelli o a un consorzio di cugini. Per ridurre la dipendenza dell'impresa familiare dalla personalità carismatica del fondatore, una buona corporate governance farà in modo che i comportamenti desiderati siano introdotti nell'impresa non soltanto attraverso un grande esempio, ma con sistemi di management coerenti. Ciò migliora la stabilità, perché i comportamenti desiderati non sono più legati esclusivamente alla persona considerata come modello e al suo carisma.[27]

Orientamento verso opportunità e rischi – Una buona corporate governance assicura entrambi

Kongo Gumi è stata per lungo tempo considerata la più antica impresa del mondo. Nel 1428 l'impresa di costruzioni, fondata nel 578, era posseduta dai discendenti di Shigemitsu Kongo. Nel marzo 2006 i media annunciarono l'uscita della famiglia dall'antico campione di longevità. Per preservare la propria impresa dal declino, il quarantesimo Kongo aveva dovuto venderla a un concorrente.[28] Che cos'era andato storto? Nel 578 il fondatore Shigemitsu Kongo era emigrato dal regno di Baekje in Giappone e aveva eretto a Osaka uno dei primi templi buddisti dell'impero; come risultato, Kongo Gumi diventò il riferimento principale in Giappone per la costruzione di templi. Per oltre 40 generazioni e per molti secoli fu un buon modello di business, tuttavia la secolarizzazione non si è fermata nemmeno in Giappone: nel XXI secolo è difficile che qualcuno possa campare con la costruzione di nuovi templi. Masakazu Kongo ha evidentemente valutato male ed è diventato un'illustre vittima dell'implacabile legge del ciclo di vita. Con un management del rischio funzionante ciò si sarebbe potuto evitare; i cambiamenti dei mercati e i pericoli che ne derivano sarebbero stati identificabili grazie a un'adeguata capacità di indagine strategica e avrebbero forse permesso a Kongo Gumi di uscire dal mercato in declino dei templi, per entrare in un segmento più promettente.

Chi persegue un approccio transgenerazionale deve essere interessato in particolare a limitare i rischi che mettono a repentaglio l'impresa o la sua indipendenza. Ed essi non sono solo di tipo strategico, finanziario o familiare. Lo sa per una spiacevole esperienza la William Prym GmbH & Co. Kg. L'impresa, fondata nel 1530, è tra le più antiche del mondo,[29] e non è nemmeno messa male da un punto di vista strategico, ma poiché per ben due volte in poco tempo è stata colpita da pesanti multe dell'antitrust per violazione delle leggi sulla concorrenza, è finita in cattive acque. Multe del genere non sono rare per le imprese familiari e possono assumere dimensioni minacciose per la loro esistenza. Anche altri rischi come collaboratori infedeli, garanzie sui prodotti e danni alla reputazione, pirateria e spionaggio industriale, interruzioni nella produzione, carenza di collaboratori in posizioni chiave e situazioni confuse di successione, possono scatenare pericoli per l'esistenza dell'impresa.

Molte imprese familiari hanno tuttora un atteggiamento critico nei confronti di un management professionale del rischio. "Lo vedono più come un programma per la creazione di posti di lavoro per i revisori dei conti e i cosiddetti esperti di governance che come misure ragionevoli di tutela dell'impresa" annota Hans-Jürgen Fahrion, revisore dei conti e co-editore di un'opera fondamentale sulla family business governance.[30] "Nell'impresa familiare la qualità del management del rischio corrisponde solo raramente a quella che sarebbe auspicabile dal punto di vista di un revisore" integra il suo collega Peter Bartels, responsabile alla Pwc per le imprese familiari. Ciò deve cambiare. Chi persegue un approccio transgenerazionale non può guardare al management del rischio come a qualcosa di superfluo o come a un seccante esercizio obbligatorio. Deve assicurarsi che il "grande errore" non abbia luogo né nell'orientamento strategico né nel finanziamento dell'impresa, né in qualsiasi altro ambito. Per mantenere l'indipendenza aziendale, è necessario limitare i propri rischi e creare nel quadro della corporate governance un sistema di management dei medesimi.[31] Ciò lo richiede in maniera esplicita il Codice tedesco di governance delle imprese familiari. "La direzione aziendale deve provvedere al rispetto delle disposizioni di legge e delle direttive interne dell'impresa (compliance) e a un adeguato management del rischio e delle opportunità aziendali in linea con i valori e gli obiettivi dei titolari".[32]

Questa affermazione non significa concentrarsi esclusivamente sui rischi. Chi vuole vivere a lungo deve reinventarsi in continuazione: si può avere ragione del ciclo di vita solo attraverso un cambiamento permanente. Il Codice di governance tedesco parla espressamente non solo di management dei rischi, ma anche di opportunità. Una buona corporate governance dell'impresa familiare postula anche l'uso delle opportunità imprenditoriali e le mette in ragionevole rapporto con i rischi a esse connesse; evidenzia non solo i rischi, ma anche le capacità di trasformazione, e crea strutture di leadership e decisionali che promuovano attivamente lo spirito innovativo.

La collaborazione tra organi

Un'impresa opera attraverso i suoi organi e questi grazie alle persone che sono chiamate a parteciparvi. Organizzare la loro collaborazione in modo tale che venga garantito il miglior affiatamento nell'interesse degli obiettivi comuni è un'esigenza vitale in una buona corporate governance. Concretamente, si tratta di assegnare a ogni organo e a ogni suo membro un ruolo ben definito e provvedere a che questi ruoli si coordino senza attriti soprattutto nei punti di interfaccia, che le funzioni siano note a tutte le persone coinvolte, i contenuti e i limiti accettati e praticati, e soprattutto che si trovi il personale giusto per la copertura dei ruoli.

La struttura di questa collaborazione è compito dei proprietari; per affrontarlo, la legge consente di solito una notevole libertà organizzativa. Essa stabilisce quali organi devono esserci, quali funzioni hanno, come devono essere composti e quali regole valgono per il lavoro e il processo decisionale all'interno degli organi. Nell'interesse di una buona governance, l'orientamento dovrebbe essere verso i criteri di professional ownership e di fair process.

In questo contesto è spesso consigliata la costituzione di organi volontari come strumenti di corporate governance dell'impresa familiare.[33] Questi possono infatti fornire buoni servizi. Uno strumento standard per tutti gli usi è tuttavia rappresentato dai cosiddetti comitati; solo quando i loro compiti e la loro composizione coincidono con la situazione della singola impresa e dei suoi proprietari, i comitati risultano una benedizione. Così, nel migliore dei casi, il titolare e amministratore unico costituirà un comitato consultivo come sparring partner in preparazione della successione, mentre con il crescere del numero dei soci e la progressiva perdita di identità tra proprietà e direzione diventa sempre più logico indirizzarsi alle competenze decisionali del management. Quali siano e come devono essere composti i comitati, per poter soddisfare le attese riposte, può essere deciso solo caso per caso. I comitati come alibi per insediare l'avvocato, il consulente fiscale o della famiglia non hanno comunque molto senso.

Uno statuto concordato degli organi, la scelta del personale migliore e una collaborazione senza attriti sono ingredienti importanti per una buona governance; soprattutto, per la buona riuscita del progetto, deve esserci sintonia tra la direzione dell'impresa e il vertice dell'organo di controllo.

Un'osservazione conclusiva

Le imprese familiari sono una forma d'organizzazione particolare dell'attività imprenditoriale. La loro caratteristica si basa sulla tipologia specifica della loro titolarità. Il proprietario dominante che ha una famiglia con una concezione intergenerazionale dell'impresa può mettere in gioco altri vantaggi intrinseci al sistema rispetto a chi mira a una proprietà frazionata e deve adattare il proprio comportamento alle esigenze del mercato dei capitali. Il primo si trova però davanti anche ad altre sfide; le imprese familiari hanno un grande bisogno di strategie, regole finanziarie e di una teoria della corporate governance che si discosti da quella tradizionale. Una teoria di management autonoma per l'impresa familiare lo ha ben presente.[34] Essa si basa sulle particolarità riconosciute di una proprietà familiare orientata a un proseguimento dinastico e cerca di utilizzare i vantaggi propri del sistema dell'impresa familiare come vantaggi competitivi, limitandone le debolezze o addirittura trasformandoli in benefici. Se questo riesce, non ci si deve preoccupare per il futuro: "The ability of family businesses to successfully pursue unconventional strategies is their key competitive advantage"[35] sostiene John Ward. E Hermann Simon batte sullo stesso chiodo quando constata, a proposito dei Campioni Nascosti: "Sono convinto più che mai che leadership e strategia durature e d'eccellenza si trovino più nei Campioni Nascosti che nelle grandi public company."[36] È tempo che ci si sforzi di comprendere meglio i comportamenti strategici peculiari delle imprese familiari, e di non intenderli più come "unconventional wisdom", ma come strategie adeguate di un tipo di impresa molto diffuso.

Parte 3
Strategie per i proprietari

(8)

Perché i proprietari hanno bisogno di proprie strategie

Non c'è dubbio: ai proprietari spetta un ruolo importante nella direzione di successo di un'impresa familiare. Ma che cosa significa di preciso? E come gestiscono in modo professionale la loro responsabilità? La seguente storia induce a riflettere.

La storia dell'ascesa e della caduta della famiglia Giuseppe Brambilla

Giuseppe Brambilla è il classico pioniere. Un giorno, nel mezzo del cammin della sua vita, il venditore di talento va dal suo capo e gli dice: "Dottor Ruozzo, voglio mettermi in proprio!". Giuseppe Brambilla ha il giusto fiuto; prevede in anticipo l'ascesa inarrestabile dei discount alimentari, ma anche le loro difficoltà nel rifornimento da produttori di marche affermate. E così Giuseppe Brambilla decide di diventare partner fidato dei nuovi discount. Racimola tutti i suoi risparmi, ipoteca la casa di famiglia e l'eredità della moglie, compra due macchine e comincia in un capannone confinante con l'abitazione a produrre succo di mela e di arancia.

La piccola impresa è un'impresa familiare nel più stretto senso della parola: la moglie Paola sta alla cassa, i figli Federico e Massimo si occupano degli acquisti, curano la produzione, il magazzino e la spedizione, mentre Giuseppe Brambilla vende. E poiché è un venditore dotato e navigato, il fatturato cresce rapidamente e in maniera stabile.

Ben presto vengono assunti i primi collaboratori, ma ancora in maniera quasi estemporanea: solo in un secondo momento, e solo per le pressioni continue dell'amico commercialista, Giuseppe crea una specie di organizzazione aziendale. Tra capo e collaboratori vengono istituiti posti di direttore di reparto, e anche i figli di Giuseppe possono d'ora innanzi fregiarsi di tale titolo; tuttavia continua a non esserci un organigramma, nessun mansionario o manuale, nessun team. Per contro, Giuseppe conosce tutti i suoi collaboratori per nome, e di molti sa anche la data di nascita; per il compleanno manda fiori, per le nozze d'argento si presenta di persona. Come capo Giuseppe è il tipico patriarca; la sua parola è legge, non esiste replica e il suo stile di leadership è diretto e intuitivo: si fida più della pancia che della testa, rispetta solo "le persone pratiche ed esperte" e se la prende con i "teorici sapientoni". Ama i dettagli e preferisce fare tutto da solo; naturalmente visita di persona i clienti, con i quali, nella maggior parte dei casi, ha un rapporto di amicizia. Ogni giorno alle cinque conosce esattamente le vendite del giorno e la situazione dei conti.

Quando Giuseppe all'età di 63 anni muore di infarto, lascia in eredità un'impresa con un fatturato di oltre 100 milioni di euro, circa 150 dipendenti, molta vitalità e poco ordine. Ha ottenuto molto, ma anche tralasciato parecchio. L'impresa fa utili, ma in seguito alla sua politica di investimenti espansiva ha tuttavia troppo poco capitale proprio. Alla morte di Giuseppe, l'impresa è una ditta individuale con piena responsabilità del titolare, non esiste testamento né una norma che dica chi deve subentrare come successore.

Fortunatamente i due figli Federico e Massimo si mettono subito d'accordo. Sotto la consulenza esperta di un fiscalista pagano la quota della madre, trasformano la ditta individuale in una società a responsabilità limitata e stipulano un dettagliato contratto societario che prevede due rami familiari, a cui spettano le stesse quote e gli stessi diritti. Rientra fra questi anche il diritto di poter stabilire il proprio successore nella guida dell'azienda. Va detto che Federico e Massimo sono fortunati perché hanno talenti diversi e nature pacifiche: Federico si occupa delle vendite e Massimo della parte tecnica. Si intendono bene, fatta qualche eccezione, ma di questo, come concordano sempre i due fratelli, la colpa è da attribuire quasi sempre alle loro mogli.

E così ripartono a tutta velocità, perché Federico e Massimo hanno da tempo riconosciuto che i potenziali effetti benefici di cui il padre ha messo le basi come fornitore affidabile ed efficiente di discount possono essere ampliati e sfruttati. Ben presto non producono più solo succo, ma anche marmellate, burro, latte e formaggio; in seguito aggiungono birra, caffè e grappa. Federico e Massimo sono considerati come venditori tra i più aggressivi, e leader imbattibili del mercato in fatto di costi. Riforniscono Aldi, Lidl e gli altri discounter; ben presto vendono in tutta Europa. Solo 15 anni dopo, il numero dei collaboratori è salito a oltre 1.000; l'intera impresa è caratterizzata da una tendenza ben pronunciata all'espansione ed esiste una chiara e netta identificazione con il motto "Noi siamo sempre più avanti".

I contatti con i principali clienti sono sempre curati di persona, tuttavia nell'impresa in continua crescita non si può più evitare di delegare a poco a poco le responsabilità. Lentamente si formano piccoli team, e si vuole anche creare mansionari e manuali aziendali, ma per questo non c'è tempo. Oltre a Federico e Massimo, lavora nel frattempo in azienda anche un direttore finanziario, che non si occupa solo di numeri, ma nella visione dei due fratelli è responsabile anche di tutto quel che non funziona in azienda. I due fratelli lo considerano un burocrate ottuso e un intrigante smidollato, ma nonostante questo non vogliono licenziarlo; ogni volta che Federico parla di cacciarlo, Massimo è contrario, e viceversa.

Tutti nell'impresa lavorano molto e dormono poco. E così succede quel che doveva succedere: Federico perde la visione d'insieme e a Massimo viene l'itterizia. Subito dopo questa malattia si verifica la prima lite seria tra fratelli. Massimo, che ha solo una figlia, vuole proporre come successore il genero, un avvocato, mentre Federico che ha ereditato dal padre l'avversione per i "teorici sapientoni" è contrario. Si arriva a un arbitrato e come risultato si crea un comitato. Il genero è accettato, ma solo perché l'unico figlio di Federico, che tra l'altro ha cinque figlie, è chiamato nello stesso momento a ricoprire il ruolo di direttore finanziario. Ma già poco dopo Federico si pente della sua decisone, non solo perché il figlio, un agente assicurativo di mediocri capacità, non ha successo, ma perché dopo il cambio generazionale il rapporto fino ad allora buono tra sua moglie e la nuora degenera ben presto in una guerriglia privata. Ogni sera la signora Brambilla senior si lamenta con il marito del presunto comportamento borioso e arrogante della signora Brambilla junior che scredita tutto quello per cui i vecchi Brambilla hanno lottato così duramente, ma soprattutto se la prende per la mancanza di rispetto che la nuora ha nei confronti di lei che è l'anziana. Federico è infelice, ma a settant'anni, prima ancora che, su pressione della moglie, possa decidere di diseredare il figlio e di escluderlo dall'impresa familiare, muore; il fratello Massimo lo segue poco dopo.

In questo modo siamo arrivati alla terza generazione. L'impresa ha di nuovo due amministratori, ma anche sette soci, di cui solo uno ancora attivo. Delle sei donne inattive, quattro sono sposate e lo sono con insegnanti, artisti o con partner comunque visti come "problematici" da una prospettiva imprenditoriale. Le altre due sorelle sono rimaste nubili e si godono il loro stato di zie ricche e corteggiate per la loro eredità. Nel comitato, occupato in modo paritetico secondo il principio della discendenza, siedono un avvocato, il figlio del fiscalista già citato nonché la moglie e un amico di caccia del giurista. Il comitato si raduna tre volte all'anno, di norma senza la dirigenza aziendale, e si occupa di questioni fondamentali come il regolamento per il rifornimento di carburante alla stazione di servizio aziendale, il contratto di consulenza per il marito insegnante della figlia più grande e la deducibilità fiscale o meno delle spese riguardanti una partita di caccia con i clienti.

Malgrado ciò, l'impresa guadagna in maniera costante, almeno nei primi anni: ha una cassa ben fornita, bilanci eccellenti e una bassa tendenza agli investimenti, per cui è molto stimata dalle banche. Anche nell'opinione pubblica i Brambilla hanno ottima reputazione, soprattutto perché rafforzano il loro impegno pubblico nella misura in cui riducono quello in azienda. In questo modo il fatturato ristagna; l'impresa non ha quasi nuovi prodotti e da anni non entra in nuovi mercati. Al suo interno si ottimizza, si riorganizza e si ristruttura; vi sono manuali, mansionari, direttive di lavoro, un ampio reporting e una ancora più vasta strumentazione per la progettazione. C'è molta carta, ancor più comitati, commissioni e ogni tipo di strategie, ma poco cambiamento, un evidente modo di pensare per compartimenti stagni e ben presto lotte di potere a tutti i livelli.

Non passa molto tempo che i Brambilla sono estromessi dall'impresa.

L'impresa si vede sempre più intrappolata in guerre di prezzi e in una concorrenza agguerrita, che la obbliga a sconti continui. I dirigenti e i collaboratori qualificati se ne vanno, i manager che restano sono vecchi e lottano più per la propria sopravvivenza che contro la concorrenza. Il fatturato cala, e dapprima è negativo il risultato di esercizio, poi anche il cash flow. Oramai l'impresa è sull'orlo del fallimento. Interviene la banca di fiducia, gestendo la vendita dell'impresa a un concorrente internazionale. In questo modo i Brambilla non salvano la loro impresa, ma almeno una parte residuale del loro patrimonio.

Le buone strategie imprenditoriali non sono sufficienti

Il messaggio della storia è chiaro. L'impresa familiare Brambilla deve successo e insuccesso non solo ai grandi cambiamenti a livello aziendale; di non minore importanza sono infatti le decisioni che vengono prese dai proprietari al di fuori della sfera strategica aziendale. L'identità di proprietà e direzione è uno dei segreti del successo del fondatore Giuseppe Brambilla, l'intesa tra i due figli Federico e Massimo per la continuazione dei buoni risultati una condizione altrettanto indispensabile, come la loro decisione strategica di focalizzarsi e moltiplicare un'idea vincente di business. Anche il fallimento dei Brambilla non è soltanto il risultato di una crescita irrisolta e di un arroccamento, ma di liti e cattivi compromessi nell'assegnazione di posizioni centrali di leadership. In questo modo entra in gioco una dimensione aggiuntiva che la versione classica dell'economia aziendale non ha finora saputo spiegare in maniera soddisfacente.

È invece ormai tempo che si tratti di questioni riguardanti la proprietà con la stessa professionalità che si usa nell'orientamento strategico dell'impresa. Non solo nella storia immaginaria dell'impresa familiare Brambilla, ma anche nella realtà, si vede in continuazione come lo sviluppo di un'impresa sia influenzato dalle decisioni prese sul piano della proprietà. Così il cronista di Aldi, Dieter Brandes, ha risposto una volta agli interlocutori stupiti che gli chiedevano quale fosse, secondo lui, la decisione strategica più importante per il successo di Aldi: "La decisione in assoluto più importante dei due fratelli Albrecht è stata la loro precoce separazione; così Karl e Theo Albrecht hanno potuto concretizzare ognuno per sé la loro idea di discount ottimale, senza dover litigare una vita su quale fosse la strada giusta da seguire".[1] Anche la ben nota suddivisione della proprietà da parte dei due fratelli Dassler (Adidas) non era in ultima ratio dovuta alla strategia aziendale, ma rappresentava il risultato della consapevolezza che i due non erano più in grado di intendersi.[2] Nelle imprese familiari la divisione della proprietà ha di solito poco a vedere con la classica strategia imprenditoriale. Questa e altre decisioni strutturali, come vendita o fusione, trovano spesso le loro radici nella proprietà; persino nelle decisioni che sembrano soprattutto di natura strategica per l'azienda, giocano un ruolo importante riflessioni di strategia proprietaria. Se in un'impresa familiare si parla di "crescita solo con le proprie forze e fino a dove può essere finanziata senza il ricorso a banche", solo a prima vista si tratta di strategia e finanziamento dell'impresa: di solito sono in gioco direttive strategiche della proprietà. C'è solo da sperare che nel formularle i titolari agiscano con la stessa professionalità che si attendono dai vertici aziendali per la loro realizzazione.

E già qui iniziano le difficoltà. La gestione professionale del ruolo di titolare è ancora agli inizi, e alla maggior parte delle famiglie manca il senso di come deve essere, nel concreto, tale ruolo. Non c'è da meravigliarsi: non esistono teorie di management che lo riguardino. Le opere classiche di economia aziendale offrono sul tema della strategia proprietaria un supporto scarso. L'attuale economia aziendale orientata alla public company è quasi completamente focalizzata sull'impresa e sulla sua strategia, mentre esclude ampiamente le questioni proprietarie. Nella consulenza non va molto diversamente: la consulenza strategica dei proprietari dell'impresa familiare è trattata quasi come una faccenda aggiuntiva, ovvero da esperti che per professione hanno a che fare comunque con i proprietari: fiscalisti, revisori dei conti e avvocati. Di solito operano con grande impegno e sulla base dell'esperienza personale, ma senza un adeguato fondamento teorico, e spesso vi sono carenze anche su temi riguardanti il personale. È tempo che l'economia aziendale riempia i buchi esistenti e offra ai proprietari di imprese familiari e ai loro consulenti criteri affidabili per una titolarità vissuta in modo professionale. Infatti, anche se è giusto che le decisioni dei titolari dominanti influenzino in modo determinante le imprese di loro proprietà, è nell'interesse generale che lo facciano in modo competente.[3]

Per evitare fallimenti, dobbiamo sviluppare le teorie di economia aziendale. Così come un tempo questa disciplina si è occupata di problematiche di ordine organizzativo riguardanti le strategie prodotto-mercato e le strategie di singoli settori in un'ottica di sviluppo di strategie aziendali globali, ora essa deve prendere in considerazione la fase strategica successiva più elevata, elaborando teorie ad hoc per i proprietari dominanti e collegandole con le strategie dell'impresa controllata.[4] Le tradizionali visioni imprenditoriali non sono più sufficienti per comprendere il mondo delle imprese familiari.

Le strategie familiari sono importanti: stabilizzano il fattore famiglia, così vitale per il successo di una simile impresa, e garantiscono che i problemi familiari non diventino una carica esplosiva per la riuscita dell'impresa. Ma non bastano. Chi vuol comprendere queste realtà imprenditoriali nella loro interezza, deve tenere conto sia della famiglia sia dell'impresa, cercando di unire le due diverse strategie in una strategia proprietaria superiore, che dia non solo la stessa importanza a entrambe le sfere, ma ne comprenda la reciproca influenza e le ponga in un giusto equilibrio.

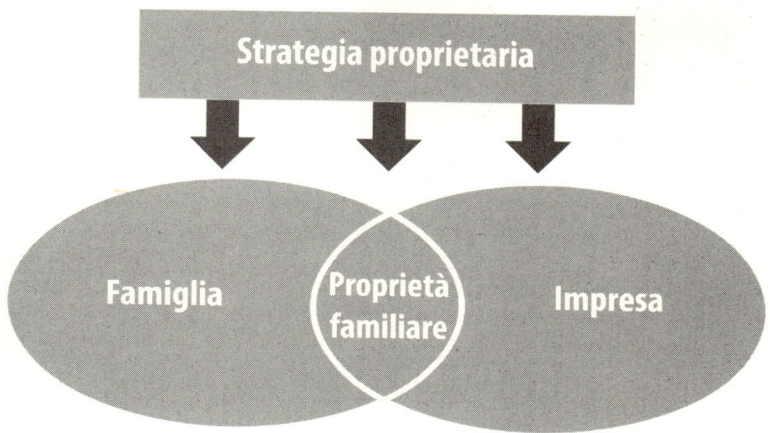

FIGURA 13. Sfere di regolazione della strategia proprietaria.

⑨ Porre le giuste domande

Il Modello a tre dimensioni – Un approccio per una migliore comprensione dell'impresa familiare

L'imprenditore che vuol formulare una strategia per la sua proprietà deve farsi le opportune domande, e nelle imprese familiari non è così facile: sono troppo diverse l'una dall'altra; ciò che tocca una, è un tema secondario per un'altra.

Per questo motivo il modello, sviluppato dal professor May, suddivide il variegato mondo delle imprese familiari in tre dimensioni,[1] con una molteplicità di sottogruppi dalle problematiche simili. In questo modo la famiglia titolare è in grado di riconoscersi in una tipologia specifica e di comprendere le sfide che sono legate di norma a questa classificazione. Il modello si è dimostrato valido nella sua applicazione pratica; è utile non solo nell'analisi di sfide adeguate al tipo di impresa, ma anche e soprattutto nei processi di transizione. Quando un'impresa familiare progetta il passaggio dal proprietario unico a una società di fratelli, da una focalizzazione a una diversificazione, o da una condizione con titolare amministratore a una con manager esterno, non solo bisogna esaminare e comprendere ciò che fino a quel momento era stato importante, ma anche quali nuove sfide sono legate al cambiamento progettato. In questo modo si possono razionalizzare i processi di transizione e incanalare i problemi prima che subentrino. Questa è la base per una prevenzione efficace.

Il segreto del successo è una struttura adeguata alla tipologia d'impresa; una volta stabilita, le problematiche centrali si delineano da sé. Qui di seguito presento nel dettaglio le tre dimensioni che caratterizzano il modello.
1. Il tipo di proprietà familiare (struttura proprietaria).
2. Il tipo di impegno imprenditoriale della famiglia (struttura aziendale).
3. Il tipo di influenza sull'impresa (struttura di governance).

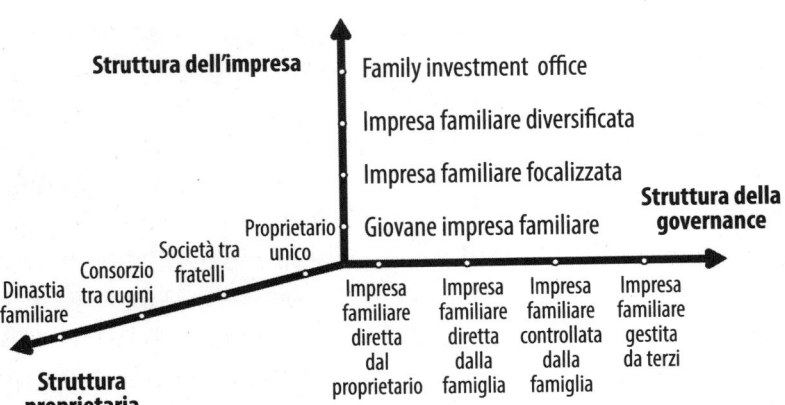

FIGURA 14. Il Modello a tre dimensioni: una panoramica.

Il tipo di proprietà familiare (struttura proprietaria)

Benché la proprietà dominante di una famiglia con una visione imprenditoriale intergenerazionale sia ciò che unisce tutte le imprese familiari, questa può assumere diverse forme.[2]

Il proprietario unico

All'inizio vi è quasi sempre un proprietario unico, solo raramente le imprese familiari sono fondate da più membri di una famiglia. La titolarità unica delle quote aziendali in possesso di una famiglia è tipica della generazione fondatrice; può presentarsi anche nelle generazioni successive, se il proprietario ha solo un successore o se opta per uno dei molti potenziali eredi.[3] Talvolta la titolarità unica rinasce su basi nuove, per esempio quando un membro della famiglia liquida gli altri o un'impresa familiare è frazionata e il patrimonio suddiviso tra i diversi componenti.[4]

La proprietà unica è, tra le diverse forme di proprietà familiare, quella con minori complessità. I conflitti fra proprietari sono esclusi, ma il potere illimitato può sconfinare in abuso e anche le sue carenze non trovano un correttivo interno efficace. L'elevata dipendenza dell'impresa dal proprietario unico rappresenta allo stesso tempo un'opportunità e una sfida, per le quali bisogna trovare le soluzioni adeguate. Ciò vale anche per l'ultimo grande compito che tocca al proprietario unico: regolare la propria successione. A chi trasmettere la proprietà? Quando farlo? Quali misure sono adottate nel caso in cui il proprietario unico viene a mancare in modo prematuro e inatteso? E come garantire che il progetto di successione funzioni? Un'intenzionale autoregolamentazione del potere proprietario attraverso l'istituzione di una governance e un management professionale della successione aziendale sono le risposte alle sfide poste dalla proprietà unica.[5]

La società tra fratelli

Per le piccole imprese familiari che possono mantenere solo una famiglia, non esiste praticamente alternativa alla proprietà unica, che in quelle di grandi dimensioni è oggi piuttosto un'eccezione. Nel conflitto interiore tra l'Io razionale dell'imprenditore e l'Io emotivo del genitore che mira a un trattamento paritario, la maggior parte dei fondatori di impresa parteggia per il versante familiare, e così la proprietà unica del capostipite diventa di solito, nella seconda generazione, una società di fratelli, in cui le quote proprietarie sono suddivise tra più persone. Rappresentanti famosi di questo tipo sono per esempio la famiglia Benetton con quattro fratelli titolari della holding Edizione. A volte le società di fratelli possono anche essere una creazione comune o la conseguenza di un frazionamento della proprietà o di un buyout familiare.

Rispetto alla proprietà unica, la società tra fratelli mostra una maggiore complessità; a dire il vero, è positivo che i pericoli di abuso di potere siano ridotti dal controllo reciproco, ma a fronte di questo vantaggio sorgono nuovi rischi rilevanti. Come regolamentare lo spirito imprenditoriale e le attribuzioni di proprietà degli eredi? E come comportarsi con l'invidia, la gelosia e il risentimento, soprattutto quando denaro, potere ed eredità non sono ripartiti in modo uguale tra i fratelli? Le società di questo tipo sono infatti giudicate piuttosto predisposte ai conflitti, e questi sono particolarmente dannosi a causa delle partecipazioni, in genere consistenti, dei partner che vi possono essere coinvolti. In questa fase il ricorso alla professional ownership e al fair process è centrale per superare la forza distruttrice esistente nelle società tra fratelli.

Il consorzio tra cugini

Nelle generazioni successive, la società costituita da fratelli si trasforma per lo più in un consorzio tra cugini.[6] Al posto di fratelli e sorelle entrano infatti cugini e cugine come detentori della proprietà familiare dominante. Eminenti rappresentanti di questa forma sono attualmente i produttori di macchine da caffè Cimbali o l'impresa Ermenegildo Zegna, diretta dai cugini Gildo e Paolo, e conosciuta in tutto il mondo per l'abbigliamento maschile elegante. I cambiamenti che si accompagnano al passaggio al consorzio tra cugini sono notevoli: il numero dei proprietari cresce, la vicinanza all'impresa e nell'ambito della famiglia diminuisce e nello stesso tempo la famiglia deve imparare ad affrontare il problema della crescente diversità. Poiché i titolari hanno di solito progetti di vita eterogenei, nascono differenze nella partecipazione che si rafforzano ulteriormente a ogni generazione. Nell'impresa familiare spagnola Roca, leader nel settore dei sanitari, la quota di partecipazione della quarta generazione varia tra il 25% e meno dell'1%. Il numero crescente di titolari e la loro diversità non restano senza conseguenze sulla distribuzione dei soldi e del potere. Tanto maggiore è il numero di soci, tanto minore è la probabilità di poter contare sulle attese familiari di un uguale trattamento sul piano aziendale. Nel consorzio tra cugini non è effettivamente più possibile fare di tutti i membri della famiglia dei manager o renderli partecipi all'impresa; anche nella distribuzione dei diritti di voto e dei dividendi esistono differenze crescenti e ciò porta in alcuni titolari a una sempre più ridotta identificazione con il progetto transgenerazionale e alla domanda se sia ancora sensato continuare a dirigere un'impresa come se fosse di famiglia. È scontato e naturale che questa domanda racchiuda abbondanti motivi di conflitto; tuttavia i conflitti interpersonali nel consorzio tra cugini sono di solito ridotti: il crescente distacco fa bene. Chi non è stato all'asilo insieme, corre un minor pericolo di riportare le rivalità infantili nell'età adulta sul terreno dell'impresa.

Peraltro, nel consorzio tra cugini si verifica un effetto di diffusione delle rivalità presenti nella generazione dei fratelli, quando i figli sono strumentalizzati dai genitori per garantire il terreno conquistato nei confronti dell'altro ramo della famiglia o per riguadagnare quello perso. L'effetto esplosivo che è insito in questa partita di ritorno non è da sottovalutare; inoltre vanno aggiunti i problemi ereditati dalla società di fratelli: con il crescente estraniamento dal progetto comune sono sempre più probabili uno spirito imprenditoriale affievolito e una carente competenza dei proprietari. Programmi mirati per contrastare questi effetti e la creazione di strutture professionali di governance per la famiglia e l'impresa, che producano accanto a un valore economico anche uno emotivo, sono le giuste risposte alle sfide implicite al sistema del consorzio tra cugini.

La dinastia familiare

Il consorzio tra cugini dura di solito diverse generazioni prima di trasformarsi, per motivi quantitativi, in una nuova forma: la dinastia familiare. A seguito delle partecipazioni sempre più frammentate vi sono meno emozioni e nello stesso tempo si arriva a una spersonalizzazione delle relazioni verso l'impresa e nella famiglia. Parecchie grandi imprese familiari con nomi carichi di tradizione come Agnelli, Henkel, Villeroy & Boch o Haniel, rientrano nella categoria delle dinastie familiari. La famiglia Agnelli, ora alla sesta generazione e con 120 membri dei diversi rami, è guidata da John Elkann. Alla morte del nonno, Gianni Agnelli, nel 2003, e del prozio Umberto Agnelli nel 2004, il nipote John Elkann dovette in tutta fretta prendere familiarità con il suo ruolo dinastico. Alla holding di famiglia non appartiene solo una quota di controllo di Fiat, ma anche quote dell'immobiliare Cushman & Wakefield, della Banca Leonardo, della compagnia di viaggi Alpitour e della società Sgs, specializzata in servizi di ispezione e sorveglianza tecnica.

Le sfide che si trova ad affrontare una dinastia familiare non sono paragonabili a quelle del consorzio tra cugini; le rivalità tra i proprietari non giocano praticamente più un ruolo e per questo diventa sempre più difficile salvaguardare la coesione tra i membri della famiglia e la loro identificazione con l'impresa familiare. Quando all'assemblea generale Franz Haniel saluta gli oltre 600 membri titolari della sua famiglia, senz'altro non li conosce tutti per nome e deve concludere che, in fondo, per molti di loro la partecipazione a Haniel non si differenzia, dal punto di vista economico, da altri valori patrimoniali. Chi vuole plasmare con successo un'impresa familiare in un'impresa che sul lungo periodo ha come proprietà dominante la dinastia familiare, deve innanzi tutto far sì che per i titolari la partecipazione all'impresa valga la pena sia dal punto di vista economico che emotivo. Non a caso le dinastie familiari affermate sono proprietarie di grandi imprese familiari di successo. Se si vuole che i membri della dinastia siano fedeli all'impresa, bisogna assicurarsi che il valore della stessa cresca più velocemente del numero dei suoi proprietari. Per questo si deve creare una corporate governance che affronti il problema della crescente estraneità dei soci attraverso una rappresentanza e un'informazione mirata, per esempio con la costituzione di un comitato di soci. E – last but not least – la dinastia familiare richiede una family governance, che offra sufficienti ragioni per legare i vari membri all'impresa e alla famiglia stessa. Ciò che è dato per scontato nell'impresa tra fratelli, nella dinastia familiare richiede un'operazione a tavolino.

Conclusione

La complessità è la chiave per trattare nel modo giusto i diversi tipi di proprietà familiare; questa cresce in modo costante dalla proprietà unica alla dinastia familiare. Particolarmente foriere di conflitti risultano le due forme intermedie di imprese, la società tra fratelli e il consorzio tra cugini, mentre nella proprietà unica si tratta non tanto di mancanza di complessità, ma piuttosto di professionalità, e nella dinastia familiare di tutela della coesione e di consenso al progetto comune. Riconoscendo tutto questo, sarà più facile risolvere i problemi legati alla tipologia di proprietà familiare.

Struttura proprietaria / Struttura dell'impresa / Struttura della governance	Proprietario unico	Società tra fratelli	Consorzio tra cugini	Dinastia familiare
Termine	■ Un proprietario familiare	■ Fratelli come proprietari	■ Cugini come proprietari	■ Più di 30 familiari titolari
Sfide principali	■ Abuso di potere ■ Dipendenza da proprietario unico ■ Successione	■ Rivalità tra fratelli ■ Idoneità del proprietario ■ Spirito imprenditoriale	■ Diversità ■ Antiche rivalità ■ Identificazione ■ Coesione ■ Competenza dei proprietari ■ Spirito imprenditoriale	■ Identificazione ■ Coesione ■ Competenza dei proprietari ■ Spirito imprenditoriale ■ Dilemma di crescita
Soluzioni importanti	■ Professionalizzazione soprattutto nella governance e nella successione	■ Tutela attraverso professional ownership e fair process	■ Tutela attraverso professional ownership, fair process e valore emotivo	■ Tutela attraverso professional ownership, fair process, crescita del valore e valore emotivo

FIGURA 15. Il Modello a tre dimensioni: la struttura proprietaria.

Il tipo di impegno imprenditoriale della famiglia (struttura dell'impresa)

La seconda dimensione, in cui si differenziano le imprese familiari è il tipo di impegno. Per capire meglio le sfide fondamentali poste dalle diverse forme è ragionevole esaminarle più da vicino.

La giovane impresa familiare

Non sempre all'origine di un'impresa familiare vi è una trovata geniale, ma c'è sempre, all'inizio della sua storia, un pioniere, un fondatore che ha il coraggio e la forza di osare una simile creazione e di condurla al successo. Nelle giovani imprese familiari le opportunità e i rischi sono molto marcati.[7] La forza imprenditoriale del fondatore e la sua idea convincente di business, la rapidità, la flessibilità, l'elevata motivazione dei collaboratori e l'iniziale disinteresse sul mercato da parte delle imprese più grandi aprono opportunità che non si ripresenteranno nelle successive fasi del ciclo di vita, ma anche i rischi sono incomparabilmente grandi. L'impresa non dipende solo dalla persona dell'imprenditore e dalla forza della sua idea di business, ma è vulnerabile a un grado elevato a causa del limitato volume d'affari, di una dotazione finanziaria e di personale insufficiente, di una mancanza di professionalità nonché di una carente diversificazione del rischio. E il successo, di solito, si lascia attendere per un tempo più lungo di quello che il giovane imprenditore s'aspetta.

Agli inizi l'impresa familiare ha bisogno del coraggio, della tenacia e del lavoro senza risparmio dell'imprenditore, e non di rado anche della sua famiglia; per giunta deve trovare in fretta un'idea di business adeguata, diventare professionale e imparare a superare i rischi maggiori.

L'impresa familiare focalizzata

Se la giovane impresa riesce a superare con successo la fase pionieristica, diventa di solito un'impresa familiare con un focus: ha trovato un'idea che promette successo e ha cominciato a sfruttarla. Cresce e matura e resta comunque focalizzata, anche se incursioni in produzioni o servizi affini aiutano a ridurre la dipendenza dall'idea di business originaria. Molte imprese familiari di successo rientrano in questa categoria. Si tratta di imprese come Illy, Monini, Technogym o Ferrero o ancora La Cimbali. Francesco Illy, il nonno ungherese dell'attuale presidente del consiglio di amministrazione di Illy, Andrea Illy, ha fondato la torrefazione di caffè nel 1933 a Trieste. L'impresa familiare ha il proprio focus su un'unica miscela di caffè, non importa se destinata a bar, alberghi o consumo casalingo.

L'oleificio umbro Monini si focalizza sulla lavorazione delle olive.

Anche Technogym, fondata nel 1983 da Nerio Alessandri, ha il proprio focus totale sugli attrezzi per il fitness, inseriti in una concezione di lifestyle. Nella provincia di Cesena-Forlì, dove Technogym ha la sua sede centrale, viene misurato oltre al Pil anche il Bil, il "benessere interno lordo". Il focus sul fitness si spinge a tal punto che tutti i dipendenti che utilizzano il centro fitness dell'impresa hanno diritto a un'ora in più di pausa.

Ferrero, guidata nella terza generazione da Giovanni Ferrero, è appassionatamente concentrata sui dolci.

La società leader di mercato delle tradizionali macchine da caffè in uso nel settore alberghiero e della gastronomia è amministrata da Maurizio Cimbali, terza generazione. Egli afferma che "per l'impresa è di fondamentale importanza avere un focus e non disperdersi in molti ambiti di business. Per noi esiste un collegamento diretto tra la nostra chiara strategia di focalizzazione e la nostra sana redditività. Siamo orgogliosi della nostra storia centenaria e della nostra passione per le macchine da caffè. Il nostro focus è visibile anche nel nostro nuovo museo, il Mumac, dedicato completamente al tema delle macchine da caffè e allo sviluppo dei prodotti in Italia a partire dal 1901".

L'impresa familiare focalizzata può utilizzare per sé i vantaggi della strategia basata appunto sul focus. Il fondatore di Ikea Ingvar Kamprad la sintetizza così: "Un comandante che disperde le proprie forze avrà inevitabilmente la peggio (...) Anche per noi vale la necessità di concentrarci, di raccogliere le nostre forze. Tanto non possiamo risolvere tutto contemporaneamente e ovunque".[8] Probabilmente non esiste un concetto strategico che nel breve periodo permetta una performance migliore di quella derivante da una strategia coerentemente applicata sul focus, e precisamente non solo sotto l'aspetto economico ma anche emotivo. Nessun altro tipo di impresa è in grado di generare maggiore orgoglio e identificazione di quella caratterizzata da un preciso focus e da una forte personalità (di brand), tuttavia la focalizzazione nasconde anche rischi. Anche se l'impresa familiare focalizzata ha sotto controllo i tipici rischi che si presentano nella fase costitutiva, ha successo ed è forte e dotata delle necessarie risorse, si trova comunque esposta a nuovi rischi di diverso tipo.[9] La crescita legata alla focalizzazione pone richieste notevoli al management e nasconde il pericolo di un'espansione eccessivamente ambiziosa; si aggiungono poi i rischi della fase della maturità, soprattutto il prevalere dell'aspetto di ottimizzazione sull'innovazione; tuttavia il maggior pericolo per le imprese familiari focalizzate proviene dalla legge del ciclo di vita dei mercati. Se è vero che i mercati non solo nascono e crescono, ma anche maturano e declinano, allora l'impresa familiare focalizzata è esposta a un rischio esistenziale intrinseco, e rientra tra i suoi compiti principali, a livello di proprietà e/o di impresa, trovare una risposta adeguata a tale evenienza.

L'impresa familiare diversificata

Alcune famiglie proprietarie decidono allora di diversificare il rischio imprenditoriale, come i Benetton di Ponzano. Dalla fondazione della società Benetton da parte dei fratelli nel 1965, questa dinastia tessile nel 1981 ha costituito un portafoglio di imprese attraverso la sua holding Edizione. Dal 1995 vi rientra anche la partecipazione di maggioranza ad Autogrill, impresa attiva in 30 Paesi nel settore gastronomia e commercio con 4.700 punti vendita, collocati in particolare in autostrade e aeroporti, e un fatturato di oltre 6 miliardi di euro.

Dal 1999 vi fa parte anche l'esercizio delle autostrade con una rete di oltre 5.000 chilometri in Italia, Brasile, Cile, India e Polonia.

Questa impresa familiare diversificata ha poi numerose partecipazioni nelle società più disparate come Pirelli, Mediobanca o Assicurazioni Generali.

Gilberto Benetton dice: "Il nostro patrimonio è investito in varie attività. Vogliamo soprattutto svolgere il ruolo di azionisti, cercando di scegliere e valutare l'operato del management. Vogliamo dare autonomia e responsabilità ai manager". In questo modo Benetton rappresenta un modello di impresa familiare diversificata. Invece di mettere tutto in un contenitore, i proprietari hanno scelto una strategia di distribuzione del rischio, senza rinunciare al proprio diritto di leadership. Tutte le attività dei Benetton sono gestite come singole imprese; la differenza rispetto all'impresa familiare focalizzata sta semplicemente nel fatto che si tratta di diverse società con un profilo di rischio diverso. Le imprese familiari diversificate sono più frequenti di quanto si possa pensare e non sono affatto circoscritte alle grandi imprese.

Una strategia di diversificazione non limita solo oggettivamente il rischio dei proprietari, ma favorisce il fatto che nel susseguirsi delle generazioni si riduce di solito la tendenza al rischio. Mentre per il fondatore questa parola è quasi sconosciuta, le generazioni successive hanno un altro rapporto con questo tema. Non c'è da stupirsi: diversamente dal capostipite hanno qualcosa da perdere, in più qualcosa che non hanno creato loro, o lo hanno creato solo in parte. Chi si sente un anello della catena generazionale deve, partendo dall'immagine che ha di sé, contenere i rischi legati al bene che gli viene temporaneamente affidato in amministrazione fiduciaria e cercare di costruire un rapporto adeguato tra opportunità imprenditoriali da sfruttare e rischi da evitare. L'impresa familiare diversificata è una risposta appropriata a questa sfida, ma pone anche nuove e diverse richieste al management e alla proprietà. La diversificazione non è un compito facile. Un imprenditore che ha successo in un mercato non è detto che lo abbia automaticamente in ogni altro. Le competenze che motivano il successo di un'impresa non si lasciano trasferire senza problemi a un'altra sfera d'affari, e per la costituzione e la guida di un gruppo imprenditoriale diversificato sono necessarie altre capacità rispetto a quelle richieste dalla guida di un'impresa focalizzata. Senza professionalità nella gestione del portafoglio, un'impresa familiare diversificata non potrà essere guidata con successo. Va aggiunto che la sfida comunque esistente per l'impresa familiare, ovvero quella di dover cercare il successo con scarse risorse, è ulteriormente resa gravosa dalla suddivisione in diverse attività. Infine l'esperienza con le imprese familiari diversificate ha dimostrato che, di solito, queste, rispetto alle imprese familiari focalizzate, creano un legame e un'identità emotiva tra proprietari molto inferiori. Non c'è dubbio che i problemi esposti sono risolvibili, ma nessuna famiglia titolare dovrebbe gettarsi troppo a cuor leggero nell'avventura di un'impresa diversificata, confidando nel fatto che una strategia di diversificazione ha effetti di limitazione del rischio. Questi non si realizzano in modo automatico, ma solo se i proprietari provvedono, al di là della relativa strategia, alla costituzione delle necessarie competenze e fanno sì che l'inevitabile perdita di identificazione sia compensata da un pacchetto di misure che rafforzano il valore emotivo dalla parte titolare.

Il family investment office

Nel family investment office la limitazione del rischio fa un ulteriore passo avanti rispetto all'impresa familiare diversificata. Le famiglie imprenditrici che dispongono di un family investment office agiscono come investitori, non come imprenditori attivi (prescindendo ovviamente dal family investment office stesso). La caratteristica è la (prevalente) rinuncia alla direzione dell'impresa, l'obiettivo primario consiste nell'amministrazione del patrimonio aziendale e non nella gestione di una o più imprese.

Per le opportunità e le sfide di questo tipo di impresa valgono le stesse argomentazioni dell'impresa diversificata, ma in misura rafforzata: l'efficacia della diversificazione, per limitare il rischio attraverso una distribuzione più robusta del patrimonio, è maggiore che nell'altra, ma anche le sfide relative sono più grandi. Le competenze necessarie per la costituzione e la gestione di un family investment office sono del tutto diverse da quelle che servono per la guida di una o più imprese, e il legame emotivo dei proprietari verso l'impresa non prende certo le mosse da un family investment office: raramente il denaro da solo rende orgogliosi. Alcune famiglie, che hanno dapprima venduto la loro azienda e gestito un family investment office, sono poi di nuovo ritornate alla conduzione di una "vera e propria" impresa familiare.

Conclusione

L'aspetto principale nella dimensione dell'"impegno imprenditoriale della famiglia" è il rischio, o meglio la limitazione del rischio, che aumenta in modo continuo partendo dalla giovane impresa, passando all'impresa familiare focalizzata e a quella diversificata e infine al family investment office. Nello stesso tempo le sfide più importanti si spostano dal contenimento del rischio alle questioni: come assicurare le necessarie competenze e l'identificazione dei proprietari con il loro investimento sempre più diversificato? Partendo da questa conoscenza si possono sviluppare adeguate soluzioni strategiche.

Struttura proprietaria / Struttura della governance / Struttura dell'impresa	Giovane impresa familiare	Impresa familiare focalizzata	Impresa familiare diversificata	Family investment office
Termine	Impresa familiare nella fase pionieristica o di crescita	Impresa familiare matura con un'attività principale	Impresa familiare matura con più attività principali (in prevalenza) a gestione imprenditoriale	Impresa familiare come investitore (in prevalenza) senza pretesa di leadership nell'impresa
Sfide principali	■ Dipendenza dal fondatore ■ Idea di business ■ Risorse scarse ■ Mancanza di professionalità ■ Rischio elevato	■ Rischi del ciclo di vita	■ Altre competenze ■ Management professionale del portfolio ■ Frammentazione delle risorse ■ Identificazione	■ Altre competenze ■ Identificazione
Soluzioni principali	■ Coraggio e tenacia ■ Idea di business adeguata ■ Professionalizzazione	■ Management del ciclo di vita ■ Diversificazione del rischio da parte del proprietario ■ Management del rischio	■ Strategia di diversificazione convincente ■ Costruzione di nuove competenze ■ Aumento del valore emotivo	■ Strategia d'investimento convincente ■ Costituzione di nuove competenze ■ Aumento del valore emotivo

FIGURA 16. Il Modello a tre dimensioni: struttura dell'impresa.

Il tipo di influenza della famiglia sull'impresa (struttura della governance)

La terza dimensione centrale in cui le imprese familiari si distinguono l'una dall'altra è la modalità con cui la famiglia titolare influenza la guida della sua impresa. È importante conoscere queste distinzioni se vogliamo rispondere in modo adeguato alle questioni legate alle diverse strutture di governance.[10]

L'impresa familiare diretta dai proprietari

I vantaggi dell'impresa familiare guidata dai proprietari sono evidenti. Come conseguenza della piena concordanza tra proprietà e direzione, l'impresa può far valere tutti i vantaggi che risultano dall'assenza del conflitto principale-agente. Un ulteriore vantaggio nasce dalla considerazione dei potenziali conflitti familiari: invidia, gelosia e risentimento sono esclusi nel caso di una piena identità fra management e titolarità, o comunque ridotti in presenza di più manager titolari.[11] Anche le sfide sono chiare e in fondo sono le stesse della proprietà unica. La dipendenza dell'impresa da un proprietario, che può plasmare l'impresa secondo le proprie idee, è al tempo stesso maledizione e benedizione. Sabine Klein, professoressa alla Whu – Otto Beisheim School of Management di Vallendar, lo ha ben sintetizzato in questo modo: "Le opportunità e i rischi di una simile struttura si trovano riuniti nella persona dell'imprenditore. I suoi limiti definiscono i limiti dell'impresa. La sua preparazione, il suo sapere, la sua esperienza e la sua intuizione sono i fattori da cui dipendono (…) il bene e il male dell'intera impresa. I limiti, che lui personalmente non è in grado o non ha la volontà di superare, sono anche per l'impresa i limiti della sua attività".[12] Quanto vitale sia effettivamente l'interdipendenza tra proprietà e leadership dell'impresa è evidente soprattutto nel caso di una precoce perdita dell'imprenditore e nell'organizzazione della sua successione al comando. Per risolvere questi problemi si deve intervenire affinché l'imprenditore titolare lavori in modo mirato al miglioramento della sua efficacia personale, compensi le proprie competenze carenti integrandole con il team di management, sviluppi un piano di emergenza nel caso di un suo improvviso venir meno e affronti con tempestività una programmazione professionale dell'avvicendamento generazionale.

L'impresa familiare diretta dalla famiglia stessa

Molte imprese si trasformano nella seconda generazione in società di fratelli, e quindi da imprese guidate da un titolare a imprese gestite da famiglie. In tali imprese esiste ancora solo una parziale identità tra proprietà e direzione. Il gruppo dei titolari si divide in soci "attivi" e "non attivi". Le imprese condotte da famiglie sono molto diffuse; nascono spesso nella seconda e con particolare frequenza nella terza generazione e si trovano non solo tra le aziende di medie dimensioni, ma anche tra le grandi.

Queste non sono organizzazioni di facile gestione.[13] A dire il vero, il conflitto principale-agente, come conseguenza della guida affidata a una persona della cerchia del titolare, è ridotto, ma non esiste più una totale identità di interessi tra i proprietari. Mentre l'impresa, per i proprietari che vi sono attivi, rappresenta patrimonio, posto di lavoro e luogo di personale autorealizzazione, il suo significato per i titolari che non collaborano all'interno dell'azienda si riduce a un valore patrimoniale emotivamente carico. La conseguenza principale è che questioni di strategia aziendale e proprietaria sono valutate in modo diverso e nelle imprese gestite dalla famiglia si arriva spesso a conflitti tra proprietari attivi e non attivi. Gravido di conflitti è anche l'aspetto della selezione: i proprietari attivi sono avvantaggiati nella distribuzione del denaro e del potere, e il loro privilegio ferisce le attese familiari di trattamento paritario da parte degli altri proprietari. Non tutte le famiglie titolari gestiscono in maniera professionale questa sfida; invidia, gelosia e risentimento sono all'ordine del giorno. Nell'impresa amministrata dalla famiglia, ai vantaggi derivanti da una riduzione del conflitto principale-agente si contrappongono dunque rischi importanti: li può arginare solo chi li affronta con una governance che adotta i principi della professional ownership (nel rapporto con l'impresa) e della fairness (nei rapporti tra proprietari).

L'impresa familiare controllata dalla famiglia

Alcune famiglie proprietarie arrivano alla conclusione che sia meglio lasciare la gestione dell'azienda a persone esterne e limitarsi alla tutela della funzione di guida e di controllo.[14] Un buon esempio di impresa controllata dalla famiglia è Barilla. Il gruppo produttore di pasta e prodotti da forno è nato da una panetteria di Parma nel 1877. All'epoca gli spaghetti venivano ancora venduti sfusi a peso. Dopo la Seconda guerra mondiale, Pietro Barilla – terza generazione – ha appreso negli Stati Uniti l'abc del marketing e confezionato la pasta in scatole di cartone con un logo d'impatto sulla confezione. Oggi i fratelli Guido, Paolo, Luca ed Emanuela controllano l'impresa, occupandosi nelle commissioni anche di temi come brand e sviluppo dei prodotti. La filosofia che guida il rapporto con i dirigenti esterni alla famiglia, impegnati nella gestione dell'attività quotidiana, è "influenza ma non ingerenza". Già nel 2003 la famiglia ha pubblicato un opuscolo dal titolo *Changing to last*, in cui sono fissati visioni, obiettivi e valori. La volontà dinastica dei quattro fratelli è evidente nel fatto che si sono impegnati insieme nell'azienda fino al 2070. Nell'opuscolo *Changing to last* la famiglia esprime la sua intenzione di favorire l'ulteriore crescita dell'impresa attraverso la "conservazione dei valori originari del fondatore, ovvero la curiosità che stimola le idee, la passione nonché l'elaborazione di un progetto che combini fantasia e pragmatismo".

Un altro esempio è il gruppo familiare veronese Bauli. L'azienda Bauli, fondata nel 1922, nasce dall'abilità artigianale di Ruggero Bauli ed è leader nel settore dei prodotti da ricorrenza e nel croissant. Il presidente Michele Bauli dice: "La peculiarità del nostro gruppo è che da 30 anni siamo managerializzati: la famiglia svolge il ruolo vigile della proprietà e i manager sono destinati a compiere le loro missioni strategiche di gestione dell'azienda".

L'impresa controllata dalla famiglia evita i problemi dell'impresa diretta dalla famiglia: dove tutti sono esclusi in egual modo dalla conduzione, invidia e conflitti di interesse tra proprietari attivi e inattivi hanno meno possibilità di attecchire. Per contro, nelle imprese controllate nascono nuove sfide. Come si possono trovare e fidelizzare i giusti manager esterni? Come si controlla il conflitto principale-agente diventato per la prima volta attuale e ci si assicura che i manager provenienti dall'esterno agiscano nel senso voluto dalla famiglia? E come si affronta il fatto che l'identificazione dei proprietari con l'impresa soffre a causa della crescente distanza dal potere e diminuisce il valore emotivo della loro partecipazione? Anche l'impresa in cui la famiglia esercita solo il controllo ha bisogno di una governance professionale, tuttavia il centro di gravità si sposta rispetto all'impresa amministrata direttamente dalla famiglia: al centro non vi sono più le misure destinate a soddisfare i rapporti interni tra proprietari ma le norme di governance che rendono allettante l'impresa per i manager provenienti dall'esterno, limitano il conflitto principale-agente e assicurano alla famiglia proprietaria il valore emotivo della partecipazione all'impresa.

L'impresa familiare gestita da esterni

Ancora minore influenza ha una famiglia che lascia non solo il comando, ma anche il controllo dell'azienda a persone esterne. Le imprese familiari guidate da terzi sono nella prassi rare. Di norma la perdita del controllo della proprietà porta prima o poi alla perdita dell'impresa familiare, tuttavia sarebbe falso attribuire la responsabilità dell'insuccesso solo agli esterni. Una colpa rilevante dell'insuccesso è dei proprietari stessi. L'investimento in un'impresa rappresenta per la maggior parte dei proprietari un concentrato di rischi, che nel migliore dei casi può essere giustificato finché i proprietari sono nella posizione di gestire in modo determinante lo sviluppo economico del rischio. Una famiglia proprietaria, che perde la voglia o la capacità di amministrare l'impresa o di indirizzarla attraverso l'organo di controllo, deve, nel proprio interesse, riflettere sulla possibilità di ridurre o diversificare il proprio rischio, con la vendita almeno parziale della sua partecipazione. Oppure creare le premesse per riprendere il controllo dell'impresa.

Conclusione

Un aspetto centrale della dimensione della governance è il conflitto principale-agente; questo cresce in maniera costante passando dall'impresa familiare amministrata dal proprietario a quella gestita e poi controllata dalla famiglia, fino ad arrivare a quella guidata da esterni. Per venire a capo delle problematiche legate alla diversa influenza esercitata dalla famiglia proprietaria, è necessario capire il conflitto principale-agente e sviluppare da questa comprensione adeguate soluzioni strategiche.

Struttura proprietaria \ Struttura dell'impresa	Impresa familiare diretta dal proprietario	Impresa familiare diretta dalla famiglia	Impresa familiare controllata dalla famiglia	Impresa familiare guidata da terzi
Termine	■ Completa identità tra proprietà e direzione	■ Identità parziale tra proprietà e direzione (alcuni ma non tutti i proprietari hanno responsabilità direttive)	■ La direzione è in mano a terzi. La famiglia titolare guida attraverso un organo di controllo	■ Funzione direttiva e di controllo in mano a terzi esterni alla famiglia
Sfide centrali	■ Dipendenza dall'imprenditore ■ Uscita inattesa ■ Successione	■ Contrasti d'interesse tra proprietari attivi e non attivi ■ Invidia, gelosia, risentimento	■ Ricerca e fidelizzazione dei manager idonei ■ Conflitto principale-agente ■ Identificazione dei proprietari	■ Cluster di rischi per i proprietari
Soluzioni principali	■ Integrazione delle competenze ■ Piano d'emergenza ■ Pianificazione della successione	■ Governance professionale con focus sulla professionalownership e sul fair process	■ Family business governance professionale con focus sulla riduzione del conflitto principale-agente e aumento del valore emozionale per il proprietario	■ Diversificazione del rischio per i proprietari o recupero del controllo da parte della famiglia

FIGURA 17. Il Modello a tre dimensioni: struttura della governance.

Al lavoro con il Modello a tre dimensioni

L'analisi secondo il Modello a tre dimensioni permette a ogni famiglia titolare d'impresa di riconoscere le sfide risultanti dalla struttura specifica della sua proprietà, dal suo impegno e dal tipo di influenza che esercita sull'impresa, e di sviluppare così adeguate soluzioni. In tale ricerca bisogna anche tener presente le dimensioni e il contesto culturale dell'impresa familiare; in questo modo, per esempio, il passaggio alla gestione di manager esterni per un'impresa familiare di grandi dimensioni può essere una raccomandazione adeguata. Per le imprese più piccole di solito non se ne parla nemmeno. Le strategie di diversificazione o lo sviluppo in una società tra fratelli, in un consorzio tra cugini o in una dinastia familiare, hanno obbligatoriamente come premessa una certa dimensione.

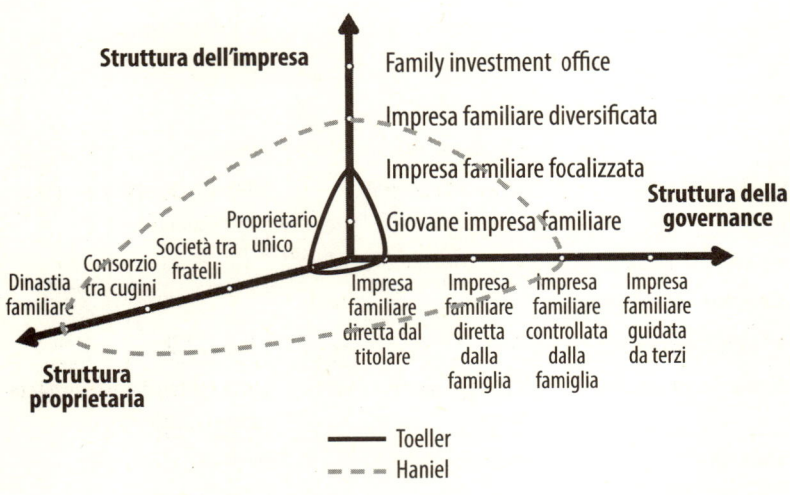

FIGURA 18. Lavorare con il Modello a tre dimensioni: effettuare le correlazioni...

Anche il quadro culturale in cui si muovono impresa e relativa famiglia rende necessarie soluzioni pensate caso per caso; queste sono sentite come giuste solo se si adattano alla percezione che si ha di sé. Ciò che è giusto nell'Europa continentale, non è ancora avvertito come appropriato nei Paesi anglosassoni, e persino nel continente europeo non vi è una concordanza assoluta in fatto di imprese familiari. Mentre i tedeschi hanno difficoltà a immaginare un'impresa dove lavorano insieme più fratelli, per gli italiani il problema dei fratelli è meno rilevante. Chi riconosce nel sistema famiglia la preminenza del membro più anziano, può accettare più facilmente la stessa cosa nell'impresa.

Struttura proprietaria	Struttura degli investimenti	Struttura della governance
Proprietario unico	**Giovane impresa familiare**	**Impresa familiare diretta dal titolare**
■ Abuso di potere	■ Dipendenza dal fondatore	■ Dipendenza dall'imprenditore
■ Dipendenza dal titolare unico	■ Idea di business	■ Uscita inattesa
■ Successione	■ Risorse scarse	■ Successione
	■ Professionalità carente	
	■ Rischio elevato	
Società tra fratelli	**Impresa familiare focalizzata**	**Impresa familiare diretta dalla famiglia**
■ Rivalità tra fratelli	■ Rischi del ciclo di vita	■ Conflitti di interesse tra proprietari attivi e non attivi
■ Qualifiche dei titolari		
■ Spirito imprenditoriale		■ Invidia, gelosia, risentimento
Consorzio tra cugini	**Impresa familiare diversificata**	**Impresa familiare controllata dalla famiglia**
■ Diversità	■ Altre competenze	■ Ricerca e fidelizzazione dei manager idonei
■ Antiche rivalità	■ Management professionale del portfolio	
■ Identificazione		■ Conflitto principale-agente
■ Coesione	■ Frammentazione delle risorse	■ Identificazione dei titolari
■ Qualifiche dei titolari	■ Identificazione	
■ Spirito imprenditoriale		

Dinastia familiare	Family Investment Office	Impresa familiare guidata da terzi
▪ Identificazione dei titolari	▪ Altre competenze	▪ Cluster di rischi per i proprietari
▪ Coesione	▪ Identificazione carente	
▪ Qualifiche dei titolari		
▪ Spirito imprenditoriale		

FIGURA 19. ... e riconoscere le sfide proprietarie specifiche per tipo.

Inoltre le culture sono soggette a cambiamenti a cui le imprese familiari devono adeguarsi se vogliono sopravvivere. Nell'era post-Sessantotto il diritto di successione basato sulla tradizione e sull'autorità patriarcale è definitivamente tramontato. Le imprese familiari devono conformarsi a questo cambiamento, se vogliono continuare a vivere: con le idee di ieri, oggi non risultano allettanti né per il mondo esterno né per i proprietari. Infine esiste una cultura imprenditoriale e familiare individuale, che segna la consapevolezza dei suoi membri e influenza le loro azioni. È perciò importante conoscere la storia della famiglia e dell'impresa e tenerla in adeguata considerazione nella ricerca delle giuste soluzioni individuali.[15]

Ma qui siamo già nel bel mezzo della ricerca delle soluzioni, e della strategia proprietaria. Che cos'è esattamente? E come la si elabora?

⑩ Trovare le risposte con la strategia proprietaria

Alcune osservazioni introduttive

La strategia proprietaria è uno strumento potente: come la strategia aziendale dà un obiettivo all'impresa e descrive il percorso per il suo raggiungimento, la strategia riguardante la proprietà opera allo stesso modo per la titolarità dominante della famiglia, prendendo in considerazione famiglia e impresa e collegandole in una forte unità.

Una famiglia resta famiglia imprenditrice solo se riesce ad affermare la propria impresa sul mercato. La tutela professionale del ruolo proprietario dominante è dunque una premessa importante. Una strategia della proprietà deve garantire una professional ownership sia nella creazione delle condizioni per l'impresa che nella salvaguardia del ruolo stesso di proprietario. Ma non basta, perché un'impresa familiare rimane tale finché la famiglia funziona e sostiene l'impresa: solo le famiglie forti sono infatti in grado di salvaguardare in modo duraturo la titolarità dominante nell'impresa. La coesione dei membri e il consenso al progetto imprenditoriale non nascono però da soli, richiedono l'elaborazione di strategie che migliorino appunto le imprese familiari e nello stesso tempo rafforzino le famiglie imprenditrici.

La premessa è che i proprietari riescano a trovare un adeguato equilibrio tra le diverse esigenze dei due sistemi costituiti da famiglia e impresa. Le imprese sono infatti orientate in primo luogo all'aspetto economico, ma per mantenere l'interesse della famiglia devono anche soddisfare le esigenze emotive dei proprietari. Non è un compito facile: troppo riguardo per gli interessi familiari può danneggiare il successo economico allo stesso modo di uno scarso commitment per la conservazione della titolarità. Non è diverso nella sfera familiare: per gestire con successo l'impresa, l'originaria disposizione emotiva della famiglia deve essere integrata dalla comprensione delle esigenze economiche derivanti dalla sfera imprenditoriale. Ma dov'è qui la giusta misura? Troppo rigorismo economico può distruggere la coesione familiare e danneggiare la base del comune progetto, troppo poco rispetto per le necessità economiche può privare la famiglia della professionalità altrettanto irrinunciabile per il successo di lungo periodo del progetto imprenditoriale. La ricerca del giusto equilibrio è compito della strategia proprietaria.[1]

Il suo sviluppo ha luogo in un processo strutturato che include tutti i proprietari. Questo non è ancora accettato da tutti: non solo l'economia aziendale tradizionale non considera favorevolmente il concetto di impresa che dichiara i proprietari come massimo soggetto decisionale, ma anche molti "managing partner" si vedono come i veri imprenditori della famiglia e contestano ai comproprietari non attivi nell'impresa il diritto di discutere da pari a pari sulle strategie proprietarie e sulle loro conseguenze nella direzione dell'impresa. Questo atteggiamento non è corretto ed è causa di molti conflitti inutili. Dobbiamo imparare a distinguere in maniera netta tra il ruolo della proprietà e quello della direzione nell'impresa familiare. Per quanto importante sia la seconda per il successo dell'azienda, il quadro normativo è stabilito dai proprietari, indipendentemente dal fatto che questi siano attivi o meno nella conduzione.

Nell'elaborazione della strategia proprietaria si tratta di rispondere a un paio di semplici questioni.

1. Chi deve prendervi parte?
2. Quale immagine di fondo abbiamo della nostra famiglia e della nostra attività imprenditoriale?
3. Quali effetti ha questa percezione sulle nostre attività imprenditoriali e sulla politica di business della nostra impresa familiare?
4. Quali strutture sono necessarie nell'impresa e nella famiglia per poter realizzare nel modo migliore immagine e strategia che ci sono proprie?
5. E last, but not least: chi occupa i ruoli creati nella famiglia e nell'impresa?

La condizione di socio

Ogni comunità che si unisce in un progetto collettivo deve porsi la domanda: chi deve farne parte? Chi vi è ammesso? Solo i membri dell'associazione godono dei vantaggi legati alla partecipazione e solo da loro ci si può aspettare che si assumano i relativi svantaggi. Ciò vale per gli Stati come per le comunità religiose, i partiti politici e le società sportive. E anche per le famiglie che gestiscono un'impresa. Per riuscire nel progetto collettivo, bisogna stabilire chi coinvolgere e in quale ruolo: il semplice fatto di nascere in una famiglia non implica automaticamente diventare proprietari di un'impresa familiare, per questo ci vuole un atto intenzionale, e per motivi di fairness dovrebbe essere chiaro quali regole vengono applicate.

Quanti proprietari sopporta l'impresa?

La risposta non è facile e porta rapidamente la famiglia proprietaria a confliggere per la presenza di interessi divergenti tra famiglia e impresa. Già la domanda di partenza li implica: la proprietà dell'impresa deve essere trasmessa a tutti i figli o bisogna fare una selezione? La riflessione dalla prospettiva familiare consiglia un trattamento uguale; da un punto di vista dell'impresa la risposta può essere del tutto diversa. Molte imprese sono troppo piccole per soddisfare le esigenze economiche di un numero crescente di membri della famiglia. Un negozio al dettaglio o un'impresa artigiana può mantenere una famiglia titolare, raramente più di una; tuttavia anche le imprese familiari più grandi devono essere consapevoli di una semplice verità: affinché la soddisfazione economica dei proprietari in rapporto alla loro impresa resti immutata, il valore dell'impresa deve cambiare in proporzione al numero dei suoi proprietari, e questo al netto dell'inflazione.

I proprietari devono aver ben chiaro che la decisione di aumentare il numero dei componenti titolari obbliga anche l'impresa familiare a un percorso di crescita. Se non vi è la disponibilità, allora è necessario tagliare o il numero dei proprietari o le attese finanziarie delle generazioni successive.

Uno sforbiciamento dell'albero dinastico dovrebbe esser discusso anche per un altro motivo. "Il maggiore distruttore di valore è il conflitto", non si stanca di ripetere Brun-Hagen Hennerkes.[2] Il suo ex partner Mark Binz, una delle star tra gli esperti di questioni familiari, è d'accordo con lui: "Tutti i conflitti tra soci distruggono il capitale economico ed emotivo per il quale si è lavorato così a lungo. È inevitabile, soprattutto la società tra fratelli e il consorzio tra cugini sono considerati dagli esperti come particolarmente segnati da conflitti".[3] Per chi vuole liberarsi dalla forza distruttiva di tali scontri, il modello dell'erede al trono, in cui la proprietà viene trasmessa a un solo membro della famiglia, rappresenta un'alternativa invitante.

Ci possono essere dunque buoni motivi per sforbiciare l'albero genealogico. Gli esperti amano ricordare che le imprese familiari che si trovano per generazioni in possesso di un titolare, sopravvivono più a lungo delle società con una cerchia crescente di proprietari.[4] Tuttavia i titolari di imprese familiari più grandi hanno difficoltà a trarre le inevitabili conseguenze: nel conflitto tra sfera imprenditoriale e familiare vince per lo più il desiderio di un trattamento paritario della famiglia. Le famiglie d'imprenditori che preferiscono in modo coerente la soluzione di un unico successore sono una minoranza, perché non esistono più convenzioni socialmente riconosciute che facciano apparire un tale procedimento come naturale e logico e mettano a disposizione regole sicure per la selezione. Questa non è la strada giusta. Nel quadro della strategia proprietaria è necessaria una decisione saggia e chiara del problema; chiudere gli occhi davanti alla realtà non serve a nessuno, né all'impresa né alla famiglia.

Chi può diventare titolare?

A questo proposito i proprietari devono stabilire in modo vincolante e praticabile per tutte le persone coinvolte, la cerchia dei membri della famiglia da considerare per la titolarità. Direttive generali al riguardo non ve ne sono, la questione di chi possa essere proprietario di un'impresa familiare è soggetta ai continui cambiamenti della società. Se nel XIX secolo la cerchia dei possibili proprietari dell'impresa era ovviamente limitata ancora ai discendenti legittimi, consanguinei e per di più di sesso maschile del fondatore, oggi si esaminano i problemi legati alla famiglia patchwork, ai figli naturali o di genitori singoli o conviventi.

Anche l'accordo, valido per lungo tempo, secondo cui il coniuge non doveva partecipare all'impresa per salvaguardare la proprietà nella linea di sangue e per evitare un sovraccarico di imposte, vacilla sempre più. E quando ci si chiede se i coniugi possano diventare comproprietari, bisogna anche domandarsi se ciò deve valere ugualmente per i partner omosessuali iscritti ai registri delle coppie di fatto. Le nostre esistenze non si sono semplificate, e in mancanza di direttive sociali, ogni famiglia di imprenditori deve decidere per sé a quale concezione di impresa vuole dar vita considerando la comune proprietà. Attenzione però ad agire con leggerezza: le conseguenze si faranno sentire a lungo.

E chi ancora deve far parte della famiglia proprietaria?

Della famiglia imprenditrice non fanno parte soltanto i proprietari. Lo Stato ben conosce la figura di persone che senza avere la cittadinanza vivono e lavorano nel Paese: anche loro sono membri della società, tuttavia con diritti e doveri ridotti. Nell'impresa familiare non va diversamente. Oltre ai titolari vi sono altri componenti, come mostra chiaramente il Modello dei tre cerchi, presentato nella prima parte del libro. Si tratta di solito di figli e di partner dei titolari, pur non essendo un fatto automatico. Non si viene al mondo con lo status di membro di una famiglia imprenditrice (diversamente da quello che accade nello stato familiare in genere), per questo è necessario un atto particolare, tanto più importante è allora fissare e rendere trasparenti le regole che stabiliscono l'acquisizione e la perdita dell'appartenenza alla famiglia imprenditrice.

È necessario esplicitare da un lato quali diritti e doveri sono collegati alla proprietà e dall'altro che cosa significa la condizione di semplice membro della famiglia. Non c'è dubbio: in ambito aziendale i membri della famiglia proprietaria hanno minori diritti e doveri dei titolari, ma diventeranno preziosi sostenitori del comune progetto solo se è chiaro a che cosa sono autorizzati e che cosa ci si attende da loro. In molte famiglie imprenditrici i successori non vengono adeguatamente preparati al loro compito di titolari e gli "inlaws" sono trattati come "outlaws". Chi agisce in questo modo spreca un prezioso potenziale. L'elaborazione di una strategia proprietaria è una buona occasione per apportare correzioni, e non bisognerebbe limitarsi alla sfera aziendale, ma anche considerare il lato familiare. Se i non-proprietari anche nelle riunioni familiari devono sedere a un tavolo in disparte e sono trattati come membri di serie B, ciò non favorirà la loro disponibilità a sostenere il progetto comune.

L'immagine di sé

Quando nel gennaio 2009, subito dopo lo scoppio della crisi finanziaria mondiale, Barack Obama assunse l'incarico di 44° presidente degli Stati Uniti d'America, scelse parole forti. "Our challenges may be new. The instruments with which we meet them may be new. But those values upon which our success depends – hard work and honesty, courage and fair play, tolerance and curiosity, loyalty and patriotism – these things are old. These things are true."[5] Il discorso era un capolavoro retorico; il presidente sapeva che il superamento della crisi avrebbe richiesto agli americani uno sforzo straordinario, per cui si appellò alla comune identità ed evocò i valori e le virtù che avevano permesso all'America di essere una potenza leader nel mondo.

Per avere successo, le comunità hanno bisogno di una forte identità; questa deve essere così allettante per i membri da renderli pronti a mettere parzialmente in secondo piano i propri interessi individuali per aderirvi e accettare i relativi diritti e doveri. Tanto più è attraente l'offerta di identificazione della comunità, tanto migliori sono le sue prospettive nei confronti della concorrenza; forti identità collettive uniscono le energie dei membri e danno al loro operato una direzione. In questo modo nell'unione nasce più di quanto può ottenere il singolo. Ciò vale per gli Stati, per le comunità religiose, i partiti politici e le società sportive. E anche le imprese hanno riconosciuto il senso dei cosiddetti "mission statements".[6] Per le famiglie proprietarie non succede diversamente: tanto più riescono a formulare in modo chiaro e invitante l'identità comune come famiglia imprenditrice, tanto migliori saranno le sue prospettive di successo.

Vogliamo essere una famiglia imprenditrice?

All'inizio della riflessione deve esserci questa domanda: la famiglia vuole davvero essere una famiglia imprenditrice e gestire un'impresa di tipo familiare? Non è tanto ovvio. La questione da capire è se una determinata impresa debba continuare a essere in possesso della famiglia. La vendita di un'impresa familiare non significa la fine di una famiglia imprenditrice: alcune hanno venduto la propria azienda solo per poi acquistarne un'altra o continuare come family investment office. Per vivere a lungo, si deve essere disposti a cambiare.

Se la volontà di salvaguardare la proprietà dominante viene confermata, i proprietari dovrebbero chiarire ciò che questo significa; in concreto il tema è se si vuole essere un'impresa familiare chiusa o aperta.

Molte famiglie imprenditrici preferiscono restare tra di loro e stabiliscono che le quote societarie debbano essere esclusivamente tenute dai membri della famiglia; altre apprezzano i vantaggi derivanti dalle opportunità ampliate di crescita attraverso l'afflusso di capitale esterno e allargano la cerchia dei titolari a persone estranee alla famiglia. Nel definire quindi la propria immagine esse devono rispondere a domande fondamentali. Quanto capitale e influenza devono essere ceduti? A chi? La famiglia proprietaria preferisce entrare in Borsa o rivolgersi a investitori privati?

Altri imprenditori cercano invece di abbinare i privilegi di entrambe le opzioni, radunando le proprie attività imprenditoriali sotto l'egida di una holding e stabilendo che le partecipazioni di capitale esterno sono ammesse solo in società subordinate del gruppo. È compito di una strategia proprietaria competente rendersi conto delle diverse opzioni disponibili e soppesarne i vantaggi e gli svantaggi alla luce delle possibilità esistenti nell'impresa e in famiglia.

Family first o business first?

Spesso vi è la convinzione che le imprese possano restare sul lungo periodo in possesso della famiglia solo se i proprietari agiscono seguendo il leitmotiv: "Prima viene la ditta".[7] Sembra a prima vista un'ovvietà: tutte le comunità possono essere di successo solo se i membri, in caso di conflitto, antepongono l'interesse collettivo a quello individuale. Ancora più stringente è la domanda se si debba accordare la priorità agli interessi dell'impresa anche quando questi confliggono con quelli della famiglia, creando così una contrapposizione tra comunità diverse. Questa problematica è riassunta nell'espressione "family first versus business first",[8] e non è di facile soluzione.

Una famiglia che gestisce un'impresa è attiva in due mondi e deve cercare di conciliare le differenti esigenze. Dato che per impresa e famiglia valgono principi diversi di successo, le questioni derivanti dalla sfera aziendale andrebbero trattate secondo il principio business first, mentre i temi familiari secondo il principio family first. Questo è il concetto del doppio cappello. Le imprese sono in concorrenza e devono affermarsi nei confronti di competitor esterni. La prestazione superiore richiesta si ottiene solo se nell'organizzazione il principio di performance è vissuto e realizzato attraverso strutture decisionali gerarchiche. Le aspettative familiari in fatto di appartenenza e di trattamento paritario, indipendenti dalla prestazione, indeboliscono l'impresa nella sua lotta di autoaffermazione. Le famiglie proprietarie che negano queste relazioni e decidono in maniera troppo netta secondo canoni familiari, corrono il pericolo di perdere l'impresa e il loro status di famiglia imprenditrice.

D'altra parte l'impresa familiare necessita dell'appoggio forte della famiglia proprietaria che vuole salvaguardare la propria titolarità sull'impresa. La famiglia conserverà tale volontà solo se le attese familiari non sono del tutto soppiantate da interessi più oggettivi dell'impresa. Una dose di spirito familiare di certo non fa male, al contrario, può persino costituire un vantaggio dell'impresa familiare nella competizione con altri concorrenti anonimi.

La situazione si fa soprattutto critica quando l'approccio business first viene trasferito in modo troppo esteso alla sfera familiare; le famiglie di imprenditori devono infatti essere consapevoli che il loro legame familiare come proprietari di un'impresa è soggetto anche a influenze economiche, tuttavia data questa consapevolezza dovrebbero agire con prudenza. Le famiglie che operano in maniera troppo decisa secondo un principio di prestazione aziendale, producono spesso il fenomeno della "pecora nera", dell'outsider che è rifiutato in maniera offensiva dalla cultura familiare predominante o che da questa viene spezzato.[9] L'immagine peculiare che hanno di sé molte famiglie imprenditrici provoca anche una buona dose di sofferenza tra i componenti; nella vita di queste famiglie, distruzione e autodistruzione sono come il pane sulla tavola.

Un esempio particolarmente drammatico di un simile fallimento lo descrive il destino dei Wittgenstein, una famiglia di industriali austriaca.[10] Karl Wittgenstein (1847-1913) era uno dei maggiori imprenditori del suo tempo: industriale dell'acciaio e finanziere, era considerato il "Krupp austriaco". In qualità di capostipite aveva instaurato in famiglia un sistema rigido e reprimeva sul nascere tutte le tendenze diverse dalle sue, tuttavia – o forse anche per questo motivo – non c'era nessuno tra i suoi figli che fosse pronto o in grado di succedergli. Due delle sue tre figlie si sposarono in modo adeguato al proprio ceto, ma senza fortuna; i mariti finirono malati o suicidi. Dei cinque maschi tre si tolsero la vita e solo i due più giovani fecero brillanti carriere. Paul Wittgenstein si affermò come acclamato pianista, sebbene avesse perso il braccio destro nella Prima guerra mondiale, e Ludwig Wittgenstein diventò uno dei più famosi filosofi del XX secolo. Grandezza o autodistruzione, sembra che la cultura familiare dei Wittgenstein non abbia lasciato ai suoi membri nessuna altra via di scampo.

La dimostrazione che possa andare diversamente la danno famiglie imprenditrici come i Roca, a cui nel 2008 fu conferito l'ambito Imd-Lodh Award. L'impresa familiare spagnola fu fondata nel 1917 da quattro fratelli ed è oggi una dei leader mondiali nel settore dei sanitari. L'impresa si trova nella fase di passaggio tra la terza e la quarta generazione e ha nel frattempo oltre 100 soci, perché un ramo della famiglia rifiuta con decisione il controllo delle nascite e di conseguenza si moltiplica abbondantemente. I diversi stili di vita dei membri della famiglia non hanno compromesso la coesione della famiglia titolare. "Nella nostra famiglia ciascuno deve trovare la felicità a modo suo", ha confidato Javier Roca, uno dei due rappresentanti della famiglia in un colloquio con il professor May, "essenziale è che in tutte le decisioni riguardanti la società siamo d'accordo, e che mettiamo gli interessi personali dopo quelli aziendali".

Nell'impresa viene dunque sperimentato con estrema coerenza il business first: è stato già dimostrato dai Roca a metà degli anni Settanta. All'epoca erano praticamente attivi in azienda tutti i membri della famiglia, con diverse posizioni che andavano dall'amministratore delegato al semplice impiegato. Il capo della famiglia, considerato il numero dei componenti, in forte crescita, riconobbe che questa prassi non poteva essere mantenuta e indusse la famiglia a una decisione radicale: da quel momento in poi nessun membro della famiglia avrebbe più lavorato per l'impresa, né nel management né in qualsiasi altra funzione. I Roca hanno dimostrato di essere in grado di mettere d'accordo gli interessi familiari con quelli imprenditoriali e di tradurli in responsabili decisioni strategiche della proprietà, e questo con conseguenze esemplari. Quando la famiglia decise il cambiamento di rotta, stabilì che dovesse entrare in vigore immediatamente. Tutti i membri della famiglia all'epoca attivi nell'impresa cessarono la loro attività al suo interno, sebbene fossero tra i cinquanta e i sessant'anni. "Troppo vecchi per trovare qualcosa di nuovo e troppo giovani per cessare di lavorare", come sottolinea Javier Roca. "Mio padre, al tempo, ne ha molto sofferto; se ne stava tanto tempo a casa, senza sapere che cosa fare. Ma quando gli chiedevo se fosse pentito della decisione, mi rispondeva di no. E se gli domandavo 'Perché?' rispondeva invariabilmente: 'Perché era giusto così; ci sono cose che sono più importanti di noi stessi.'"

Ogni famiglia deve determinare la propria posizione in relazione al "family first versus business first" e stabilire secondo quali regole siano da amministrare famiglia e impresa. Le questioni interne alla sfera aziendale dovrebbero essere decise secondo il business first, mentre i temi interni alla sfera familiare dovrebbero essere trattati considerando il family first. Le soluzioni nette del tipo "o questo o quello" sono raramente sensate e l'unicità dell'impresa familiare si manifesta spesso nell'equilibrio tra "questo e quello".

I valori e gli obiettivi

I valori e gli obiettivi costituiscono il nucleo centrale dell'immagine che una comunità ha di sé: le danno identità e indirizzo.[11] Barack Obama li ha espressamente richiamati nella crisi del 2009. In questo la divisione dei compiti è chiara: gli obiettivi dicono dove andiamo; i valori definiscono il contesto entro cui ci dobbiamo muovere. Gli obiettivi separano l'"importante" dall'"ininfluente"; i valori il "giusto" dallo "sbagliato". Le famiglie imprenditrici di successo lo sanno bene da tempo; non di rado ci imbattiamo in quelle che hanno valori e obiettivi in parte risalenti a più di un secolo. Questi concretizzano sotto un triplice aspetto l'immagine imprenditoriale che ha di sé la famiglia, non da ultimo in considerazione della concezione business first o family first.[12]

1. Valori e obiettivi per la proprietà familiare: essere proprietari di un'impresa familiare significa in genere avere una posizione di possesso di tipo particolare. Nell'impresa familiare il valore emotivo della proprietà ha un ruolo importante.[13] Un ottimo esempio è l'azienda Lavazza, che produce espresso dal 1895 e che appartiene alla stessa famiglia da quattro generazioni. Lavazza vuole restare indipendente e italiana. La famiglia proprietaria ha anche un legame emotivo con il territorio piemontese e ha sviluppato un piano industriale che prevede altri investimenti tra lo stabilimento di Gattinara, in provincia di Vercelli, e il nuovo centro direzionale di Torino.
Dice Giuseppe Lavazza, vicepresidente del gruppo e rappresentante della quarta generazione: "Il radicamento territoriale conferma che, in un settore come l'alimentare e in particolare nel caffè, la patente di made in Italy è un valore aggiunto. Il caffè è uno stile di vita, è un movimento di socializzazione tra le persone. Potremmo dire che la pausa caffè sia stata il primo vero social network della storia".

In effetti con il solo beneficio economico non si può motivare l'entusiasmo di molti titolari per la propria impresa familiare: le limitazioni che deve accettare il proprietario medio di un'impresa familiare in fatto di dividendi e fungibilità sono enormi, a compensazione della rinuncia economica vi è però un dividendo emotivo, che si manifesta come orgoglio per la propria azienda, il prodotto o la marca, la reputazione acquisita e simili. La famiglia proprietaria dovrebbe formulare chiaramente le attese al riguardo, affinché queste possano servire d'orientamento a chi porta la responsabilità nell'impresa. La famiglia Zoppas è un esempio. Enrico Zoppas, capo dell'omonima dinastia veneta e presidente del gruppo San Benedetto, seconda realtà del beverage italiano, spiega che "in un'azienda di famiglia bisogna essere soprattutto imprenditori e, quindi, saper prendere rischi. Bisogna dare sviluppo all'azienda in maniera stabile e lungimirante. Il fatto di avere un'azienda di famiglia ci aiuta perché ci fa sentire italiani e vicini al territorio. Le decisioni sono prese con ponderatezza."

2. Valori e obiettivi per l'impresa: quando una famiglia eleva a regola l'esistenza dell'impresa di famiglia, la salvaguardia dell'indipendenza deve essere un obiettivo importante per la conduzione dell'impresa, e se poi cerca un approccio transgenerazionale è necessario che garantisca un impegno continuo e un orientamento strategico di lungo periodo dell'azienda. Le famiglie proprietarie che agiscono in modo responsabile lo hanno riconosciuto da tempo. Le regole per la stabilità, la redditività e la crescita nonché il rapporto qualitativo verso clienti, fornitori, collaboratori e l'ambiente circostante si trovano nella lista dei valori e degli obiettivi di molte imprese familiari e contribuiscono a caratterizzare la loro immagine come una variante socialmente responsabile del capitalismo.

Ciò vale anche per un altro aspetto importante. In stretto rapporto con la consapevolezza che la proprietà nell'impresa familiare si manifesta spesso con una valenza che non è solo economica, ma anche emotiva, c'è la considerazione che il guadagno non è al primo posto in molte imprese familiari; non di rado sono più importanti il mantenimento sul lungo periodo dell'impresa come proprietà della famiglia o la realizzazione di un'idea imprenditoriale. Lo ha formulato in maniera ancora più chiara il fondatore di Ikea, Ingvar Kamprad: "Il denaro non si può mangiare. Diventare benestanti è una cosa, ma la molla non è forse quella di realizzare ciò che hai sognato? E poter fare qualcosa per tuo padre, tua madre, per te stesso o per qualcuno che è importante per te?" Se fosse diversamente, gli imprenditori familiari preferirebbero mettere sul mercato hedge funds e occuparsi di banche d'investimento piuttosto che costituire organi o fondare case editrici. Spesso vi sono alternative migliori per diventare ricchi in fretta. Per capire gli imprenditori familiari, si deve sapere che spesso ciò che gli sta a cuore è l'autorealizzazione e la concretizzazione di un'idea di cui sono convinti. Può sembrare ovvio, ma è necessario che questi obiettivi non monetari siano noti a tutte le persone coinvolte e che le loro implicazioni positive e negative siano soppesate in maniera competente e responsabile nell'elaborazione di una strategia proprietaria.

Ogni famiglia imprenditrice deve trovare il proprio equilibrio tra economia ed emozione, tra valori e indirizzo dei medesimi. Se riesce, pone le basi per una cultura imprenditoriale forte e a volte unica, che può essere utilizzata dalla sua impresa come vantaggio sui concorrenti.

3. Valori e obiettivi per la famiglia: le famiglie imprenditrici non sono normali famiglie. Alla proprietà di un'impresa si legano vantaggi e sfide che devono essere note e volute, se si

vuole che il progetto comune riesca. Bisognerebbe dunque fissare valori e obiettivi, anche tenendo presente la famiglia imprenditrice. Quali conseguenze derivano dalla proprietà di un'impresa per la famiglia e i suoi componenti? Commitment al progetto comune, disponibilità, interessi individuali subordinati a quelli collettivi, attenzione alla coesione all'interno della famiglia imprenditrice sono valori che si riscontrano spesso. Vanno tuttavia esaminati anche i limiti di questi impegni; dove corre un confine ragionevole tra dovere verso la collettività e spazio di libertà personale? Un eccesso di impegno comune può notoriamente essere dannoso quanto una carenza del medesimo.

Un'altra domanda a cui rispondere è: quale cultura deve valere nella famiglia proprietaria? Com'è noto, l'impresa familiare borghese si basava su una concezione di potere marcatamente patriarcale, il cui fondamento era un diritto sorretto dalla tradizione e dall'autorità. Il capostipite decideva, chi gli si opponeva doveva aspettarsi sanzioni accettate dal sistema. Con la fine del primato della famiglia borghese e delle strutture di potere collegate, questa concezione ha finito per vacillare. L'autorità patriarcale non è più data per scontata nell'era post-Sessantotto; oggi ogni famiglia proprietaria deve decidere individualmente se vuole classificare i propri rapporti secondo una prospettiva di potere o di consenso.[14]

Questo atteggiamento riguarda anche il modo in cui organizzare l'ingresso dei membri nell'impresa e le relative prestazioni. Se prima simili decisioni erano dipendenti dall'arbitrio del patriarca, nel post-Sessantotto è sempre più esaltata l'importanza della fairness.[15] Per fair process si intende un sistema che garantisce pari opportunità, indipendentemente dalla persona, grazie all'elaborazione di regole vincolanti, del loro coerente rispetto e della trasparenza delle decisioni prese verso gli interessati.

Infine, la famiglia proprietaria dovrebbe anche stabilire come vuole agire nei rapporti reciproci, al di fuori della sfera influenzata dall'impresa; essa non è infatti solo una comunità di scopo per il perseguimento di un interesse imprenditoriale comune. Quali valori devono influenzare le relazioni tra i vari componenti? In quale misura valori centrali della famiglia come solidarietà ed equità plasmano la comunità familiare? A tutte queste domande ogni famiglia deve dare le proprie risposte, perché l'elenco dei valori e degli obiettivi non può essere un modello predefinito e la soluzione giusta per il singolo dipende da molti fattori d'influenza: le dinastie familiari hanno probabilmente bisogno di altri valori e obiettivi rispetto alle società tra fratelli; le imprese familiari focalizzate devono dare priorità differenti da quelle diversificate, le imprese dirette da un familiare non possono essere misurate con lo stesso metro di quelle con manager esterni, e infine le piccole imprese hanno bisogno di altre soluzioni rispetto alle grandi. Nella ricerca dei giusti valori e obiettivi non vanno trascurate le culture che storicamente hanno segnato l'impresa e la famiglia; questo lavoro merita tempo e impegno, perché rappresenta il nucleo centrale di ogni strategia proprietaria. Come succede per il codice genetico, questi elementi fondamentali dell'unicità imprenditoriale vi si sono insediati e sono ereditari.

L'orientamento strategico

Il terzo gruppo di tematiche riguardante la strategia proprietaria ruota intorno all'orientamento strategico delle attività imprenditoriali. Tanto più netta è la definizione dei valori e degli obiettivi, tanto più facile dovrebbe essere trarre le giuste conclusioni per la loro conversione nella pratica imprenditoriale.

Focalizzare o diversificare?

La domanda di base sul grado ottimale di diversificazione e focalizzazione è stata finora discussa in economia aziendale quasi esclusivamente a livello di impresa, senza peraltro essere risolta.[16] Una volta appare vincente una soluzione, un'altra è l'opposto ad avere il sopravvento. Non c'è da stupirsi: entrambe le concezioni strategiche hanno in definitiva vantaggi e svantaggi. La concentrazione delle forze permette nel breve periodo una più elevata redditività, e la ottiene però attraverso un rischio più alto. Con la diversificazione si ha l'opposto: la diffusione riduce il rischio a discapito della redditività. Il leggendario capo di Nestlé, Helmut Maucher, lo ha esposto in maniera appropriata nel suo manuale per il management: "In generale vale (...) che un orientamento troppo ristretto (...) aumenta il rischio (...) D'altra parte una differenziazione troppo grande ha spesso come conseguenza che la redditività complessiva dell'impresa diminuisce, perché non si può essere abili allo stesso modo in tutti i settori. In generale, una forte concentrazione sul core business è una politica efficace nel breve periodo, mentre una certa diversificazione sul lungo periodo porta a maggior successo".[17]

Per i titolari è chiaro: per quanto ci si possa focalizzare sul piano imprenditoriale, su quello della proprietà deve essere trovata una risposta ai rischi che vi sono collegati.

L'esigenza di includere le successive generazioni richiede una riduzione dei rischi che possono minacciare il successo del progetto dinastico. Una strategia di investimento in cui tutto viene messo nello stesso contenitore è difficilmente compatibile con l'essenza dell'impresa familiare.

Tuttavia ai giovani fondatori di impresa manca per lo più lo spazio per elaborare strategie proprietarie che limitino i rischi; essi devono accettare le incognite, se vogliono portare al successo la loro impresa. Non appena però la giovane impresa si è lasciata alle spalle la fase pionieristica e di crescita iniziale e si è trasformata in un'impresa stabile, è tempo che rifletta sulle strategie di contenimento dei rischi dalla prospettiva della proprietà. Per questo sono a disposizione diverse alternative.

1. Scelta dei mercati con lunghi cicli di vita: la famiglia proprietaria può scegliere consapevolmente per il proprio impegno imprenditoriale un mercato con lunghi cicli di vita. Le imprese più antiche del mondo sono attive in settori considerati monotoni, ma solidi. Houshi, Antinori e gli altri campioni di longevità lo sono diventati perché seguivano il motto secondo cui "con la vendita di generi alimentari difficilmente si diventa ricchi, ma almeno si può dormire sonni tranquilli, perché si beve e si mangia sempre".

2. Cambio tempestivo: la scelta di un mercato duraturo non offre tuttavia una protezione totale, perché il rischio del ciclo di vita non è l'unico che un'impresa familiare deve affrontare nella sua ricerca di longevità. Chi vuole anche limitare gli altri rischi può ricorrere alle nozioni offerte dal management del portafoglio, che indicano quando è tempo di abbandonare un'attività imprenditoriale e passare a un'altra.

3. Diversificazione morbida a livello di impresa: una terza possibilità per limitare i rischi legati alla focalizzazione è offerta dalla diversificazione morbida. Il core business dell'impresa viene a poco a poco ampliato in attività affini.

4. Vera e propria diversificazione a livello di impresa: le famiglie imprenditrici come Benetton e Del Vecchio hanno fatto un ulteriore passo avanti: circoscrivono non solo il rischio derivante dal prodotto, ma anche dal mercato, investendo in settori del tutto diversi.

5. Diversificazione mediante il capitale comune: altri preferiscono confidare nel principio: "A ognuno il suo mestiere",

scegliendo per le proprie attività imprenditoriali un approccio strettamente focalizzato e diversificando attraverso il versamento di una parte degli utili generati dall'impresa in una gestione patrimoniale collettiva. Alcuni proprietari di imprese familiari di successo amministrano già tali strumenti di investimento oltre al loro core business; li considerano spesso come salvadanai per le emergenze e seguono perciò una politica di investimento di stampo tradizionale. Tra i family office delle grandi famiglie sono in crescita quelli che sono attivi sul mercato delle partecipazioni alla ricerca di una redditività più elevata.[18]

6. Diversificazione individuale: tutte le strategie di limitazione dei rischi prese in considerazione hanno in comune la realizzazione collettiva da parte dei proprietari. Non è tuttavia obbligatorio: la famiglia titolare può anche decidere di lasciare la diversificazione ai singoli suoi membri. L'unica condizione è un consenso informato sul prelievo di una parte degli utili o del valore dell'impresa comune per metterla a disposizione del singolo proprietario nel perseguimento della sua strategia individuale di diversificazione. Simili decisioni devono però essere preparate con grande scrupolosità. Per questo bisogna anche tenere in considerazione la volontà e le possibilità di ogni famiglia. Non ha molto senso presentare una strategia che è razionalmente equa, ma che non può essere retta da un punto di vista emotivo dalla famiglia titolare. Inoltre ogni strategia limitativa dei rischi presuppone capacità specifiche. Le caratteristiche che fanno di una famiglia un'impresa focalizzata di successo, non è detto che rendano automaticamente buoni titolari di una holding familiare diversificata. Rientra in una strategia proprietaria qualificata quella di individuare senza pregiudizi i requisiti legati ai diversi tipi di attività imprenditoriale e le singole risorse e capacità disponibili,

ponendoli in reciproco equilibrio. Solo quando dare e avere sono sufficientemente bilanciati la strategia proprietaria può avere successo.

Stabilire i principi della politica aziendale

I proprietari non dovrebbero però accontentarsi di definire il loro rapporto verso le opportunità e i rischi imprenditoriali e trarne le conclusioni per un'adeguata strategia di investimento. Se vogliono che l'impresa familiare agisca secondo la loro filosofia, devono mettere in campo le loro competenze normative e stabilire, oltre a valori e obiettivi per la propria impresa, anche le linee guida di politica aziendale, specialmente nei settori della direzione strategica e del finanziamento. Il Codice tedesco di governance per le imprese familiari dispone in modo esplicito: "I proprietari devono formulare le proprie aspettative riguardanti l'orientamento aziendale, soprattutto con riferimento alla stabilità, redditività e crescita a lungo termine".[19] Ho già presentato le raccomandazioni riguardanti i principi di una politica aziendale adeguata alle imprese familiari nella seconda parte di questo libro, nei capitoli 5 (sulla leadership strategica) e 6 (sul finanziamento), e le si può utilizzare come orientamento se si vogliono sviluppare proprie linee guida.

Prima si deve tuttavia superare una barriera nella testa delle persone coinvolte. La nozione di management, che è influenzata dalla public company e attribuisce ai proprietari solo un ruolo di spettatori, incontra notevoli difficoltà all'idea di spostare le decisioni imprenditoriali fondamentali dalla direzione ai proprietari, e non raramente lo argomenta affermando che con questo compito si chiede semplicemente troppo ai proprietari. Niente di più falso e sbagliato. Anche chi possiede un patrimonio in titoli può sentirsi sopraffatto dai criteri di competenza richiesti, ma questo non porta alla conclusione che bisogna lasciare la determinazione dei criteri di investimento al management, anzi si dovrà chiedere al proprietario di acquisire competenze, così da attuare in modo consapevole il proprio compito. Per il patrimonio aziendale non è diverso. Una preparazione carente dei proprietari non può motivare la loro estromissione, ma solo l'esigenza di acquisire le qualifiche necessarie per la tutela professionale del loro ruolo di titolari. Ecco la ragione per la giusta richiesta di una "family education".[20] Se le iniziative strategiche della proprietà riguardanti la politica aziendale sono astratte rispetto alla loro realizzazione nell'impresa e alle decisioni operative del management, significa che non ci si può attendere dai titolari una conoscenza gestionale altrettanto profonda di quella della direzione. Ma senza un minimo di conoscenza dei nessi imprenditoriali non è possibile avere una titolarità di stampo professionale. Una famiglia proprietaria che non è pronta o disponibile in tal senso dovrebbe riflettere sulla durata del suo ruolo dominante in azienda.

L'organizzazione di impresa e famiglia

Nella quarta fase si tratta di creare regole e strutture che permettano di vivere le disposizioni dei titolari all'interno dell'impresa, e che fanno della famiglia una robusta coperta per l'impresa; si tratta qui dell'organizzazione dell'impresa e della famiglia, compito per niente facile.

Una visione imprenditoriale, il coraggio e l'assertività sono all'origine dell'impresa familiare di successo, mentre il conflitto, l'incapacità e l'abuso di potere suggellano non di rado la sua fine. Ciò vale per le piccole come per le grandi imprese, per quelle meno conosciute come per quelle dal nome famoso. Ma simili scenari non sono inevitabili. Qual è il segreto del successo?

Oltre a valori e obiettivi chiari e una politica di business adeguata, sono soprattutto le regole esemplari riguardanti la family business governance a distinguere i campioni tra le famiglie imprenditrici. Le famiglie titolari di successo trovano sempre le giuste risposte a queste tre domande importanti:

1. In che modo guidiamo la nostra impresa?
2. Come regoliamo i rapporti tra titolari?
3. Come rafforziamo il fattore famiglia, così importante per il nostro successo?

E si orientano soprattutto verso una professional ownership, un fair process e un emotional value.

La realizzazione della volontà del proprietario nell'impresa

"I titolari sono l'istanza decisionale superiore", così dice espressamente il Codice tedesco di governance delle imprese familiari.[21] Ciò però non vuol dire che essi stessi devono amministrare l'impresa, ma che sono responsabili della creazione di una direzione aziendale che sostenga al meglio le decisioni strategiche fondamentali della proprietà. Una buona corporate governance garantisce attraverso la direzione aziendale la realizzazione degli obiettivi e dei valori stabiliti dai proprietari nonché delle decisioni fondamentali riguardanti la politica dell'impresa. Tanto maggiore è l'accordo tra proprietari e dirigenti, tanto più positivi saranno gli effetti sul successo dell'impresa.[22] Avanza così al centro dell'interesse della corporate governance nell'impresa familiare la domanda su come i proprietari vogliano organizzare le strutture di comando e di controllo nella propria impresa e quale influenza avere sulla medesima. Quasi nessun altro tema è stato oggetto di maggiori indicazioni, ma raccomandazioni di valore generale non sono affatto possibili, essendo le situazioni troppo diverse. Esistono imprese familiari che non solo hanno caratteristiche concrete diverse, ma lo sono anche sotto il profilo giuridico. Bisogna aggiungere che la maggior parte delle forme di diritto ammette più o meno scostamenti dalla legge, per cui i proprietari sono completamente liberi nell'elaborare il loro statuto di direzione e di controllo. In questo modo la responsabilità per la realizzazione della volontà proprietaria nell'impresa resta nelle mani degli stessi proprietari, che per la loro stessa tutela dovrebbero lasciarsi guidare da alcune semplici regole.

La direzione

L'identità tra proprietà e gestione offre la massima garanzia per la realizzazione degli interessi proprietari nell'impresa. Finché il titolare dirige lui stesso la sua azienda, è già salvaguardato dal sistema stesso sulla sintonia di valori e obiettivi.

Questo vale in forma attenuata anche quando non tutti ma solo singoli titolari sono attivi nella direzione: come rappresentanti della famiglia titolare, essi offrono infatti una maggiore garanzia per la realizzazione senza frizioni degli interessi proprietari rispetto a un manager esterno che non ha partecipazioni. Ciò non significa che la direzione in mano ai proprietari sia in ogni caso la soluzione migliore. La professional ownership dispone una deroga in tutti i casi in cui nessun membro della famiglia è disponibile o non possiede le necessarie capacità per guidare l'impresa. Oppure se la sua designazione all'interno della famiglia porta a conflitti insanabili: com'è noto, nell'impresa condotta dalla famiglia esistono contrasti d'interesse tra proprietari attivi e non attivi.

Anche la gestione da parte di manager non appartenenti alla famiglia non è di per sé una soluzione buona o cattiva: gli esterni possono essere fiduciari dalle capacità eccezionali, ma deve essere chiaro che il problema principale-agente è molto più marcato in questo contesto che in quello della direzione dell'impresa da parte dei titolari. Quali rischi vi possono essere connessi, è spiegato dal giornalista olandese Jeroen Smit nel suo premiatissimo libro *Het drama Ahold*.[23] Il gruppo della grande distribuzione organizzata Ahold (Albert Heijn) è stato considerato per anni il fiore all'occhiello dell'economia dei Paesi Bassi. Con un fatturato di quasi 20 miliardi di euro l'impresa familiare era leader di mercato nei Paesi Bassi, prima che la famiglia Heijn mettesse la direzione nelle mani di Cees van der Hoeven, un noto manager esterno. Per lui non era sufficiente il successo fin lì ottenuto da Ahold; in soli dieci anni quadruplicò il fatturato e rese Ahold uno dei maggiori gruppi al mondo nel settore della grande distribuzione organizzata. Il 24 febbraio 2003 ebbe però termine il periodo magico: il gruppo Ahold era finito, l'impresa familiare fallita. Alle spalle di proprietari incapaci e litigiosi, Cees van der Hoeven aveva perseguito una strategia d'espansione che le possibilità finanziarie dell'impresa familiare non potevano sostenere e che costarono ad Ahold la sua indipendenza. Per evitare una simile catastrofe, non resta che dare un'attenzione prioritaria al conflitto principale-agente da parte dell'impresa controllata dalla famiglia. Ecco alcune utili raccomandazioni.

1. La scelta delle persone giuste: forse il contributo più efficace al successo. L'idoneità professionale è una condizione necessaria, ma non sufficiente per un buon personale direttivo. Le caratteristiche personali, in particolare le capacità di leadership e l'identificazione con i valori e gli obiettivi dei titolari non sono di minore importanza. Solo chi è in grado di ottenere e mantenere la fiducia della famiglia proprietaria può aver successo in questo tipo di azienda. Le imprese familiari hanno bisogno di fiduciari ai loro vertici, non di un egocentrico e onnipotente accentratore.

2. Un rapporto professionale e di reciproca fiducia: l'intesa ha bisogno di stima, e questa deve essere reciproca. I pro-

prietari che trattano dall'alto in basso i propri manager e si sentono in dovere di mettere continuamente in chiaro che loro sono solo "impiegati", possono alla fine difficilmente attendersi un'identificazione con i propri interessi dai loro top manager. Non è solo il manager a dover essere soddisfatto di dirigere un'impresa fantastica, anche la famiglia dovrebbe considerarsi fortunata per aver trovato per la propria fantastica impresa un non meno fantastico dirigente. Anche se i proprietari sono la suprema istanza decisionale, non devono dimenticare che il loro successo è dovuto in misura notevole al lavoro del loro fiduciario. Una relazione di stima che si costruisce su questa consapevolezza ha alla base un reciproco rispetto e apprezzamento, e nello stesso tempo non trascura che accanto a una fiducia di fondo sul piano della relazione, ci sia sul piano fattuale un margine d'azione sufficiente per una condizione di controllo organizzata in modo professionale.

3. La comunicazione e l'informazione: fiducia e accordo si basano sulla reciproca comunicazione e informazione. Così come la famiglia deve aspettarsi dal manager di essere informata sull'impresa e sul suo andamento, il management deve aspettarsi di conoscere le idee della famiglia rispetto all'impresa. Non basta elaborare una strategia proprietaria, deve essere comunicata al management, perché solo con ciò che si conosce si può essere d'accordo. Ho purtroppo sperimentato più di una volta il fatto che un manager venisse messo alla porta perché aveva disatteso i valori della famiglia che non gli erano noti. Questa non è una professional ownership.

4. Il coinvolgimento attivo: ancora più efficace della semplice informazione è il coinvolgimento attivo nell'elaborazione della strategia proprietaria. Anche se il manager assunto non ha alcun diritto di voto, la parziale inclusione come terzo esperto aumenta la sua identificazione con la strate-

gia familiare dei proprietari e la comprensione delle relative decisioni, senza contare che il manager può apportare dei contributi, soprattutto in settori in cui le sue conoscenze sono migliori di quelle dei proprietari coinvolti.
5. La costituzione di una coincidenza finanziaria di interessi: il maggior contributo per costruire una corrispondenza di interessi tra proprietari e manager può essere dato dalla retribuzione, dalla partecipazione o dalla responsabilità. Bisogna dunque prestare una particolare attenzione alla loro configurazione: i sistemi incentivanti devono infatti essere pensati in modo da agganciare il più possibile il management agli obiettivi proprietari. In questo modo ci si assicura che la direzione dell'impresa opererà per propria iniziativa secondo le intenzioni della proprietà, e il venir meno di un comune interesse tra principale e agente si ridurrà in maniera sistematica. Per armonizzare gli interessi proprietari e quelli del management si suggerisce di abbinare una parte della retribuzione a breve termine al risultato soggetto alla distribuzione degli utili e di integrarla con una componente che abbia effetti sul lungo periodo. I corrispondenti long term incentive, sia che vengano accordati in forma di una partecipazione reale o virtuale,[24] dovrebbero agganciarsi all'evoluzione durevole del valore intrinseco dell'impresa, non solo premiare gli aumenti di valore, ma anche sanzionare le perdite del medesimo, e inoltre tener presente le caratteristiche di stabilità richieste dalla famiglia, al fine di tutelare il suo interesse all'indipendenza.

Il controllo

Dal punto di vista dell'influenza della famiglia il controllo è un elemento importante quanto la direzione. Attraverso l'organo di controllo l'influenza dei proprietari non è, a dire il vero, così diretta come attraverso il concorso attivo nella direzione dell'impresa, tuttavia non si dovrebbero sottovalutare le opportunità di collaborazione che offre. Pur non partecipando alla gestione operativa dell'impresa, contribuisce al suo orientamento strategico e concorre con la propria competenza alla direzione aziendale. Si potrebbe descrivere la divisione dei compiti tra gestione aziendale e organo di controllo nel modo seguente: il management dirige, l'organo di controllo guida l'impresa; insieme hanno la responsabilità del successo secondo gli interessi espressi dalla proprietà, che sarà tanto maggiore quanto più vi sarà accordo tra le due entità.

Poiché nell'impresa familiare non esiste un quadro generalmente vincolante per l'organo di controllo, questo dovrebbe essere stabilito dalla famiglia nel contesto della propria strategia proprietaria. Tutte le questioni importanti riguardanti la struttura di controllo hanno bisogno di regole, in particolare bisogna stabilire quali organi creare, quali competenze attribuirvi, come comporli e come modellare la loro partecipazione. Nella pratica ha soprattutto importanza la costituzione di organi volontari di controllo (spesso definiti comitati),[25] nonché la domanda su quale influenza vuole avere la famiglia proprietaria sulla funzione di controllo. Nel suo interesse ovviamente non si dovrebbe imporre un freno eccessivo, si tratta pur sempre di soldi propri, e c'è da attendersi che nella loro gestione essa ottenga risultati migliori (e minori costi di transazione) rispetto ad agenti esterni. Il legislatore la pensa allo stesso modo: ha previsto un organo di controllo separato dalla proprietà solo nelle società per azioni concepite come public company, mentre in tutte le forme giuridiche riferite a persone fisiche lascia la competenza del controllo ai proprietari stessi. L'esigenza di escludere i proprietari dalla funzione di controllo o di limitarli in questa funzione non è stata evidentemente considerata dal legislatore; questo tipo di controllo non è quindi un'eccezione che necessita di una particolare giustificazione, bensì è la norma sancita dal legislatore che deriva dalla natura stessa della proprietà: non il suo esercizio ma la sua restrizione va motivata.²⁶ Un motivo potrebbe per esempio essere se la famiglia proprietaria non è più all'altezza delle esigenze legate al compito di controllo; anche l'indirizzo da dare all'impresa è un'operazione carica di responsabilità, e per la sua salvaguardia servono competenze personali e professionali che crescono con le dimensioni e la complessità dell'impresa stessa. Nel quadro della strategia proprietaria la famiglia dovrebbe preoccuparsi di come integrare da parte sua le competenze mancanti: lo si potrebbe fare invitando alle riunioni dei titolari personalità esterne con voto consultivo. Essa potrebbe anche costituire un organo di controllo autonomo a cui prendono parte con diritto di voto persone che non appartengono alla famiglia. Se gli esterni o i proprietari debbano rappresentare la maggioranza, è questione la cui giusta risposta dipende dalle condizioni di ogni singolo caso.²⁷ È bene che la famiglia comunque rifletta prima di occupare l'organo di controllo esclusivamente con non titolari: un simile passo non dà problemi finché la famiglia collabora in misura determinante alla direzione dell'impresa. Se questa non può influenzare in modo decisivo né la gestione né il controllo, dovrebbe prendere in considerazione, come soluzione ottimale, l'ipotesi di vendita totale o parziale dell'azienda.

La successione

In tutto questo non deve essere ignorata la concezione di impresa intergenerazionale. La volontà dinastica si può solo realizzare se si riesce a organizzare il passaggio delle responsabilità imprenditoriali per tempo, senza frizioni e in modo competente. Il Codice di governance delle imprese familiari si rivolge a tutti i proprietari con le seguenti parole: "Le imprese familiari devono disporre di un piano di successione a lungo termine". Questo dovrebbe "come minimo contenere un limite di età vincolante per i membri della direzione, considerazioni sulla preparazione dei potenziali successori, sui criteri decisionali di selezione e sull'organizzazione della transizione". Poiché la successione ha non raramente luogo in modo improvviso e prematuro, dovrebbe inoltre "esserci un piano di emergenza, che stabilisca che cosa deve accadere nel caso di un ingresso non pianificato e anticipato del successore".[28] motivo sufficiente per prestare adeguata attenzione alla pianificazione della successione nel quadro di una strategia proprietaria.

Regolare i rapporti tra proprietari

Nelle decisioni strutturali che la famiglia è chiamata a prendere non c'è solo la risposta alla questione: come organizziamo l'influenza familiare sull'impresa? Una buona strategia proprietaria deve anche includere le sfere di conflitto che derivano dai rapporti reciproci dei proprietari e da un possibile trattamento non equo tra loro. Essa sarà dunque tanto più riuscita quanto più saprà regolare in modo esauriente possibili questioni esplosive e quanto più le soluzioni trovate si orienteranno ai parametri della professional ownership e del fair process.

Per quanto riguarda i diritti e i doveri dei titolari, di solito si distingue tra diritti di partecipazione e diritti patrimoniali. Nel primo gruppo è in generale in gioco il potere e nel secondo i soldi. In entrambi sono perciò insiti elevati potenziali di conflittualità, per cui la loro gestione richiede una particolare professionalità e sensibilità. Anche se i risultati non hanno valenza assoluta, vorrei comunque dare alcune indicazioni di carattere generale.

I diritti di partecipazione

Il diritto d'informazione, di partecipazione alle assemblee dei proprietari e il diritto di voto rientrano tra i diritti partecipativi principali dei titolari. Il loro esercizio e la parità di trattamento dovrebbero in questo modo essere tutelati, ma ciò non è affatto scontato. Molti contratti societari prevedono in parte significative limitazioni di questi diritti fondamentali dei proprietari; il concetto autoritario e patriarcale che vi sta alla base non si adatta infatti più ai tempi e porta sempre più a conflitti. Nei decenni passati nessun tema ha impegnato maggiormente le aule di giustizia delle liti sulla legittimità di limitare il diritto d'informazione nei contratti societari.[29] I proprietari hanno investito soldi nell'impresa e questo li legittima a informarsi sulla situazione economica della medesima e a prendere parte alle decisioni di loro pertinenza. La limitazione di questi diritti, o il trattamento non paritario nel loro esercizio, devono "essere giustificati in modo preciso ed essere applicati con prudenza".[30] Per qualsiasi disparità di trattamento va comunque avanzato un motivo valido e concreto, la cui valutazione riguarda poi caso per caso.

Un'altra domanda da porsi è se questi diritti devono essere tutelati di persona o se nel loro esercizio si può essere rappresentati. La prassi comune permetteva di avere come rappresentanti solo i comproprietari e determinati gruppi professionali obbligati alla riservatezza. Di recente si è rafforzata l'ammissione come delegati o ospiti anche di membri della famiglia non partecipi all'impresa, vale a dire coniugi e figli. Quale posizione debba prendere la famiglia proprietaria è questione legata alla sua particolare cultura: vuole avvicinare o allontanare dall'impresa i membri della famiglia che non sono titolari? In ogni caso la risposta dovrebbe inserirsi in modo coerente nella sua concezione più generale di cultura dell'impresa e poter scaturire dai suoi valori.

Ciò vale anche per l'altra domanda: fino a che punto i diritti individuali di partecipazione e patrimoniali possono essere limitati a favore delle regole del gruppo familiare. Il raggruppamento dei soci in rami familiari era frequente in passato: facilitava l'organizzazione, poneva fine agli svantaggi di una crescente frammentazione nella formazione di opinioni e garantiva la stabilità delle strutture di potere esistenti; in questo modo vi era piena corrispondenza con lo spirito di una leadership autoritaria e patriarcale. Infatti Hermut Kormann[31] vede l'origine di questo fenomeno anche "nelle epoche segnate dal feudalesimo". I figli dell'era post-patriarcale lo guardano invece con occhi critici; il loro atteggiamento è sintetizzato nel modo seguente dall'imprenditore familiare Michael Klett: "I rami familiari nella famiglia d'imprenditori sono la cosa più pericolosa che esista. Ognuno comincia a tenere d'occhio l'altro".[32] In effetti una simile organizzazione induce i titolari a vedere come interesse primario non quello superiore e complessivo della famiglia, ma quello particolare del proprio ramo. Il vantaggio di un più facile accordo tra i capi dei vari rami è così pagato a caro prezzo: a causa della concentrazione del potere proprietario in mano a pochi si preserva la pericolosa combinazione di potere della società tra fratelli, mentre allo stesso tempo il legame emotivo dei titolari decresce in modo più che proporzionale. In generale i proprietari fanno dunque bene a rinunciare alle regole del raggruppamento e a considerarsi un'unica famiglia.

I doveri di promozione

Ai diritti dei proprietari corrispondono doveri, ma in concreto fin a che punto si estendono? In che misura al diritto di informazione, di partecipazione alle assemblee dei titolari e di voto dei proprietari corrisponde un'attesa di reale partecipazione alle assemblee e al voto, di acquisizione delle informazioni e delle conoscenze che permettono una partecipazione proprietaria responsabile? In che misura i titolari sono obbligati alla riservatezza sulle informazioni che gli vengono messe a disposizione? E quanto sono frenati a essere parte attiva nell'ambito dell'impresa familiare? Per rispondere a queste domande i titolari non dovrebbero soltanto orientarsi al criterio di fair process e creare regole che garantiscano un trattamento paritario, ma dovrebbero anche considerare le richieste poste dalla professional ownership e accettare le limitazioni alla loro personale libertà che sono adeguate, utili e opportune nell'interesse del progetto dinastico concordato. Nello stesso tempo le restrizioni ragionevoli poste ai singoli proprietari dovrebbero essere tanto più estese quanto più questi si sentono vincolati da una volontà propria di mantenere l'impresa in possesso della famiglia. La professione di fede nei confronti dell'impresa familiare non è una formula suggestiva e facoltativa: nella concreta enunciazione dei diritti e dei doveri dei proprietari vi sono conseguenze tangibili. Chi reclama per sé i privilegi di una partecipazione a un'impresa familiare deve anche sopportare gli svantaggi connessi.

Ciò diventa soprattutto evidente quando la limitazione della libertà tocca la sfera privata del proprietario. Un caso classico di manifestazione di questa problematica è la richiesta, sollevata periodicamente, di stipulare tra i proprietari e i loro partner accordi riguardanti diritti coniugali o di successione, pena l'esclusione dall'impresa familiare.[33] È difficile comunicare di punto in bianco alle persone coinvolte, soprattutto ai partner assimilati, perché gli interessi dell'impresa debbano avere effetti anche nella loro sfera privata. Il comportamento però cambia quando diventa chiaro il contesto della limitazione richiesta. Generalmente un'impresa familiare deve crescere per poter continuare a esistere sul mercato, e per finanziare questa crescita e allo stesso tempo salvaguardare il controllo familiare sull'impresa, la base finanziaria messa a disposizione dalla famiglia deve ugualmente aumentare e non ridursi, ma di solito succede proprio questo: in caso di divorzio o di morte, il partner del titolare rivendica i diritti economici che gli spettano per legge, e il proprietario non è in grado di liquidarli con beni derivanti da altro patrimonio. Dal punto di vista della famiglia imprenditrice vi è un interesse vitale a prendere misure per contrastare simili minacce al progetto dinastico, mentre dal lato del coniuge che ha la partecipazione, acquisita attraverso il partner (che non sempre ne ha il merito), non esiste un tale interesse da difendere. Chi potrebbe tuttavia seriamente affermare che l'interesse del partner assimilato di partecipare al patrimonio (o alla derivante crescita di valore) sia da mettere sullo stesso piano dell'interesse del progetto dinastico? Di solito esiste dunque una giustificazione effettiva alla limitazione della libertà di intervento contenuta nei contratti societari con clausole di rinuncia al regime economico e alla legittima, tuttavia non si dovrebbe andare oltre a quanto è necessario e opportuno nella tutela degli interessi del progetto dinastico. Ciò esclude la pretesa di rinunce totali che in passato erano all'ordine del giorno nella maggior parte dei casi.

I diritti patrimoniali

Le precedenti riflessioni si possono senz'altro trasferire alla limitazione dei più importanti diritti patrimoniali. Il diritto al dividendo rientra tra i diritti finanziari fondamentali del proprietario. Questi non solo è partecipe al risultato secondo la propria quota, ma può anche esigere che gli venga versato un eventuale utile; nell'impresa familiare ciò si contrappone all'interesse collettivo derivante dalla natura del progetto dinastico. Per il finanziamento della propria crescita, le imprese familiari dipendono dai mezzi che possono essere messi a disposizione dalla famiglia proprietaria. Se è vero che esse non devono crescere più rapidamente del capitale proprio, allora l'intera proprietà ha un interesse vitale a che la base del capitale proprio aumenti in maniera soddisfacente; continuando poi nell'ipotesi che le capacità dei proprietari di alimentare il capitale proprio con altri beni a loro disposizione siano limitate, diventa comprensibile come l'aumento del capitale proprio dagli utili trattenuti sia un mezzo irrinunciabile per conservare sul lungo periodo l'impresa nelle mani della famiglia.

È dunque un segno di titolarità vissuta in modo professionale quando le imprese familiari leader mantengono la maggior parte dei loro utili nell'impresa e distribuiscono solo una piccola fetta di questi ai proprietari. Tuttavia non è il caso di esagerare con le restrizioni. La giusta quota da distribuire resta sempre il risultato di una valutazione tra l'interesse comune al successo del progetto dinastico e il legittimo interesse individuale a una distribuzione dell'utile spettante a ogni proprietario. L'operazione risulta tanto più facile tanto più concretamente nella definizione della propria immagine i proprietari riescono a formulare direttive sugli obiettivi riguardanti la stabilità finanziaria. Così nel Codice tedesco di governance per le imprese familiari si afferma non solo: "I proprietari devono garantire che una parte sufficiente dell'utile post-tasse resti in modo permanente nell'impresa per rafforzare il capitale proprio", ma anche: "Per una stima oggettiva adeguata tra interesse finanziario dell'impresa e interesse distributivo dei proprietari si raccomanda di subordinare l'ammontare da distribuire e da tesaurizzare al raggiungimento di determinati indici finanziari".[34]

La collaborazione nell'impresa

Tra i temi annunciatori di conflitti vi è la questione se i membri della famiglia proprietaria debbano collaborare all'interno dell'impresa o essere attivi come prestatori d'opera esterni. L'argomento tocca in particolar modo le criticità tra sfera aziendale e familiare. Un diritto alla collaborazione non deriva in effetti dalla proprietà, tuttavia vi sono spesso attese corrispondenti, e se non vengono instradate correttamente esiste il fondato pericolo che nell'interfacciarsi delle attese di efficienza della sfera aziendale con le attese di mantenimento e di trattamento paritario della sfera familiare si arrivi a situazioni di conflittualità.

Raccomandazioni di validità generale non ve ne sono, essendo troppo diverse le situazioni di partenza. Le piccole imprese familiari spesso non sarebbero in grado di sopravvivere senza l'autosfruttamento del proprietario e della sua famiglia, e molte imprese familiari nel frattempo cresciute non avrebbero superato gli anni iniziali se i vari membri non avessero collaborato in modo massiccio. Nelle imprese familiari in espansione, con una famiglia proprietaria in aumento, quel che era appunto un fondamento del successo si trasforma non raramente in problema. Chi può seriamente immaginare gli Haniel che offrono agli oltre 600 soci e relativi parenti un lavoro nel gruppo imprenditoriale? La domanda se i membri della famiglia debbano collaborare nell'impresa può dunque trovare una risposta diversa nel corso dello sviluppo dell'azienda; anche la cultura della singola famiglia può influenzare la decisione. Così le famiglie che seguono un approccio family first assumeranno un atteggiamento diverso nei confronti della collaborazione dei loro membri rispetto a quelle che privilegiano il business first.

In questa valutazione indispensabile, i proprietari dovrebbero farsi indirizzare dalle istanze della professional ownership e del fair process, tenendo conto che i membri che collaborano nell'impresa di famiglia potrebbero rappresentare un vantaggio sotto gli aspetti del conflitto principale-agente e della familiness. Come dipendenti mostrano in genere una motivazione superiore e una maggiore coesione rispetto agli altri lavoratori; a fronte di questi vantaggi esistono però anche rischi considerevoli. I componenti della famiglia che non sono sufficientemente qualificati per l'attività richiesta, danneggiano la competitività dell'impresa, e non solo per la loro personale prestazione mediocre sul posto di lavoro, ma per l'effetto di propagazione che viene da questo segnale. Se nasce il sospetto che nell'impresa regni il nepotismo come elemento principale della cultura aziendale, si avranno ripercussioni sull'orientamento delle performance dell'impresa. Anche dal punto di vista della leadership, l'integrazione di componenti della famiglia è difficile. La capacità di un'impresa di reagire rapidamente e in modo adeguato alle sfide dell'ambiente si basa tra l'altro su una semplice e indiscutibile gerarchia. I membri della famiglia attivi nell'impresa, che non fanno parte della direzione, rappresentano così un corpo estraneo: come dipendenti sono gerarchicamente subalterni, come proprietari sono preposti ai loro superiori. Non è facile per le persone coinvolte gestire in maniera adeguata questo modello contradditorio di ruoli, e anche qui esiste il pericolo che lo svantaggio non si limiti al concreto ambito direttivo: c'è da ritenere che l'impresa familiare subisca svantaggi anche sul mercato del personale dirigenziale. Inoltre la collaborazione di membri della famiglia nasconde il pericolo di conflitti all'interno della famiglia stessa se nell'accesso viene violato il principio del trattamento paritario.

Chi vuole evitare queste situazioni, non è tuttavia di certo obbligato a seguire prontamente il modello degli Haniel, proibendo in generale la collaborazione di componenti della famiglia nell'impresa, ma come minimo deve elaborare e garantire chiare regole, per cui i familiari devono disporre delle necessarie competenze per lo svolgimento del loro lavoro e non essere trattati diversamente dagli altri dipendenti. Inoltre vanno disciplinate le condizioni in base alle quali sono prese in considerazione le candidature, le relative procedure di selezione e le figure preposte alla scelta. È necessario poi che le regole siano rispettate e che le decisioni siano chiare e trasparenti per tutti gli altri titolari.[35]

Le regole non dovrebbero tuttavia valere solo per le collaborazioni, bensì anche per coloro che nella famiglia percepiscono una parte consistente del loro reddito da un'attività autonoma che fa riferimento all'impresa. Non fa grande differenza se un imprenditore impiega come direttore marketing della propria azienda il figlio o se gli permette di fondare una piccola agenzia di marketing e gli procura un contratto di servizio ben remunerato e di lungo periodo con la propria impresa. Infine, andrebbe anche regolamentato secondo i principi del fair process, il conferimento di prestazioni da parte dell'impresa. In numerose famiglie imprenditrici è fonte di conflitti un trattamento differenziato nel rifornimento di carburante al distributore aziendale, nell'acquisto di beni a prezzo scontato o nell'utilizzo di artigiani dell'azienda: la potenza distruttrice che ne nasce non ha alcun rapporto con la sua causa.

Gli aspetti importanti della family governance

Il ricorso a regole di buon senso per guidare l'impresa è irrinunciabile, ma anche la famiglia proprietaria ha bisogno di essere amministrata. "Chi vuole mantenere a lungo un'impresa come proprietà della famiglia deve dirigere la propria attenzione non solo agli interessi aziendali, ma anche considerare in modo professionale e responsabile l'organizzazione della famiglia proprietaria",[36] sottolinea sempre il Codice tedesco di governance. La family governance è una disciplina relativamente recente; il suo scopo è quello "di rafforzare il sentimento di coesione dei membri della famiglia proprietaria e la loro identificazione con l'impresa e di consolidarla nel lungo periodo".[37] Allo stesso modo della corporate governance deve contribuire a formare una gestione responsabile del ruolo di proprietario e della fairness tra i componenti della famiglia, soprattutto deve però creare un plusvalore emotivo, senza il quale il progetto dinastico non potrà avere successo sul lungo periodo. Non è un compito facile, perciò servono regole e strutture che favoriscano questi obiettivi; nelle prossime pagine presenteremo brevemente le più importanti.[38]

Nello stesso tempo una buona family governance è sempre una questione individuale. Quel che serve a una famiglia per essere una solida famiglia di imprenditori varia da caso a caso, tuttavia esiste una tendenza chiara: mentre nel caso del proprietario unico, la gestione dell'impresa si svolge ancora intorno al tavolo della cucina, con la società tra fratelli, il consorzio tra cugini e la dinastia, che implicano un crescente distacco nella famiglia, è necessaria una maggiore organizzazione formale.

Alcune regole utili

Tra le difficoltà che incontra una famiglia imprenditrice vi è quella di stabilire un rapporto reciproco adeguato, senza il quale non è possibile alla lunga la coesione della famiglia. Risulta infatti difficile, per i suoi componenti, gestire le sfide derivanti dall'esigenza di agire simultaneamente in due sistemi che hanno regole operative diverse.[39] È davvero grande il pericolo che la famiglia si lasci troppo determinare nei suoi rapporti dalle necessità professionali dell'impresa, trascurando il bisogno familiare di vicinanza ed emotività, oppure che, all'opposto, nella gestione dell'impresa faccia mancare la professionalità necessaria. Eppure si deve pretendere che questa spaccatura sia superata, e che venga trovata una gestione adeguata sia all'interno della famiglia che nel rapporto con l'impresa. Il Codice di governance per le imprese familiari raccomanda quindi in modo esplicito di "fissare regole di condotta (...) nella comunicazione e nelle relazioni all'interno della famiglia proprietaria, nonché tra impresa e famiglia e nei rapporti con l'esterno (...)".[40]

I rapporti interfamiliari

Trovare il giusto tono nei rapporti di reciprocità non è una faccenda semplice. Mentre la comunicazione familiare è connotata dall'emotività, la comunicazione dentro e sull'impresa richiede un andamento razionale; mentre la comunicazione nella famiglia si svolge prevalentemente in modo informale, la comunicazione aziendale necessita di un contesto formale. E mentre i rapporti in famiglia dovrebbero creare unità e partire dal valore di eguaglianza dei componenti, le imprese sono costruzioni strutturate in modo gerarchico e creano differenze a seconda della posizione occupata nell'organigramma e del valore che si ha per il sistema. Le famiglie imprenditrici devono dunque imparare a trattare queste due antitesi, cause inevitabili di tensione.

Il concetto dei due cappelli presentato nel capitolo 2 può aiutarle a capire in quale sfera stanno agendo e a trattare le questioni familiari secondo le regole familiari e le questioni aziendali secondo le regole aziendali. Premessa è che la famiglia abbia elaborato chiare norme per entrambi i sistemi. Come vogliamo interagire in quanto famiglia? Come in qualità di soci dell'impresa? E quali regole nelle relazioni vogliamo darci sul lavoro e nell'ambito delle nostre funzioni? È di grande importanza che la separazione dei due territori sia vissuta con coerenza: va certamente bene che i proprietari attivi nell'impresa siano privilegiati nella disposizione dei posti in un evento aziendale e che i discorsi ruotino prevalentemente intorno a interessi aziendali; non è criticabile (anche se forse non è molto saggio) escludere i coniugi dei proprietari dalle riunioni dei titolari e farli aspettare fuori dalla porta. È invece sbagliato che, anche nelle ricorrenze private, i proprietari inattivi o i loro partner siano relegati a un tavolo secondario. "No business talk at the dinner table", dice un semplice principio che dovrebbe stare a cuore a tutte le famiglie imprenditrici nei loro rapporti interpersonali privati. I temi aziendali sono da trattare nelle riunioni dei titolari, quelli privati al tavolo di casa, ad ogni modo sempre separatamente e in un proprio ambito organizzativo, se si vuole evitare il sentimento devastante per l'unità familiare di essere in presenza di una collettività a più classi all'interno della stessa famiglia. Allo stesso modo occorre evitare che i comportamenti familiari siano trasferiti nelle relazioni aziendali; non è accettabile che il direttore marketing di un'impresa familiare commenti una disposizione della sorella, che guida come amministratore delegato l'intera impresa, con frasi del tipo: "Non dirmi quello che devo fare!".

Le regole da tenere nei rapporti interpersonali sono essenzialmente di buon senso e possono essere tratte dai valori e dagli obiettivi che la famiglia proprietaria si è data nel momento che ha definito la propria immagine. Se si parla infatti di rispetto, tolleranza, trasparenza, stima e di una sana cultura del confronto, ora è tempo di stabilire quali misure concrete di comportamento la famiglia vuole trarre da questi principi.

I valori e le regole di comportamento che ne derivano cambieranno nel corso del tempo. Nella famigliola del proprietario le priorità da stabilire sono altre rispetto alla società tra fratelli o al consorzio tra cugini, più soggetti a comportamenti emotivi. E nelle dinastie piuttosto anonime e di vecchio stampo non si tratta più di tenere in considerazione una maggiore vicinanza emotiva, ma semmai di comprendere come si può interagire, dato l'estraniamento e la formalizzazione dei rapporti tra i componenti della famiglia.

Le apparizioni pubbliche

Tra gli impegni dell'impresa familiare rientra anche un comportamento adeguato verso l'esterno. I membri della famiglia proprietaria, quando si presentano al mondo esterno, agiscono sempre come suoi rappresentanti, che lo vogliano o no. Gli imprenditori familiari che hanno comportamenti inopportuni logorano il progetto comune, per cui la famiglia proprietaria di buon senso stabilisce regole di condotta anche per le apparizioni pubbliche. Queste regole dovrebbero discendere dall'insieme di valori e di obiettivi che la famiglia si è posta. Se le parole d'ordine sono "modestia" e "misura", si tratta ora di definire atteggiamenti che sono considerati immodesti o smodati. Non è semplice, perché qui confliggono facilmente interessi individuali e collettivi, ma proprio per questo motivo è un'operazione indispensabile e può riuscire se le persone coinvolte sono disposte da un lato a riconoscere la fondamentale priorità dell'interesse collettivo e dall'altro ad assoggettarne l'applicazione al principio della relatività. Un'ottica simile permette valutazioni differenti a seconda che l'impresa sia piccola o grande, che sia più o meno sotto i riflettori pubblici, che abbia pochi o tanti proprietari e che questi vivano in prossimità o lontani dalla sede dell'azienda.

Anche la presenza all'interno dell'impresa richiede regole: tanto maggiore diventa il numero dei componenti della famiglia e minore il numero di coloro che vi lavorano, tanto più pressante si pone la domanda sul comportamento che i membri della famiglia devono tenere nei rapporti con l'impresa. Devono visitare in ogni momento l'azienda, ispezionare i luoghi di produzione e gli uffici amministrativi, parlare con i dipendenti, forse anche impartire ordini, o tutto questo deve essere preannunciato e soggetto a procedure stabilite? È meglio non partecipare a eventi aziendali o è il caso di presenziare a party, convention con i clienti o anniversari di dipendenti? Quali contenuti utilizzare in pubblico e in che misura si fa distinzione tra proprietari e altri membri della famiglia titolare? Anche in questo caso non ci sono regole con validità generale, ma la famiglia proprietaria dovrebbe riconoscere che sono necessarie e che dovrebbero orientarsi ai principi del fair process e della professional ownership, per scongiurare danni all'impresa.

L'immagine che si dà al pubblico, soprattutto alla stampa, è un aspetto molto delicato, perché questo tema è particolarmente adatto a scatenare il cosiddetto virus Igr: invidia, gelosia e risentimento. Niente tocca di più il nostro ego della percezione che gli altri hanno di noi. Le famiglie che vogliono limitare ogni potenziale conflitto dovrebbero stabilire da chi, in quali occasioni, per quali temi e con quali contenuti l'impresa da un lato e la famiglia dall'altro sono rappresentati di fronte alla stampa e all'opinione pubblica interessata.

La gestione dei conflitti

Infine la famiglia proprietaria dovrebbe darsi delle regole per la gestione dei conflitti. Per quanto la strategia proprietaria e il confronto sulle questioni che ne emergono contribuiscano alla loro prevenzione, questi non si possono completamente evitare. "I conflitti sono una componente essenziale della vita umana" scrivono Franz Kellermanns e Arist von Schlippe, studiosi delle dinamiche familiari.[41] Essi segnano lo sviluppo personale nonché le nostre relazioni, e sono inevitabili anche nelle organizzazioni. Le comunità forti si distinguono dalle deboli non per l'assenza di conflitti, ma per la professionalità nel gestirli. Come sottolineano giustamente Kellermanns e von Schlippe: "non si tratta mai (...) di ambire a una cultura dell'organizzazione priva di conflitti, anzi la sfida per un management del conflitto (...) è quella di riconoscere per tempo gli sviluppi crescenti e distruttivi dei conflitti (...), affrontarli in modo costruttivo e (...) impedirne la cronicizzazione". Per le imprese familiari e le famiglie proprietarie dominanti ciò vale in modo speciale, perché questo tipo di organizzazione offre, con i suoi due sistemi in concorrenza reciproca, un terreno particolarmente fertile di conflittualità. La tendenza intrinseca a un inasprimento e a una cronicizzazione dei contrasti è molto pericolosa: le liti all'interno della famiglia titolare sono considerate una delle cause più frequenti di fallimento dell'impresa stessa. Un management professionale dei conflitti fornisce dunque un contributo significativo alla salvaguardia dell'impresa familiare.

Nelle regole per la gestione dei conflitti nella famiglia proprietaria bisognerebbe però distinguere tra aspetti procedurali e sostanziali. I primi incoraggiano iter per la soluzione dei conflitti, i secondi sostengono comportamenti mirati a questo obiettivo.

Nel quadro della definizione delle regole di procedura, la famiglia proprietaria dovrebbe rispondere a questo tipo di domande: come facciamo a stabilire che ci troviamo di fronte a un conflitto? Con chi lo dobbiamo affrontare? Ed entro quali tempi? Quale modo di procedere scegliamo per arrivare a porre fine al conflitto? È necessario includere una terza persona? In quale veste? Come moderatore, mediatore, arbitro e/o rappresentante delle parti? Quando è concluso un conflitto?

Nel caso delle regole di contenuto si tratta di individuare le modalità di comportamento che in vista del depotenziamento perseguito sono particolarmente desiderate o espressamente inopportune. I consigli operativi sono allora: non sovrastare l'altro con le parole, ma discutere con l'altro. Non strumentalizzare terze persone. Mettersi nei panni dell'altro. Cercare le situazioni win-win. Non ferire l'interlocutore, non fargli fare brutta figura e non offendere. Lasciar correre. Oppure non essere permalosi.

L'obiettivo di un simile sistema di regole è contrastare ricorrenti reazioni di ordine sociopsicologico che spesso si presentano insieme ai conflitti.[42] Questi si chiariscono solo nel momento in cui le persone coinvolte dimostrano disponibilità e capacità di immedesimarsi nell'interlocutore, il che non significa essere d'accordo con la sua posizione ma almeno comprenderla, una qualità che si perde rapidamente nei conflitti che scaturiscono da relazioni interpersonali. I sentimenti che vi sono legati, come offesa o tradimento, nuocciono alla capacità di vedere la situazione in prospettiva e favoriscono la demonizzazione del presunto avversario; ad acuire maggiormente i conflitti contribuisce la valutazione che il proprio comportamento è solo la reazione a un'aggressione subita. Ci si vede allora costretti a rispondere alle "cattive" azioni dell'altro in maniera altrettanto dura. Poiché l'interlocutore percepisce l'accaduto in modo specularmente opposto, il conflitto sorge praticamente da solo, e ognuno lo fomenta in buona fede con l'atteggiamento difensivo. Un tale equivoco può spingersi al punto da far valutare i tentativi di conciliazione e altri gesti positivi come perfidi atti di ostilità.[43]

Le buone regole di gestione dei conflitti aiutano chi vi è coinvolto a smontare gli errori di percezione, a spostare i conflitti dal piano relazionale a quello concreto e a trovare un comportamento costruttivo, orientato alla soluzione dello scontro. Nello stesso tempo si dovrebbe tenere conto delle conoscenze che Franz Kellermanns e Kimberly Eddleston hanno fissato nella loro indagine del 2006.[44]

1. Evitare i conflitti non è una soluzione; i conflitti rinviati attendono solo l'occasione per scoppiare.
2. Le soluzioni forzate valgono solo per i conflitti esterni o nelle separazioni. Se la relazione va salvaguardata, la relativa situazione win-loose porta di solito a una cronicizzazione dei contrasti.
3. I compromessi di rado soddisfano realmente le parti; possono tuttavia ridurre i problemi nella relazione, perché trasmettono a entrambe le parti coinvolte la consapevolezza che la propria posizione è stata recepita e compresa.
4. L'effetto migliore, sotto l'aspetto fattuale e relazionale, si raggiunge quando le parti elaborano insieme una soluzione che va oltre il semplice compromesso e crea una situazione win-win.
5. La collaborazione di una terza persona esterna e neutrale apre ulteriori possibilità per la soluzione dei conflitti.

Le attività in comune

La creazione di strutture che favoriscano la coesione e la professional ownership della famiglia titolare è importante quanto la definizione di regole adeguate: più si allenta l'unità tra i proprietari, più forte deve essere l'organizzazione formale dell'unione tra loro. E più è distaccato il rapporto del singolo proprietario con l'impresa, più il valore emotivo della partecipazione va organizzato attraverso atti formali. Nella pratica ci si avvale soprattutto di quattro strumenti: la trasmissione del sapere necessario, le iniziative collettive, l'attività di interesse sociale e l'assunzione di determinati compiti di service e di amministrazione attraverso un "ufficio familiare".

La trasmissione del sapere

La trasmissione di un sufficiente sapere di base ai titolari è un pilastro della professional ownership.[45] I proprietari dominanti determinano il destino della propria impresa e noi possiamo solo sperare che siano all'altezza delle loro responsabilità; la conoscenza fa parte di questa responsabilità. Ciò riguarda tutti i titolari, perché in epoca post-patriarcale non basta più concentrare il sapere solo sul capostipite; chi si trova a dover decidere, e intende farlo, ha bisogno di disporre delle relative conoscenze di base.

La famiglia Cargill ha addirittura fondato per questo scopo un'università. Le famiglie titolari costituite da pochi componenti possono riunirsi in corsi universitari, appositamente offerti dalle università. Le business school leader come Harvard, Kellogg o l'Imd offrono programmi speciali di family business. Le università di San Gallo e Witten/Herdecke, la Otto Beisheim School of Management a Vallendar o la Zeppelin University a Friedrichshafen hanno fatto del tema family business education l'oggetto di relative offerte di studi.

L'obiettivo di una family education deve essere quello di procurare ai membri della famiglia titolare le conoscenze di cui hanno bisogno per poter cogliere in maniera professionale il proprio ruolo di proprietari di un'impresa familiare. Il gruppo target è costituito soprattutto dai titolari inattivi, dalla generazione successiva ai fondatori e dai partner dei titolari. Un'offerta tagliata su misura per loro dovrebbe trasmettere le nozioni economiche basilari, nonché un'introduzione alle principali problematiche aziendali: strategia, finanziamento e governance, in particolare le specificità nella direzione di un'impresa familiare. Queste problematiche andrebbero discusse e affrontate non solo in maniera astratta, ma in concreto nell'ambito dell'impresa e della famiglia, non dimenticando che un tirocinio nella propria azienda rientra tra le buone pratiche standard della family education.

Le iniziative collettive

La famiglia d'imprenditori spagnola Roca è stata premiata nel 2008 con il prestigioso Imd-Lodh Advanced Family Business Award. Nella motivazione veniva soprattutto elogiata la qualità della family governance. Sebbene Roca sia un gruppo internazionale con oltre 100 proprietari, regna nella famiglia un impressionante spirito di corpo. Non c'è da stupirsi: la famiglia investe in modo addirittura strategico nella tutela della comunità. I Roca invitano i titolari e loro familiari in maniera regolare a incontri di famiglia, più volte l'anno hanno luogo visite aziendali e manifestazioni informative con il management. Ogni due anni la famiglia va all'estero per visitare uno dei suoi stabilimenti.[46] Roca è un buon modello, ma non un caso unico, ovunque nel mondo abbiamo conosciuto famiglie esemplari che non si accontentano di invitare i titolari una volta all'anno all'assemblea dei soci; dopotutto ciò si fa anche nelle public company. Chi vuole creare un surplus emotivo deve fare di più.

Per poter sviluppare un sentimento di forte unità, la famiglia deve viversi come comunità; deve sentire che è bello ed è entusiasmante appartenere a un simile sodalizio, che per una famiglia è formidabile possedere un'impresa, e che la famiglia è allo stesso tempo qualcosa di più grazie all'impresa familiare. È perciò importante sviluppare attività collettive che vadano oltre il rapporto d'affari. Finché la cerchia dei proprietari è piccola, questo avviene per lo più in modo informale, ma con la sua crescita è sempre più necessaria un'organizzazione strutturata, se si vogliono mantenere in vita le attività comuni alla famiglia.

Un ulteriore obiettivo di queste attività collettive è la salvaguardia del consenso al progetto comune. Tendenzialmente l'entusiasmo dei proprietari per l'impresa familiare diminuisce con l'indebolimento del legame attivo nell'impresa, la minore partecipazione diretta e la maggiore distanza spaziale dall'impresa. Una politica d'informazione proattiva e completa, visite regolari all'azienda, una partecipazione alle manifestazioni aziendali, alle tavole rotonde con il management e altre misure analoghe contribuiscono ad aumentare il valore emotivo della partecipazione all'impresa e a compensare in parte l'oggettiva perdita d'importanza. Nessun dubbio: i tempi sono cambiati. Se nell'era patriarcale bastava una semplice assemblea dei soci, oggi servono "family days" con un programma completo di eventi.

Oltre a queste manifestazioni sarebbe il caso di prevedere una comunicazione regolare tra i membri della famiglia: una comunità ha bisogno del sentimento dell'appartenenza e ciò presuppone una comunicazione regolare e un minimo di conoscenza reciproca. Nelle piccole famiglie di proprietari questo avviene in modo informale. Nell'era informatica la comunicazione si può tuttavia organizzare anche per cerchie di titolari sempre più ampie. Grazie alle teleconferenze, alle email e a Internet non ci vuole molto, persino in casi in cui la famiglia è sparsa per il mondo. I belgi Edouard Thijssen ed Edouard Janssen, provenienti essi stessi da grandi famiglie d'imprenditori dislocati un po' nei quattro angoli del mondo, ne hanno fatto un'idea di business. Nel 2006 hanno fondato TrustedFamily.net, un'impresa che offre, sul modello di Facebook, una piattaforma di comunicazione interfamiliare.

L'attività di interesse sociale

Una posizione speciale tra le attività collettive è occupata dall'impegno di utilità sociale. Anche se non tutti si spingono lontano come Bill Gates e Warren Buffett, che hanno messo una parte sostanziosa del loro patrimonio a disposizione di scopi umanitari,[47] l'impegno filantropico nelle cerchie degli imprenditori ha una forte tradizione.

Gli imprenditori familiari hanno sostenuto la scienza e la ricerca, la cultura e l'istruzione, lo sport e il sociale; lo fanno in contesti regionali, nazionali e internazionali, lo perseguono organizzando in prima persona o rimanendo dietro le quinte, con contributi che vanno da poche decine di migliaia di euro a molti milioni.

Non c'è dubbio, il nostro mondo sarebbe più povero senza l'impegno degli imprenditori familiari.[48] Ma della filantropia di costoro non trae vantaggio solo la società: la famiglia stessa ottiene un profitto dal loro impegno. Per molti, fare qualcosa di utile per la società con una parte dei propri profitti – e in questo modo restituire, al di là dell'obbligo fiscale, una fetta del benessere acquisito – è un'esigenza. Per qualche erede risulta più facile identificarsi con una proprietà sentita come immeritata, se questa è collegata a un'attività filantropica; e attraverso gli organismi decisionali di una fondazione creata per scopi d'interesse sociale possono essere integrati nelle attività della famiglia anche i componenti che altrimenti resterebbero solo soggetti passivi. Un impegno collettivo gestito in modo professionale rappresenta inoltre un utile terreno di allenamento, dove i membri della generazione più giovane possono mettere alla prova in anticipo il proprio talento imprenditoriale.

L'impegno filantropico è quindi in grado di offrire un'utilità del tutto misurabile al progetto generale. I partecipanti devono però essere consapevoli che questo può realizzarsi solo se la famiglia proprietaria gestisce le attività con una competenza paragonabile a quella che mette nell'impresa. A questo scopo bisognerebbe rispondere in modo chiaro e professionale alle seguenti domande.

1. Che cosa vogliamo raggiungere con il nostro impegno sociale?
2. Quale sede organizzativa vogliamo darci: nell'impresa o in famiglia?
3. Che cosa vogliamo favorire?
4. In quale modo?
5. In quale misura?
6. Da dove vengono i mezzi finanziari necessari?
7. Chi prende le decisioni necessarie?
8. E chi assume quale ruolo?

Il service per la famiglia proprietaria

Un ulteriore strumento per aumentare il valore emotivo dell'appartenenza a una famiglia imprenditrice è il cosiddetto ufficio familiare. Negli Stati Uniti questi family office rientrano da molto tempo nello standard della family governance, e nel frattempo si sono sempre più diffusi anche qui da noi.[49] La gestione della partecipazione a un'impresa familiare è una faccenda impegnativa, e l'offerta di una prestazione che si assuma i relativi obblighi come servizio fornito al proprietario, oltre a eventuali altri vantaggi, è congeniale ad aumentare l'attrattività che viene dall'appartenenza alla famiglia. Tra le offerte classiche di servizi di un ufficio familiare fanno parte innanzi tutto le attività strettamente legate all'amministrazione della partecipazione nell'impresa. Un tipico ufficio familiare si assume il disbrigo delle questioni fiscali riferite alla quota aziendale, controlla il rispetto degli obblighi legali contratti dai proprietari (per esempio in conclusione di accordi matrimoniali e di successione) e dà e procura consigli in materia fiscale e giuridica nell'ambito della partecipazione all'impresa. Inoltre gli uffici familiari sono spesso utilizzati per far pervenire ai membri della famiglia determinate agevolazioni: grazie a questi è possibile trasmettere alla famiglia proprietaria condizioni di acquisto favorevoli per auto, assicurazioni o simili. Talvolta essi offrono ai membri della famiglia un sostegno persino in questioni personali: particolarmente popolari sono le offerte per la gestione collettiva del patrimonio. Questi servizi sono allettanti, perché l'ufficio familiare può accordare di solito condizioni migliori e uno standard di professionalità più elevato rispetto a una gestione individuale, ma non sempre sono privi di rischi, perché un eventuale insuccesso viene addossato al progetto collettivo e la perdita finanziaria nuoce per giunta al valore emotivo dell'appartenenza. Altre possibili offerte di prestazioni sono l'aiuto in pratiche fiscali o legali private, l'amministrazione di immobili personali, la prenotazione di viaggi o simili: servizi che rientrano chiaramente nella sfera del privato. Negli Stati Uniti, dove questo tipo di offerte di servizio è molto più diffuso, anche il dog walking fa parte delle prestazioni del family office.

Nel quadro della sua strategia proprietaria, la famiglia dovrebbe dapprima chiedersi se sia il caso di creare un ufficio familiare. Per un proprietario unico non ha di solito molto senso: chiederà direttamente in azienda i relativi servizi. Ma già nella società tra fratelli la situazione cambia. Qui un ufficio familiare autonomo ha spesso senso, perché, secondo il fair process, con la separazione tra sfera aziendale e privata garantisce più facilmente un trattamento paritario dei proprietari. Con il numero crescente di titolari diventa allora sempre più cogente dividere in modo netto quel che è privato da quel che è azienda. Nell'ambito della strategia proprietaria bisogna poi rispondere alle questioni legate all'estensione delle prestazioni da fornire, al compenso per i servizi dati nonché all'organizzazione del family office.

I ruoli

"'Se si vuole una sana impresa familiare, allora ci si deve adoperare con il tempo e i mezzi necessari per sviluppare una famiglia sana', sostiene Sarah M. Schmidt, leader ufficialmente riconosciuta della famiglia proprietaria di U.S. Oil, a Combined Locks, nel Wisconsin, Stati Uniti. Schmidt è una degli 80 titolari dell'impresa familiare che ha il proprio focus principale nella vendita di prodotti petroliferi e nel commercio all'ingrosso di accessori per auto e di pneumatici. Benché orgogliosa dell'impresa familiare, Schmidt, membro della terza generazione, decide di non lavorarvi. Dopo gli studi in psicologia clinica conclusi con un dottorato di ricerca, crea una propria società di consulenza per le imprese familiari a Evanston, Illinois. A venticinque anni si rende conto però che la sua quota nella U.S. Oil rappresenta il suo capitale più importante, e che in qualche modo deve parteciparvi. Assume allora l'incarico di family manager, dirigendo un gruppo di lavoro per la creazione di un consiglio di famiglia e diventando membro del comitato d'indirizzo".[50] La posizione che Sharon Nelton, ex membro del consiglio di amministrazione del Family Firm Institute, descrive qui, fa parte delle particolarità delle imprese familiari e delle famiglie imprenditrici.

Le strategie riguardanti i proprietari non sono diverse dalle altre: il tutto funzionerà solo se nelle strutture create si riesce a collocare persone disponibili e capaci di realizzarle. La distribuzione dei ruoli tra i membri della famiglia rientra, secondo una concezione tradizionale, tra le problematiche dell'impresa familiare. Poiché i ruoli nella sfera aziendale vengono assegnati giustamente secondo il principio della prestazione, con l'estensione della cerchia dei proprietari, l'impresa familiare offre a un numero relativamente sempre più piccolo di componenti la possibilità di prendere parte in modo attivo al progetto comune: cresce il numero dei proprietari, ma le posizioni disponibili continuano a restare le stesse. Ciò favorisce un potenziale conflitto nella competizione per i posti ambiti e riduce il legame emotivo con il progetto collettivo.

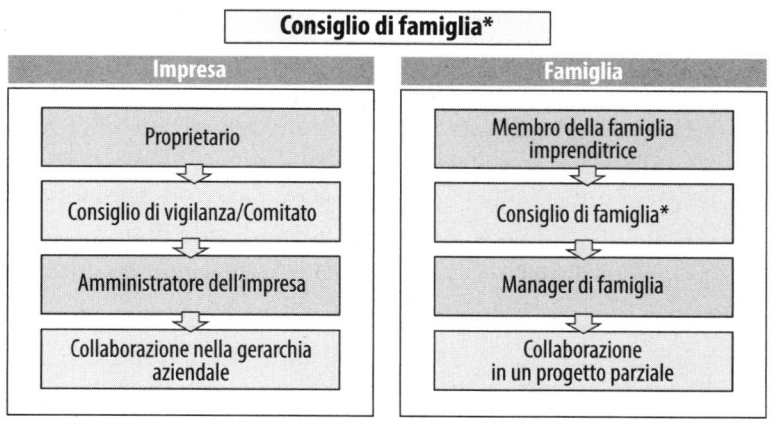

FIGURA 20. Ruoli nell'impresa familiare e nella famiglia imprenditrice.

La concezione qui presentata non può cambiare nulla della situazione di partenza, e tuttavia può trasformare i rapporti in modo positivo. Se prendiamo davvero sul serio la family governance, non basta di certo descrivere le strutture proposte: per renderle vive, dobbiamo creare nuovi ruoli e occuparli. Chi è responsabile della family education? Chi organizza le attività collettive della famiglia? Chi prende parte all'impegno d'interesse sociale? Chi si occupa dell'ufficio familiare? E chi coordina, dirige e guida le diverse attività? Chi assiste e monitora le attività del manager familiare?

La family governance crea nuovi incarichi e nuovi ruoli e dà a un numero maggiore di componenti della famiglia la possibilità di partecipare attivamente. Questo aumenta l'identificazione e il valore emotivo della partecipazione, riducendo il potenziale conflittuale presente nella distribuzione dei posti. Questa affermazione è tanto più vera, tanto più forte è la consapevolezza che, per il successo di lungo termine del comune progetto, il management della famiglia imprenditrice ha la stessa importanza del management dell'impresa, e che entrambi gli ambiti richiedono qualità differenti. Il management della famiglia proprietaria non è un terreno di riserva per gli svantaggiati, ma un'area operativa di uguale valore e con altri contenuti. Non è un minus, bensì un aliud.

Nell'impresa esistono i ruoli del proprietario e dell'amministratore. Dove si costituisce un organo di controllo autonomo, si aggiunge come ulteriore offerta di ruoli quello di membro del consiglio di vigilanza o di un comitato. Nelle imprese che ammettono la collaborazione in azienda da parte dei familiari, si crea inoltre la possibilità di trovare una collocazione come impiegato all'interno dell'organigramma. A parte la posizione di titolare, tutte le altre dovrebbero essere assegnate, nell'interesse della professional ownership e del fair process, solo a persone che dispongono delle necessarie qualifiche.

Gli uffici di family governance seguono una logica simile. Membri della famiglia proprietaria sono tutti coloro che soddisfano la definizione stabilita ad hoc, mentre nella posizione di manager della famiglia si viene scelti perché si è disponibili e capaci. Il manager di famiglia è il primo interlocutore dei membri della famiglia in tutte le questioni riguardanti la family governance; si occupa del funzionamento della famiglia, vigila sul rispetto delle regole e provvede affinché le attività di interesse comune siano portate a termine con successo. Non è tuttavia detto che debba sbrigare tutto da solo. Più è numerosa la famiglia e di conseguenza ampio il portafoglio di attività, maggiore diventa la possibilità di trasferire ad altri componenti parte delle responsabilità. Nelle famiglie molto grandi si raccomanda inoltre di costituire un consiglio di famiglia come strumento di intermediazione tra i diversi attori: il suo raggio d'azione può limitarsi alla sfera della family governance o essere utilizzato come trait-d'union informale tra gli organi dell'impresa e della famiglia.[51]

Un'osservazione conclusiva

C'è da sperare che il pensiero strategico riguardante la proprietà si sviluppi in uno standard per la professional ownership, ma per questo devono intervenire ancora alcuni cambiamenti: l'economia aziendale deve liberarsi dal suo focus sulla public company e occuparsi in maniera più massiccia del fenomeno della proprietà dominante, ma anche nelle stesse famiglie proprietarie è necessaria una trasformazione. I titolari devono imparare che una concentrazione unilaterale sull'impresa non è sufficiente per conservare sul lungo periodo l'impresa nelle mani della famiglia. Per la riuscita del progetto dinastico, si deve organizzare sia l'impresa sia la famiglia e far fronte alle sfide che nascono dall'incontro dei due sistemi. Infine va riconosciuto che non si possono affrontare le sfide del presente con gli strumenti concettuali del passato. L'idea patriarcale dell'imprenditore familiare è stata superata; le strategie proprietarie non dovrebbero più essere faccenda di singoli proprietari privilegiati, ma svilupparsi in un processo aperto della collettività interessata. In questo non ci devono essere tabù. Le famiglie proprietarie che operano in maniera professionale agiscono secondo i principi del "gioca a carte scoperte" e del "risolvi prima che si complichi". Molti temi riguardanti la strategia proprietaria nascondono potenzialità di conflitto, che possono solo ampliarsi se non vi si mette mano per tempo; al contrario è più semplice intervenire quando i possibili soggetti coinvolti sono ancora lontani dall'esserne concretamente colpiti.

Livello	Aspetto	Contenuto delle norme principali
Decisioni normative	Appartenenza	■ Quanti titolari sopporta l'impresa? ■ Chi può diventare proprietario? ■ Chi altri appartiene alla famiglia titolare?
	Immagine di sé	■ Vogliamo restare una famiglia imprenditrice? ■ Family first o business first?
Decisioni strategiche	Orientamento strategico	■ Valori e obiettivi ■ Focalizzare o diversificare? (Politica del rischio) ■ Fondamenti della politica aziendale
Decisioni strutturali	Organizzazione dell'impresa e famiglia	■ Come assicuriamo la nostra influenza sull'impresa? (Direzione, controllo, successione) ■ Come regoliamo il rapporto reciproco tra titolari? (Diritti di collaborazione, doveri di incentivazione, diritti patrimoniali) ■ Come provvediamo a una buona family governance? (Regole di gestione, rapporti con l'esterno, attività collettive)
Decisioni personali	Ruoli	■ Quali ruoli ci sono nell'impresa e nella famiglia? ■ A chi li attribuiamo?

FIGURA 21. Sintesi degli aspetti più importanti di una strategia proprietaria.

Epilogo

Così alla fine tutto rientra in un disegno complessivo sull'impresa familiare e le famiglie imprenditrici, i cui elementi fondamentali sono i seguenti.

1. Le imprese familiari non sono di per sé meglio o peggio delle public company e di altre forme di imprenditorialità. Sono diverse.
2. La loro diversità si basa sulla forma di proprietà, che è connotata dalla titolarità dominante di una famiglia con una concezione intergenerazionale.
3. Ognuna delle tre caratteristiche salienti ha pregi e sfide intrinseci al sistema, che possono essere analizzati con l'aiuto di un'analisi SWOT del family business.
4. Compito della leadership è di ottimizzare i vantaggi intrinseci nei confronti della concorrenza e di limitare gli svantaggi, eventualmente trasformandoli in benefici. Ciò comporta specifici comportamenti nella direzione strategica,

nel finanziamento e nella corporate governance dell'impresa familiare. Questi non dovrebbero più essere considerati come "unconventional wisdom", ma come norme strategiche adeguate a una forma d'impresa ampiamente diffusa.

5. La responsabilità finale per una leadership di successo dell'impresa familiare è riposta nei proprietari. Al loro potere corrisponde l'obbligo di un esercizio responsabile, per cui le strategie imprenditoriali devono essere integrate da strategie proprietarie. Nella loro elaborazione i titolari dovrebbero orientarsi ai principi della professional ownership e del fair process e creare un surplus non solo economico ma anche emotivo. Gli strumenti utili a disposizione sono, oltre ai Modelli dei due e tre cerchi, l'analisi SWOT del family business e il Modello a tre dimensioni.

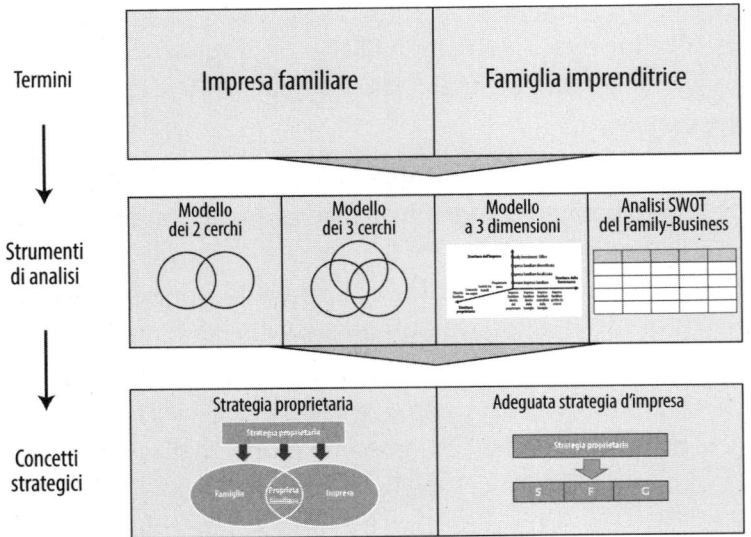

FIGURA 22. Il "metodo May" in sintesi.

Certo, tutto questo è solo teoria, e le teorie sono come carte geografiche: non sono la realtà, ma facilitano l'orientamento. In questo senso vi auguro, care lettrici e cari lettori, che il mio metodo vi faciliti la navigazione nella realtà della vostra impresa familiare e della vostra famiglia d'imprenditori. E auguro a me stesso che esso diventi la base per un'economia aziendale esauriente e innovativa rivolta alle imprese familiari: in questo modo il mio lavoro sarebbe ampiamente ripagato.

Note

Capitolo 1

1 Come primo approccio si consiglia la lettura di: Carlock, R. and J. Ward (2001): *Strategic Planning for the Family Business – Parallel Planning to Unify the Family and Business*. Palgrave Macmillan, Basingstoke; Carlock, R. and J. Ward (2010): *When Family Businesses are Best*. Palgrave Macmillan, Basingstoke; Colli, A. (2003): *The History of Family Business 1850-2000*. Cambridge University Press, Cambridge; Corbetta, G. and Salvato, C. (2012): *Strategies for longevity in family firms. A European perspective*. Palgrave Macmillan, Hampshire, 2012; Corbetta, G. (2010): *Le aziende familiari*. Egea, Milano; Kenyon-Rouvinez, D. and J. Ward (2005): *Family Business Key Issues*, Palgrave Macmillan, Basingstoke; Ward, J. (1987): *Keeping the Family Business Healthy*. Jossey-Bass Publishers, San Francisco; Ward, J. (2004): *Perpetuating The Family Business: 50 Lessons Learned from Long Lasting, Successful Families in Business*. Palgrave Macmillan, Basingstoke; Ward, J. (2005, ed.): *Unconventional Wisdom – Counterintuitive Insights for Family Business Success*. John Wiley & Sons, Hoboken.

2   Sullo sviluppo storico delle società per azioni e le imprese familiari nella Seconda rivoluzione industriale e sulle relative conseguenze, cfr. Colli, A. (2003): *The History of Family Business 1850-2000*. Cambridge University Press, Cambridge, p. 6 ss.; James, H. (2005): *Familienunternehmen in Europa – Haniel, Wendel und Falck*. C. H. Beck, München, p. 113 ss. nonché Klein, S. (2010): *Familienunternehmen*. Terza edizione, Eul, Lohmar – Köln, p. 24 s.

3   Zentrum für Europäische Wirtschaftsforschung / Institut für Mittelstandsforschung (2009): *Die volkswirtschaftliche Bedeutung der Familienunternehmen*. Stiftung Familienunternehmen, München.

4   Cfr. Chandler, A. (1977): *The Managerial Revolution in American Business*. Harvard Belknap, Cambridge.

5   Landes, D. (2008): *Die Macht der Familie*. Pantheon, München, p. 16.

6   Anderson, R. and D. Reeb (2003): *Founding-Family Ownership and Firm Performance*. Journal of Finance 58: pp. 1301-1329.

7   Come parametri comparativi Anderson e Reeb hanno utilizzato la redditività complessiva del capitale nonché il valore della Q di Tobin.

8   Questa constatazione coincide con le ricerche di Miller, D., I. Le Breton-Miller, R. Lester and A. Cannella (2007): *Are family firms really superior performers?* in Journal of Corporate Finance 13, pp. 829-858 nonché Villalogna, B. and R. Amit (2006): *How do family ownership, control and management affect firm value?*, Journal of Financial Economics 80, pp. 385-417.

9   Business Week del 10 novembre 2003, p. 102, commentato da Landes, D. (2008): *Die Macht der Familie*. Pantheon, München, pp. 20 s. e 410.

10 Lowry Miller, K. (2004): "Best of the Best". Newsweek, 12 aprile 2004, p. 44 s.

11 Una buona panoramica dei risultati di successo si trova in Hack, A. (2009): *Sind Familienunternehmen anders? Eine kritische Bestandsaufnahme des aktuellen Forschungsstands*. Zeitschrift für Betriebswirtschaft. Special Issue 2, pp. 1-29, in particolare p. 12 ss.

12 Cfr. Anderson, R. and D. Reeb (2003): *Founding-Family Ownership and Firm Performance*. Journal of Finance 58, pp. 1301-1329; Landes, D. (2008): *Die Macht der Familie*. Pantheon, München, p. 16.

13 Owen, G. (2010): "Family still has a role to play". Financial Times, 5 ottobre 2010, p. 8.

14 Ward, J. (1987): *Keeping the Family Business Healthy*. Jossey-Bass Publishers, San Francisco.

15 Cfr. J.P. Morgan Private Bank, con dati tratti da Forbes 400, edizioni annuali da settembre 1982 a ottobre 2007.

16 Cfr. in proposito Unterreiner, V. (2010): "Abstieg einer Dynastie", Welt am Sonntag, 18 luglio 2010, p. 27.

17 Cfr. Ward, J. (2008): *Strategy & Success in the Family Business*, Documenti del seminario Imd "Leading the Family Business" dell'11 aprile 2008.

Capitolo 2

1 Una panoramica sullo stato dell'arte è data da Hack, A. (2009): *Sind Familienunternehmen anders? Eine kritische Bestandsaufnahme des aktuellen Forschungsstands. Zeitschrift für Betriebswirtschaft*, Special Issue 2, pp. 1-29; Debicki, B., C. Matherne III, F. Kellermanns and J. Chrisman (2009): *Family Business Research in the New Millennium – An Overview of the Who, the Where, the What, and the Why*. Family Business Review 22, pp. 151-166 nonché Chrisman, J., J. Chua and P. Sharma (2005): *Trends and Directions in the Development of a Strategic Management Theory of the Family Firm*. Entrepreneurship Theory & Practice 29, pp. 555-575.

2 Non è nemmeno importante se, in che misura, fino a che punto e quanto i proprietari facciano effettivamente uso del proprio potere di titolari. Ciò non è riconosciuto dai più recenti tentativi di definizione quali, per esempio, la F-PEC scale di Astrachan, cfr. J., S. Klein and K. Smyrnios (2002): *The F-PEC Scale of Familiy Influence: A Proposal for Solving the Family Business Definition Problem*. Family Business Review 15, pp. 73-95.

3 Klein, S. (2010): *Familienunternehmen*. Terza edizione, Eul, Lohmar – Köln, p. 18.

4 Per l'analisi SWOT cfr. le spiegazioni generali in Simon H. & V. D. Gathen (2002): *Das große Handbuch der Strategieinstrumente –*

Werkzeuge für eine erfolgreiche Unternehmensführung. Campus, Frankfurt, pp. 214-222 nonché Welge, M. e A. Al-Laham (2008): *Strategisches Management – Grundlagen, Prozesse, Implementierung.* Quinta edizione completamente rivista, Gabler, Wiesbaden, pp. 353-413.

5   Per il conflitto principale-agente cfr. Fama, E. and M. Jensen (1983): *Separation of ownership and control.* Journal of Law and Economics 26: p.301-325; Fama, E. and M. Jensen (1983): *Agency Problems and Residual Claims.* Journal of Law and Economics 26, pp. 327-349; Ross, S. (1973): *The Economic Theory of Agency – The Principal's Problem.* American Economic Review 63: p.134-135; Jensen, M. and W. Meckling (1976): *Theory of the Firm: Managerial Behavior, Agency Costs, and Ownership Structure.* Journal of Financial Economics 3, pp. 305-360 nonché la breve sintesi di Hack, A. (2009): *Sind Familienunternehmen anders? Eine kritische Bestandsaufnahme des aktuellen Forschungsstands.* Zeitschrift für Betriebswirtschaft, Special Issue 2, p. 5 s.

6   Smith, A. (1776): *An Inquiry into the Nature and Causes of the Wealth of Nations.* Nuova edizione 1363, Adams and Charles Black, Edinburgh, p. 334.

7   Berle, A. and G. Means (1932): *The Modern Corporation and Private Property.* Macmillan, New York, p. 294. Non può quindi stupire che gli economisti Marianne Bertrand e Sendhil Mullainathan abbiano trovato che le rimunerazioni dei manager sono più fortemente orientate ai reali criteri di performance quando vi è uno shareholder dominante. Cfr. Bertrand, M. and Mullainathan (2000): *Do CEOs Set Their Own Pay? The Ones Without Principals Do.* NBER Working Paper No. NBER_W7604.

8   Cfr.Weizsäcker, R. v. und K. Krempel (2006): *Familienunternehmen: Auf lange Sicht erfolgreich. Working Paper Lehrstuhl für Volkswirtschaftslehre, Finanzwissenschaft und Industrieökonomik.* Technische Universität München, p. 5 s.

9   Smith, A. (1776): *An Inquiry into the Nature and Causes of the Wealth of Nations.* Nuova edizione. Adams and Charles Black, Edinburgh, 1863, p. 334.

10 Così già May, P. (2009): *Familienunternehmen erfolgreich führen – Von der Inhaber-Strategie zur Unternehmens-Strategie.* Zeitschrift für Betriebswirtschaft, Special Issue 2/2009, p. 114, e anche May, P. (2008): *Leading the Family Business – Why creating an owner strategy must come first for family businesses.* In: B. Büchel, Read, A. Moncef and S. Coughlan (ed.), *Riding the Winds of Global Change,* Imd, Lausanne, pp. 83-89.

11 Cfr. Hack, A. (2009): *Sind Familienunternehmen anders? Eine kritische Bestandsaufnahme des aktuellen Forschungsstands.* Zeitschrift für Betriebswirtschaft, Special Issue 2, pp. 1-29 con numerose testimonianze.

12 Così il manager Martin Richenhagen, all'epoca chairman, presidente e chief executive officer del gruppo americano Agco Corporation, quotato in Borsa, in occasione di Intes, Unternehmer Erfolgsforum, 12 novembre 2009, Castello di Bensberg.

13 Fama, E. and M. Jensen (1983): *Separation of ownership and control.* Journal of Law and Economics 26, pp. 301-325.

14 Cfr. Simon, H. (2007): *Hidden Champions des 21. Jahrhunderts – Die Erfolgsstrategien unbekannter Weltmarktführer.* Campus, Frankfurt, p. 302.

15 Sul bonus della proprietà già May, P. (2008): *Familienunternehmen: Nicht nur anders, sondern besser – Grundzüge einer Managementtheorie für Familien-unternehmen.* In: C. Rödl, W. Scheffler und M. Winter (ed.), *Internationale Familienunternehmen – Recht, Steuern, Bilanzierung, Finanzierung, Nachfolge, Strategien – Festschrift für Bernd Rödl zum 65. Geburtstag,* C. H. Beck, München, p. 422 s. nonché May P., *Familienunternehmen erfolgreich führen – Von der Inhaber-Strategie zur Unternehmens- Strategie.* Zeitschrift für Betriebswirtschaft, Special Issue 2/2009, p. 120.

16 Cfr. in proposito Lansberg, I. (1983): *Managing Human Resources in Family Firms – The Problem of Institutional Overlap.* Organizational Dynamics 12, pp. 39-46, nonché Gersick, K., J. Davis, M. McCollom Hampton and I. Lansberg (1997): *Generation to Generation – Life Cycles of the Family Business.* Harvard Business School Press, Boston, nonché Simon, F. (2002): *Familie und Unternehmen – Überlegungen* zu Unterschieden, Gemeinsamkeiten und den Folgen in: F. Simon (ed.), *Die Familie des Familienunternehmens – Ein System zwischen Gefühl und Geschäft*, Carl Auer, Heidelberg, pp. 27-51; Rosenbauer, C. (1994): *Strategische Erfolgsfaktoren des Familienunternehmens im Rahmen seines Lebenszyklus*. Dissertation der Universität St. Gallen, St. Gallen, p. 44 ss. e Mühlebach, C. (2004): *Familyness als Wettbewerbsfaktor*. Haupt, Bern, p. 17 s.

17 Cfr. Lansberg, I. (1983): *Managing Human Resources in Family Firms – The Problem of Institutional Overlap*. Organizational Dynamics 12, p. 40 nonché Beckhard, R. and W. Dyer (1983): *Managing Continuity in the Family Owned Business*. Organizational Dynamics 12/5, p. 5 ss.

18 Qui citato da Hughes, J. (2004): *Family Wealth – Keeping it in the family*. Blomberg Press, Princeton, p. 69 s.

19 Più dettagliato sul tema "family first versus business first", tra gli altri, Ward, J. (1987): *Keeping the Family Business Healthy*. Jossey-Bass Publishers, San Francisco, p. 153 s.

20 Cfr. Tagiuri, R. and J. Davis (1992): *On the Goals of Successful Family Companies*. Family Business Review 5, pp. 43-62; Tagiuri, R. and J. Davis (1996): *Bivalent Attributes of the Family Firm*. Family Business Review 9, pp. 199-208; cfr. anche Gersick, K., J. Davis, M. McCollom Hampton and I. Lansberg (1997): *Generation to Generation – Life Cycles of the Family Business*. Harvard Business School Press, Boston. Il Modello dei tre cerchi non manca oggi pressoché in nessun trattato teorico sulle imprese familiari ed è considerato il modello teorico più importante per spiegare questo tipo di impresa. Dalla sua introduzione è stato spesso integrato e modificato, soprattutto di continuo ampliato in un Modello a quattro cerchi: cfr. Klein, S. (2010): *Familienunternehmen*. Terza edizione, Eul, Lohmar – Köln, p. 234 ss.

21 Cfr. Mühlebach, C. (2004): *Familyness als Wettbewerbsfaktor*. Haupt, Bern, p. 20; Terberger, D. (1998): *Konfliktmanagement in Familienunternehmen – Ein eignerorientiertes Konzept zur professionellen Konfliktbewältigung in Familienunternehmen*, Universität St. Gallen, St. Gallen, p. 32 s.; Wimmer, R., E. Domayer, M. Oswald, G. Vater (1996): *Familienunternehmen – Auslaufmodell oder Erfolgstyp?* Gabler, Wiesbaden, p. 189.

22 Mühlebach, C. (2004): *Familyness als Wettbewerbsfaktor*. Haupt, Bern.

23 Cfr. Gordon, G. and N. Nicholson (2010): *Family Wars – The Real Stories behind the Most Famous Family Business Feuds*. Kogan Page, London.

24 David, W. (1998): "Signora Gucci im Büßerhemd". Die Zeit 26, p. 55.

25 Già in May, P. (2008): *Familienunternehmen: Nicht nur anders, sondern besser – Grundzüge einer Managementtheorie für Familienunternehmen*. In: C. Rödl, W. Scheffler und M. Winter (ed.), *Internationale Familienunternehmen – Recht, Steuern, Bilanzierung, Finanzierung, Nachfolge, Strategien – Festschrift für Bernd Rödl zum 65. Geburtstag*, C. H. Beck, München, p. 421 s., e May, P. (2009): *Familienunternehmen erfolgreich führen – Von der Inhaber-Strategie zur Unternehmens-Strategie*. Zeitschrift für Betriebswirtschaft, Special Issue 2/2009, p. 118.

26 Cfr. anche Mühlebach, C. (2004): *Familyness als Wettbewerbsfaktor*. Haupt, Bern; Carlock, R. and J. Ward (2001): *Strategic Planning for the Family Business – Parallel Planning to Unify the Family and Business*. Palgrave Macmillan, Basingstoke, p. 192 nonché Rosenbauer, C. (1994): *Strategische Erfolgsfaktoren des Familienunternehmens im Rahmen seines Lebenszyklus*. Dissertation der Universität St. Gallen, St. Gallen, p. 147 s.

27 Cfr. Pümpin, C. (1992): *Strategische Erfolgspositionen – Methodik der dynamischen strategischen Unternehmensführung*. Paul Haupt, Bern, p. 89 ss.

28 Cfr. Collins, J. and J. Porras (1994): *Built to Last – Successful Habits of Visionary Companies*. HarperBusiness, New York, and Lief, C. and D. Denison (2005): *How Family Business Culture is Different*. In: J. Ward (ed.), *Unconventional Wisdom*, John Wiley & Sons, Chichester, pp. 57-76.

29 Una bella e riuscita descrizione sulla fiducia e la sua nascita si trova nel saggio del giurista e scrittore Bernhard Schlink *Wirtschaft und Vertrauen*. Schlink, B. (2005): *Vergewisserungen – Über Politik, Recht, Schreiben und Glauben*. Diogenes, Zürich.

30 Simon, H. (2007): *Hidden Champions des 21. Jahrhunderts – Die*

Erfolgsstrategien unbekannter Weltmarktführer. Campus, Frankfurt, p. 337.

31 Cfr. la trattazione di Spengler, O. (2007): *Der Untergang des Abendlandes.* Patmos, Mannheim, nonché Kennedy, P. (2001): *Aufstieg und Fall der großen Mächte.* Quinta edizione, S. Fischer, Frankfurt.

32 Cfr. *L'origine delle specie,* di Charles Darwin (N.d.R.).

33 Cfr. Smith, A. (1776): *An Inquiry into the Nature and Causes of the Wealth of Nations.* Nuova edizione 1863, Adams and Charles Black, Edinburgh.

34 Cfr. Schumpeter, J. (1934): *Theorie der wirtschaftlichen Entwicklung – Eine Untersuchung über Unternehmergewinn, Kapital, Kredit, Zins und den Konjunkturzyklus.* Nona edizione, ristampa invariata della quarta edizione, Duncker & Humblot, Berlin, e McGraw, T. (2008): *Joseph A. Schumpeter – Eine Biographie.* Murmann, Hamburg.

35 Tutte le citazioni da McGraw, T. (2008): *Joseph A. Schumpeter – Eine Biographie.* Murmann, Hamburg: in particolare p. 92 s. e 192 s.

36 Cfr. Porter, M. (1980): *Competitive Strategy – Techniques for Analyzing Industries and Competitors.* Free Press, New York.

37 Pümpin, C. und J. Prange (1995): *Management der Unternehmensentwicklung – Phasengerechte Führung und Umgang mit Krisen.* Campus, Frankfurt.

Capitolo 3

1 Cfr. Ward, J. (2005): *Unconventional Strategy – Why Family Outperform.* In: Ward, J. (ed.), *Unconventional Wisdom – Counterintuitive Insights for Family Business Success.* John Wiley & Sons, Hoboken, p. 13 ss.

2 In questo senso anche Lambrecht, J. and J. Lievens (2009): *Responsible ownership of the family business.* FBNet Belgium, Brussels-Kortrijk, nonché Aronoff, C. and J. Ward (2002): *Family Business Ownership – How To Be An Effective Shareholder.* Family Enterprise Publishers, Marietta.

3 Cfr. Pümpin, C. (1998): *Die Eignerstrategie.* In: B.-H. Hennerkes und

R. Kirchdörfer (ed.), *Unternehmenshandbuch Familiengesellschaften – Sicherung von Unternehmen, Vermögen und Familie*, seconda edizione, Carl Heymanns, Köln, pp. 799-814; Pümpin, C. und R. Pritzl (1991): *Unternehmenseigner brauchen eine ganz besondere Strategie*, Harvard Business Manager 3, pp. 44-51; Pümpin, C. (2008): *Eigner-Strategie*. In: P. May (ed.), *Das Intes-Handbuch Familienunternehmen*, Intes Akademie für Familienunternehmen, Bonn-Bad Godesberg, pp. 113-131; Carlock, R. and J. Ward (2001): *Strategic Planning for the Family Business – Parallel Planning to Unify the Family and Business*. Palgrave Macmillan, Basingstoke, nonché Carlock, R. and J. Ward (2010): *When Family Businesses are Best: The Parallel Planning Process for Family Harmony and Business Success*. Palgrave Macmillan, Basingstoke.

4   Cfr. già May, P. (2009): *Familienunternehmen erfolgreich führen – Von der Inhaber-Strategie zur Unternehmens-Strategie*. Zeitschrift für Betriebswirtschaft, Special Issue 2/2009, pp. 113-126; May, P. (2008): *Leading the Family Business – Why creating an owner strategy must come first for family businesses*. In: B. Büchel, S. Read, A. Moncef and S. Coughlan (ed.), *Riding the Winds of Global Change*, Imd, Lausanne, pp. 83-89.

5   In proposito già May, P. (2008): *Familienunternehmen: Nicht nur anders, sondern besser – Grundzüge einer Managementtheorie für Familienunternehmen*. In: C. Rödl, W. Scheffler und M. Winter (ed.), *Internationale Familienunternehmen – Recht, Steuern, Bilanzierung, Finanzierung, Nachfolge, Strategien – Festschrift für Bernd Rödl zum 65. Geburtstag*, C. H. Beck, München, pp. 417-429; May, P. (2009): *Familienunternehmen erfolgreich führen – Von der Inhaber-Strategie zur Unternehmens-Strategie*. Zeitschrift für Betriebswirtschaft, Special Issue 2/2009, pp. 113-126 nonché May, P. (2008): *Leading the Family Business – Why creating an owner strategy must come first for family businesses*. In: B. Büchel, S. Read, A. Moncef and S.Coughlan (ed.), *Riding the Winds of Global Change*, Imd, Lausanne, pp. 83-89

6   Cfr. già May, P. (2009): "Die BWL hat den Unternehmer vergessen". Frankfurter Allgemeine Zeitung 91, p. 12; nonché May, P. (2009): *Das Versagen der Wirtschaftswissenschaften – oder: Warum wir die BWL neu denken müssen*. In: P. May und G. Rieder (ed.),

Familienunternehmen heute – Jahrbuch 2010, Intes Akademie für Familienunternehmen, Bonn-Bad Godesberg, pp. 12-15.

7   Cfr. Klein-Blenkers, F. (2009): *Vorwort – Die Wurzeln der Betriebswirtschaftslehre.* In: A. Emminghaus, *Allgemeine Gewerkslehre, 19. Auflage, Vereinigung zur Förderung der Geschichte der Betriebswirtschaftslehre*, Bergisch Gladbach, p. 7 s.

8   In Germania e in Italia, per natura caratterizzate da uno stato sociale, quest'ultimo trova un riconoscimento minore che nei Paesi anglosassoni di stampo liberalcapitalistico.

9   In questo senso già May, P. (2008): *Lernen von den Champions.* In: P. May (ed.), *Das Intes-Handbuch Familienunternehmen*, Intes Akademie für Familienunternehmen, Bonn-Bad Godesberg, pp. 96-112; e anche Landes, D. (2008): *Die Macht der Familie.* Pantheon, München, p. 407 ss.; Michler, I. (2009): *Wirtschaftswunder 2010 – Deutschlands Familienunternehmer erobern die Weltmärkte.* Campus, Frankfurt, p. 202 ss.

10 Già May, P. (2008): *Sind Unternehmer bessere Menschen?* Impulse 6, p. 130.

Capitolo 4

1   Wolfgang, F., B. Lorenz und U. Hauser (2007): *Die Discountisierung der Gesellschaft – Dimensionen eines Megatrends.* Deutscher Betriebswirte-Verlag, Gernsbach, nonché Böckermann, G. und H. Lehmann (2007, ed.): *Aldisierung – Ist Geiz geil? Oder: Die Entwicklung einer neuen Konsumkultur.* Katholische Akademie der Erzdiözese Freiburg, Freiburg.

2   Cfr. Brandes, D. (2003): *Die 11 Geheimnisse des Aldi-Erfolgs.* Campus, Frankfurt; Brandes, D. (1998): *Konsequent einfach: Die Aldi-Erfolgsstory.* Campus, Frankfurt; Brandes, D. (2008): *Von Aldi lernen – Das Prinzip der Einfachheit.* In: P. May (ed.), *Das Intes-Handbuch Familienunternehmen*, Intes Akademie für Familienunternehmen, Bonn-Bad Godesberg, pp. 247-261.

3   Solo nelle acquisizioni di Hofer in Austria da parte di Aldi Süd e di Trader Joe negli Stati Uniti da parte di Aldi Nord ci si è scostati da questo principio.

Capitolo 5

1 Uno sviluppo concreto della disciplina del management a partire dai suoi inizi verso la fine del XIX si trova in Javier Meto, *Estructura, estrapia y conociemiento*. Una lectura histórica de la política de gestión (tesi di dottorato non pubblicata). La dottrina si è evoluta attraversando le fasi dell'organizzazione del lavoro e della produzione (Henry Fayol), il management del personale (Frederick Herzberg), l'amministrazione (Herbert Simon), l'organizzazione (Alfred Chandler) fino a diventare a poco a poco la dottrina della strategia (Kenneth Anders). Cfr. anche Wöhe, G. und U. Döring (2010): *Einführung in die Allgemeine Betriebswirtschaftslehre*. Vahlen, München, ventiquattresima edizione rivista e aggiornata.

2 Cfr. Porter, M. (1992): *Wettbewerbsstrategie*. Campus, Frankfurt, settima edizione.

3 Cfr. Porter, M. (1992): *Wettbewerbsvorteile – Spitzenleistungen erreichen und behaupten*. Campus, Frankfurt, terza edizione, p. 93 ss.

4 Cfr. anche. Simon, H. und A. V. D. Gathen (2010): *Das große Handbuch der Strategieinstrumente – Werkzeuge für eine erfolgreiche Unternehmensführung*. Campus, Frankfurt.

5 Cfr. Markowitz, H. (1952): *Portfolio Selection*, Journal of Finance 1, pp. 77-91 e Markowitz, H. (1959): *Portfolio Selection – Efficient Diversification of Investments*. John Wiley & Sons, London.

6 Cfr. Rappaport, A. (1999): *Shareholder-Value – Ein Handbuch für Manager und Investoren*. Stuttgart, Schäffer-Poeschel, seconda edizione completamente rivista e aggiornata.

7 Cfr. Collins, J. and J. Porras (2002): *Built to Last*, Harper, New York; nonché Lief, C. and D. Denison (2005): *How Family Business Culture is Different*. In: J. Ward, *Unconventional Wisdom – Counterintuitive Insights for Family Business Success*, John Wiley & Sons, Hoboken, nonché le argomentazioni sulla cultura d'impresa nel volume a cura di Aronoff, C., J. Astrachan and J. Ward (2002, ed.), *Family Business Sourcebook*. Family Enterprise Publishers, Marietta, pp. 651-725.

8 Cfr. anche Simon, H. e D. Zatta (2014): *Aziende vincenti nel mercato globale. Campioni nascosti alla conquista del mondo*, Hoepli, Milano (N.d.R.).

9 Simon, H. (2007), *Hidden Champions des 21. Jahrhunderts – Die Erfolgsstrategien unbekannter Weltmarktführer*. Campus, Frankfurt, nonché Venohr, B. (2006): *Wachsen wie Würth – Das Geheimnis des Welterfolgs*. Campus, Frankfurt.

10 Così già May, P. (2008): *Familienunternehmen: Nicht nur anders, sondern besser – Grundzüge einer Managementtheorie für Familienunternehmen – Recht, Steuern, Bilanzierung, Finanzierung, Nachfolge, Strategien – Festschrift für Bernd Rödl zum 65. Geburtstag*, C. H. Beck, München, p. 421.

11 Lo sviluppo delle public company con una cerchia anonima di investitori è stato massicciamente caratterizzato dall'esigenza di coprire il fabbisogno finanziario dei grandi progetti industriali, ben superiore alle possibilità delle dinastie familiari fino allora dominanti. La suddivisione risultante dell'economia in imprese familiari e in public company ha fortemente contribuito a un rapido aumento del benessere e del successo del modello di società capitalistico nella seconda fase della rivoluzione industriale.

12 Non è un caso che Hermann Simon definisca come elementi centrali della strategia della concorrenza dei Campioni Nascosti: vicinanza al mercato, leadership tecnologica, capacità innovativa e collaboratori qualificati e motivati; cfr. Simon, H. (2007): *Hidden Champions des 21. Jahrhunderts – Die Erfolgsstrategien unbekannter Weltmarktführer*. Campus, Frankfurt.

13 Blas, J. and G. Meyer (2010): "All you can eat". Financial Times, 19 maggio 2010, p. 9.

14 Peters, T. and R. Watermann (1982): *In Search of Excellence – Lessons from America's Best-Run Companies*. Harper & Row, New York.

15 Bilstein, F. und H. Simon (2006): "Abschied vom Marktanteilsdenken – Gewinnorientierte Wettbewerbsstrategien". Frankfurter Allgemeine Zeitung 217, 18 settembre 2006.

16 Bilstein, F. und H. Simon (2006): "Abschied vom Marktanteilsdenken – Gewinnorientierte Wettbewerbsstrategien". Frankfurter Allgemeine Zeitung 217, 18 settembre 2006, p. 22.

17 Walton, S. (2008): *Zehn Regeln für ein erfolgreiches*

Unternehmensmanagement. In: May, P. (ed.), *Das Intes-Handbuch Familienunternehmen,* Intes Akademie für Familienunternehmen, Bonn-Bad Godesberg, p. 276.

18 Simon, H. (2007): *Hidden Champions des 21. Jahrhunderts – Die Erfolgsstrategien unbekannter Weltmarktführer.* Campus, Frankfurt, p. 170.

19 Simon, H. (2007): *Hidden Champions des 21. Jahrhunderts – Die Erfolgsstrategien unbekannter Weltmarktführer.* Campus, Frankfurt, pp. 185-188.

20 Porter, M. (1992): *Wettbewerbsvorteile – Spitzenleistungen erreichen und behaupten.* Campus, Frankfurt, terza edizione, p. 93 ss.

21 Bilstein, F. und H. Simon (2006): "Abschied vom Marktanteilsdenken – Gewinnorientierte Wettbewerbsstrategien". Frankfurter Allgemeine Zeitung 217, 18 settembre 2006, p. 22.

22 Simon, H. (2007): *Hidden Champions des 21. Jahrhunderts – Die Erfolgsstrategien unbekannter Weltmarktführer.* Campus, Frankfurt, pp. 185-188.

23 Simon, H. (2007): *Hidden Champions des 21. Jahrhunderts – Die Erfolgsstrategien unbekannter Weltmarktführer.* Campus, Frankfurt, p. 233 ss.

24 Simon, H. (2007): *Hidden Champions des 21. Jahrhunderts – Die Erfolgsstrategien unbekannter Weltmarktführer.* Campus, Frankfurt, p. 177 ss., 181 ss. e 188.

25 Simon, H. (2007): *Hidden Champions des 21. Jahhunderts – Die Erfolgsstrategien unbekannter Weltmarktführer.* Campus, Frankfurt, p. 170 ss. und 188.

26 Simon, H. (2007): *Hidden Champions des 21. Jahrhunderts – Die Erfolgsstrategien unbekannter Weltmarktführer.* Campus, Frankfurt, p. 188.

27 Cfr. Simon, H. (2007): *Hidden Champions des 21. Jahrhunderts – Die Erfolgsstrategien unbekannter Weltmarktführer.* Campus, Frankfurt, p. 189.

28 Cfr. già May, P. (2004): *Lernen von den Champions – Fünf Bausteine*

für unternehmerischen Erfolg. Seconda edizione, Intes Akademie für Familienunternehmen, Bonn-Bad Godesberg, p. 50 ss., e May, P. (2009): *Erfolgsmodell Familienunternehmen.* In: F. Langenscheidt und P. May (ed.), *Das Lexikon der deutschen Familienunternehmen – Deutsche Familienunternehmen mit allen wichtigen Informationen zu Herkunft, Geschichte, Daten und Fakten,* Gabler, Wiesbaden, p. 954 ss.

29 Qui citato da May, P. (2004): *Lernen von den Champions – Fünf Bausteine für unternehmerischen Erfolg.* Seconda edizione, Intes Akademie für Familienunternehmen, Bonn-Bad Godesberg, p. 52.

30 Kamprad, I. (2008): *Das Testament eines Möbelhändlers – Die Erfolgsprinzipien eines Möbelhändlers.* In: P. May (ed.), *Das Intes-Handbuch Familienunternehmen,* Intes Akademie für Familienunternehmen, Bonn-Bad Godesberg, pp. 262-272.

31 Cfr. McGraw, T. (2008): *Joseph A. Schumpeter – Eine Biographie.* Murmann, Hamburg.

32 Cfr. May, P. (2009): *Erfolgsmodell Familienunternehmen.* In: F. Langenscheidt und P. May (ed.), *Das Lexikon der deutschen Familienunternehmen – Deutsche Familienunternehmen mit allen wichtigen Informationen zu Herkunft, Geschichte, Daten und Fakten,* Gabler, Wiesbaden, p. 956.

33 Cfr. Anderson, R. and D. Reeb (2003): *Founding-Family Ownership and Firm Performance.* Journal of Finance 58, pp. 1301-1329, e Hack, A. (2009): *Sind Familienunternehmen anders? Eine kritische Bestandsaufnahme des aktuellen Forschungsstands.* Zeitschrift für Betriebswirtschaft, Special Issue 2, pp. 1-29.

34 Simon, H. (2007): *Hidden Champions des 21. Jahrhunderts – Die Erfolgsstrategien unbekannter Weltmarktführer.* Campus, Frankfurt, p. 220 s.

35 Cfr. Maucher, H. (2007): *Management-Brevier – Ein Leitfaden für unternehmerischen Erfolg.* Campus, Frankfurt, p. 191.

36 Cfr. Fahrion, H. J., A. Käufl und S. Hein (2010): *Risikomanagement, Internes Kontrollsystem und Compliance Management als zentrale Instrumente der Business Governance.* In: Koeberle-Schmid, A., H.-J. Fahrion and P. Witt (ed.), *Family Business Governance –*

Erfolgreiche Führung von Familienunternehmen, Erich Schmidt, Berlin, pp. 179-200.

37 Simon, H. (2009): "Der große Fehler". Manager-magazin 10, p. 68.

38 Per altre notizie sui Tamagotchi cfr. Wikipedia (http://it.wikipedia.org/wiki/Tamagotchi).

39 Cfr. May, P. (2004): *Lernen von den Champions – Fünf Bausteine für unternehmerischen Erfolg*. Seconda edizione, Intes Akademie für Familienunternehmen, Bonn-Bad Godesberg, p. 80 ss.

40 Com'è noto, circa la metà di tutte le acquisizioni portano a una perdita di valore invece che all'aumento promesso; cfr. in proposito A. T. Kearny (1998): *Integration nach Unternehmenskauf – Ihr Weg zur Post Merger Excellence*. A. T. Kearny Global Pmi Survey, Düsseldorf. Lo studio rileva che il 57% delle 230 imprese esaminate avrebbero peggiorato la loro redditività dopo la fusione, e che il 50% di tutte le alleanze negli Stati Uniti sarebbero fallite nel giro di quattro anni.

41 Cfr. in proposito May, P. (2008): *Familienunternehmen: Nicht nur anders, sondern besser – Grundzüge einer Managementtheorie für Familienunternehmen*. In: C. Rödl, W. Scheffler und M. Winter (ed.), *Internationale Familienunternehmen – Recht, Steuern, Bilanzierung, Finanzierung, Nachfolge, Strategien – Festschrift für Bernd Rödl zum 65. Geburtstag*, C. H. Beck, München, p. 423, nonché May, P. (2009): *Familienunternehmen erfolgreich führen. Von der Inhaber-Strategie zur Unternehmens-Strategie*. Zeitschrift für Betriebswirtschaft, Special Issue 2/2009, pp. 113-125.

42 Maucher, H. (2007): *Management-Brevier – Ein Leitfaden für unternehmerischen Erfolg*. Campus, Frankfurt, p. 32 ss.

Capitolo 6

1 In generale sul tema del finanziamento dell'impresa: Wöhe, G. und U. Döring (2010): *Einführung in die Allgemeine Betriebswirtschaftslehre*. Vahlen, München; Thommen, J.-P. und A.-K. Achleitner (2003): *Allgemeine Betriebswirtschaftslehre – Umfassende Einführung aus managementorientierter Sicht*. Gabler, Wiesbaden, quarta edizione rivista e ampliata; Perridon, L., M. Steiner und A. Rathgeber (2009):

Finanzwirtschaft der Unternehmung. Vahlen, München; Copeland, T.,
J. Weston and Shastri (2003): *Financial Theory and Corporate Policy*.
Addison-Wesley Longman, Amsterdam, quarta edizione; Hillier, D., S.
Ross, R. Westerfield, J. Jaffe and B. Jordan (2010): *Corporate Finance –
European Edition*. McGraw-Hill, Columbus.

2 La letteratura corrente sul management si occupa esclusivamente del
rapporto tra crescita, redditività e valore dell'impresa. La stabilità ha
solo un ruolo secondario. Su crescita, redditività e stabilità, si veda
tra l'altro Varaiya, N., R. Kerin and D. Weeks (1987): *The Relationship
between Growth, Profitability and Firm Value*. Strategic Management
Journal 5, pp. 487-497; Hall, M. and L. Weiss (1967): *Firm Size and
Profitability*. The Review of Economics and Statistics 49, pp. 319-331.

3 In generale sulle particolarità nel finanziamento delle imprese
familiari cfr. Redlefsen, M. und A. Knöll (2008): *Finanzierung
von Familienunternehmen*. In: P. May (ed.), *Das Intes-Handbuch
Familienunternehmen*, Intes Akademie für Familienunternehmen,
Bonn-Bad Godesberg, pp. 281-294; Achleitner, A.-K., S. Schraml
und O. Klöckner (2008): *Finanzierung von Familienunternehmen
– Wie professionell ist die Unternehmensfinanzierung tatsächlich?*
Center for Entrepreneurial and Financial Studies, Technische
Universität München; Redlefsen, M. und J. Eiben (2006): *Finanzierung
von Familienunternehmen*. Intes Studie, Intes Akademie für
Familienunternehmen, Bonn-Bad Godesberg; Schielke, J. (2009):
Finanzierung von Familienunternehmen. In: R. Kirchdörfer, R. Lorz, A.
Wiedemann, R. Kögel und T. Frohnmayer (ed.), *Familienunternehmen
in Recht, Wirtschaft, Politik und Gesellschaft – Festschrift für Brun-
Hagen Hennerkes zum 70. Geburtstag*. C. H. Beck, München, pp. 221-
240; Ackermann, J. (2009): *Intelligente Finanzierung als Erfolgsfaktor
für Familienunternehmen*. In: R. Kirchdörfer, Lorz, A. Wiedemann,
R. Kögel und T. Frohnmayer (ed.), *Familienunternehmen in Recht,
Wirtschaft, Politik und Gesellschaft – Festschrift für Brun-Hagen
Hennerkes zum 70. Geburtstag*. C. H. Beck, München, pp. 241-247;
Schraml, S. (2010): *Finanzierung von Familienunternehmen – Eine
Analyse spezifischer Determinanten des Entscheidungsverhaltens*.
Gabler, Wiesbaden; Winkeljohann, N. (2010): *Wirtschaft in
Familienhand – Die Erfolgsgeheimnisse der Unternehmerdynastien*.
Campus, Frankfurt; Berthold, F. (2010): *Familienunternehmen im*

Spannungsfeld zwischen Wachstum und Finanzierung. Eul, Lohmar; Villalonga, B. (2009): *Financial Management of Family and Closely Held Firms.* Harvard Business School, Boston nonché May, P. (2008): *Familienunternehmen: Nicht nur anders, sondern besser – Grundzüge einer Managementtheorie für Familienunternehmen.* In: C. Rödl, W. Scheffler und M. Winter (ed.), *Internationale Familienunternehmen – Recht, Steuern, Bilanzierung, Finanzierung, Nachfolge, Strategien – Festschrift für Bernd Rödl zum 65. Geburtstag,* C. H. Beck, München, p. 424 ss.

4 Più in dettaglio su questi motivi e sulle conseguenze che ne derivano anche Berthold, F. (2010): *Familienunternehmen im Spannungsfeld zwischen Wachstum und Finanzierung.* Eul, Lohmar, p. 80 ss. e p. 142 ss.; Wimmer, R., E. Domayer, M. Oswald, G. Vater (1996): *Familienunternehmen – Auslaufmodell oder Erfolgstyp?* Gabler, Wiesbaden, p. 158.

5 Cfr. Berthold, F. (2010): *Familienunternehmen im Spannungsfeld zwischen Wachstum und Finanzierung.* Eul, Lohmar; Schraml, S. (2010): *Finanzierung von Familienunternehmen – Eine Analyse spezifischer Determinanten des Entscheidungsverhaltens.* Gabler, Wiesbaden, nonché Haunschild, L. und F. Wallau (2010): *Die größten Familienunternehmen in Deutschland.* Institut für Mittelstandsforschung, Bonn.

6 Cfr. in proposito Schielke, J. (2009): *Finanzierung von Familienunternehmen.* In: R. Kirchdörfer, R. Lorz, A. Wiedemann, R. Kögel und T. Frohnmayer (ed.), *Familienunternehmen in Recht, Wirtschaft, Politik und Gesellschaft – Festschrift für Brun-Hagen Hennerkes zum 70. Geburtstag.* C. H. Beck, München, p. 228.

7 Lo sottolineano a ragione anche Hennerkes, B.-H. (1998): *Familienunternehmen sichern und optimieren.* Campus, Frankfurt, p. 289 ss. e Schielke, J. (2009): *Finanzierung von Familienunternehmen.* In: R. Kirchdörfer, R. Lorz, A. Wiedemann, Kögel und T. Frohnmayer (ed.), *Familienunternehmen in Recht, Wirtschaft, Politik und Gesellschaft – Festschrift für Brun-Hagen Hennerkes zum 70. Geburtstag.* C. H. Beck, München, p. 228.

8 Cfr. anche Simon, H. (2007): *Hidden Champions des 21. Jahrhunderts –*

Die Erfolgsstrategien unbekannter Weltmarktführer. Campus, Frankfurt, p. 260.

9 Cfr. Preißler, P. (2008): *Betriebswirtschaftliche Kennzahlen.* Oldenbourg, München, p. 133.

10 Cfr. Preißler, P. (2008): *Betriebswirtschaftliche Kennzahlen.* Oldenbourg, München, p. 142 ss.

11 Più nel dettaglio sui vantaggi della costituzione di holding nelle imprese familiari May, P. (1999): *Von den "May-Werken" zur "May-Gruppe" – Erfahrungen beim Umbau eines Familienunternehmens.* In: T. Keller (ed.), *Die Holding im Mittelstand – Leitfaden zur Umsetzung moderner Managementsysteme*, Wirtschaftsverlag Bachem, Köln, pp. 41-56; Watermann, L. (1999): *Die Management-Holding für große Familienunternehmen – Ein Führungs und Organisationskonzept.* Gabler, Wiesbaden; Baumann, M. (2005): *Die Familienholding.* Schulthess, Zürich.

12 Più nel dettaglio sugli aspetti finanziari di una gestione professionale dell'attivo Redlefsen, M. und A. Knöll (2008): *Finanzierung von Familienunternehmen.* In: P. May (ed.), *Das Intes-Handbuch Familienunternehmen*, Intes Akademie für Familienunternehmen, Bonn-Bad Godesberg, pp. 281-294.

13 Qui il tema non è né il leasing né il factoring. Questi strumenti finanziari, pur applicandosi all'attivo del bilancio, non riducono tuttavia il capitale fisso né il fabbisogno finanziario, ma rappresentano solo forme alternative di finanziamento.

14 Kolbeck, C. (2002): *Basel II und der Mittelstand – Neue Trends in der Unternehmensfinanzierung.* Wirtschaftsdienst 82/7, p. 392, e Berthold, F. (2010): *Familienunternehmen im Spannungsfeld zwischen Wachstum und Finanzierung.* Eul, Lohmar, p. 64.

15 Cfr. Redlefsen, M. und J. Eiben (2006): *Finanzierung von Familienunternehmen.* Intes Studie, Intes Akademie für Familienunternehmen, Bonn-Bad Godesberg, p. 7. Più in dettaglio sul factoring anche: Schielke, J. (2009): *Finanzierung von Familienunternehmen.* In: R. Kirchdörfer, R. Lorz, A. Wiedemann, R. Kögel und T. Frohnmayer (ed.), *Familienunternehmen in Recht, Wirtschaft, Politik und Gesellschaft – Festschrift für Brun-Hagen*

Hennerkes zum 70. Geburtstag. C. H. Beck, München, p. 230, e anche Berthold, F. (2010): *Familienunternehmen im Spannungsfeld zwischen Wachstum und Finanzierung.* Eul, Lohmar, p. 55 ss.

16 Cfr. Berthold, F. (2010): *Familienunternehmen im Spannungsfeld zwischen Wachstum und Finanzierung.* Eul, Lohmar, p. 56.

17 Cfr. Wöhe, G. und J. Bilstein (2002): *Grundzüge der Unternehmensfinanzierung.* Vahlen, München, nona edizione rivista e ampliata, nonché Thommen, J.-P. und A.-K. Achleitner (2003): *Allgemeine Betriebswirtschaftslehre – Umfassende Einführung aus managementorientierter Sicht.* Gabler, Wiesbaden, quarta edizione rivista e ampliata.

Capitolo 7

1 Per la definizione di "corporate governance" cfr., tra l'altro, The Committee on the Financial Aspects of Corporate Governance and Gee and Co. Ltd. (1992): *Cadbury Report (The Financial Aspects of Corporate Governance).* Gee, London; Shleifer, A. and R. Vishny (1997): *A Survey of Corporate Governance.* Journal of Finance 2, p. 737-783; Trunbull, S. (1997): *Corporate Governance – Its Scope, Concerns and Theories.* Corporate Governance: An International Review: 5/4, pp. 180-205; Witt, P. (2003): *Corporate Governance-Systeme im Wettbewerb.* Deutscher Universitäts-Verlag, Wiesbaden; Regierungskommission Deutscher Corporate Governance Kodex (2015): *Deutscher Corporate Governance Kodex.* (http://www.kodex-fuer-familienunternehmen.de).

2 Più nel dettaglio sulla corporate governance cfr. tra l'altro Witt, P. (2003): *Corporate Governance-Systeme im Wettbewerb.* Deutscher Universitäts-Verlag, Wiesbaden; Morck, R. (2005, ed.), *A History of Corporate Governance Around the World – Family Business Groups to Professional Managers.* The University of Chicago Press, Chicago; Ringleb, H.-M., T. Kremer, M. Lutter und A. V. Werder (2010): *Kommentar zum Deutschen Corporate Governance Kodex – Kodex-Kommentar.* C. H. Beck, München, quarta edizione; Nippa, M., K. Petzold und W. Kürsten (2002, ed.), *Corporate Governance – Herausforderungen und Lösungsansätze.* Physica-Verlag, Heidelberg; Hommelhoff, P., K. Hopt und A. V. Werder (2009, ed.), *Handbuch*

Corporate Governance – Leitung und Überwachung börsennotierter Unternehmen in der Rechts- und Wirtschaftspraxis. Schäffer-Poeschel, Stuttgart, seconda edizione rivista; Malik, F. (2008): *Die richtige Corporate Governance – Mit wirksamer Unternehmensaufsicht Komplexität meistern.* Campus, Frankfurt; Werder, A. V. (2008): *Führungsorganisation – Grundlagen der Corporate Governance, Spitzen - und Leitungsorganisation.* Gabler, Wiesbaden, seconda edizione aggiornata e ampliata; Huse, M. (2007): *Boards, Governance and Value Creation.* Cambridge University Press, Cambridge.

3   Fino a che punto spingersi, dipende da quale concezione di base si segue, considerando lo scopo di un'impresa e le richieste che ne derivano; qui non è necessario approfondire oltre o decidere.

4   Cfr. Berle, A. and G. Means (1932): *The Modern Corporation and Private Property.* Macmillan, New York.

5   Pionieristico e fondamendale: The Committee on the Financial Aspects of Corporate Governance and Gee and Co. Ltd. (1992): *Cadbury Report (The Financial Aspects of Corporate Governance).* Gee, London; Committee on Corporate Governance and Gee Publishing Ltd. (1995): *Greenbury Report (Study Group on Directors' Remuneration).* Gee, London; The Committee on Corporate Governance and Gee Publishing Ltd. (1998): *Hampel Report.* Gee, London.

6   Regierungskommission Deutscher Corporate Governance Kodex (2015): *Deutscher Corporate Governance Kodex.* (http://www.kodex-fuer-familienunternehmen.de).

7   Per gli obiettivi della corporate governance nelle imprese familiari cfr. anche Kommission Governance Kodex für Familienunternehmen (2010): *Governance Kodex für Familienunternehmen – Leitlinien für die verantwortungsvolle Führung von Familienunternehmen* (http://www.kodex-fuer-familienunternehmen. de/); Koeberle-Schmid, A., H.-J. Fahrion und P. Witt (2010): *Gestaltung der Governance im Familienunternehmen – Gremien und Instrumente der Business und Family Governance.* Zeitschrift für Corporate Governance 4, pp. 161-169; Witt, P. (2008): *Corporate Governance in Familienunternehmen.* Zeitschrift für Betriebs-wirtschaft, Special Issue 2, pp. 1-19 nonché

Aronoff, C. and J. Ward (1996): *Family Business Governance – Maximizing Family and Business Potential*. Terza edizione, Family Business Publishers, Marietta.

8 Cfr. al riguardo May, P. und A. Koeberle-Schmid (2010): *Governance Kodex als Leitlinie für die verantwortungsvolle Führung von Familienunternehmen*. Der Betrieb n. 9, pp. 485-491; e i seguenti altri codici: in Belgio il *Buysse Code I* (2005) e *II* (2009), in Austria il *Governance Kodex für Familienunternehmen* (2005), in Svizzera *Governance für Familienunternehmen* (2006), in Finlandia *Improving Corporate Governance of unlisted companies* (2006), in Spagna *Principles of Good Corporate Governance for Unlisted Companies* (2008); e inoltre il *Corporate Governance Guidance and Principles for Unlisted Companies in Europe* (2010) dell'European Confederation of Directors' Associations e l'*Ifc Family Business Governance Handbook* (2008) dell'International Finance Corporation, World Bank Group.

9 Da questo motivo nasce la critica rivolta al Codice tedesco di Governance per le imprese familiari: regole unitarie non sono conciliabili con la molteplicità delle imprese familiari (cfr. Hennerkes, B.-H. (2010): *Corporate Governance – Einheitskodex für Familienunternehmen: Nein danke!* BetriebsBerater 7, p. 1; Steltzner, H. (2010): "Vielfalt statt Einheitskodex". Frankfurter Allgemeine Zeitung, 15 luglio 2010, p. 9; Hennerkes, B.-H. (2010): *Der neue Familienkodex – viel Lärm um nichts*. Börsen-Zeitung 144, p. 8; Bernhardt, W. (2010): *Corporate Governance Kodex für Familienunternehmen?* Universität Leipzig, Working Paper 87 ins Leere; e così già May, P. und A. Koeberle-Schmid (2010): *Governance Kodex als Leitlinie für die verantwortungsvolle Führung von Familienunternehmen*. Der Betrieb n. 9, pp. 485-491; Oesterle, M.-J. (2007): *Corporate Governance für Familienunternehmen*, Zeitschrift für Management 1, pp. 29-59; Witt, P. (2008): *Corporate Governance in Familienunternehmen*. Zeitschrift für Betriebswirtschaft, Special Issue 2, pp. 1-19; Peemöller, V. (2006): *Instrumente der Corporate Governance in Familienunternehmen*. Zeitschrift für Corporate Governance 3, pp. 81-87.

10 Per un quadro d'insieme: Witt, P. (2008): *Corporate Governance in Familienunternehmen*. Zeitschrift für Betriebswirtschaft, Special Issue 2, pp. 1-19; Hack, A. (2009): *Sind Familienunternehmen anders? Eine*

kritische Bestandsaufnahme des aktuellen Forschungsstands. Zeitschrift für Betriebswirtschaft, Special Issue 2, pp. 1-29; Hack, A. und J. Meyer (2010): *Gründe für eine spezielle Governance von Familienunternehmen*. In: A. Koeberle-Schmid, H.-J. Fahrion und P. Witt (ed.), *Family Business Governance – Erfolgreiche Führung von Familienunternehmen*, Erich Schmidt, Berlin, pp. 50-67; Sharma, P. (2004): *An Overview of the Field of Family Business Studies – Current Status and Directions for the Future*. Family Business Review 1, pp. 1-36; Chrisman, J., J. Chua and P. Sharma (2005): *Trends and Directions in the Development of a Strategic Management Theory of the Family Firm*. Entrepreneurship Theory & Practice 4, pp. 19-39 e Debicki, B., C. Matherne III, F. Kellermanns, J. Chrisman (2009): *Family Business Research in the New Millenium*. Family Business Review 2, pp. 151-166. Non è probabilmente un caso che i critici dell'iniziativa riguardante il Codice di governance per le imprese familiari siano praticamente solo giuristi, che forse non conoscono i relativi risultati delle ricerche, mentre i principali leader tedeschi della family-business-comunity hanno collaborato attivamente con la commissione.

11 Cfr. Lambrecht, J. and J. Lievens (2009): *Responsible ownership of the family business*. FBNet Belgium, Brussels-Kortrijk, e anche Aronoff, C. and J. Ward (2002): *Family Business Ownership – How To Be An Effective Shareholder*. Family Enterprise Publishers, Marietta.

12 Fondamentale sul fair process cfr. Heyden, V. D. L., C. Blondel and R. Carlock (2005): *Fair Process: Striving for Justice in Family Businesses*. Family Business Review 18, pp. 1-21.

13 Vale sempre la pena di leggere la sua autobiografia: Welch, J. and J. Byrne (2001): *Jack: Straight From The Gut*, Warner Books, New York.

14 Cfr. Ward, J. (2005): *Unconventional Strategy – Why Family Firms Outperform*. In: J. Ward (ed.), *Unconventional Wisdom – Counterintuitive Insights for Family Business Success*. John Wiley & Sons, Hoboken, pp. 13-34.

15 Cfr. anche Kommission Governance Kodex für Familienunternehmen (2015): *Governance Kodex für Familienunternehmen – Leitlinien für die verantwortungsvolle Führung von Familienunternehmen*. (http://www.kodex-fuer-familienunternehmen.de/).

16 Kormann, H. (2006): *Gibt es so etwas wie typisch mittelständische Strategien?* Universität Leipzig, Wirtschaftswissenschaftliche Fakultät, Heft 54, Leipzig.

17 Cfr. Deckstein, D. (2009): "Auf dem Schleudersitz". Süddeutsche Zeitung 216, 19 settembre 2009, p. 23.

18 Hermann Simon ha individuato, per i Campioni Nascosti da lui esaminati, una durata media d'incarico di oltre 20 anni. Cfr. Simon, H. (2007): *Hidden Champions des 21. Jahrhunderts – Die Erfolgsstrategien unbekannter Weltmarktführer.* Campus, Frankfurt, p. 335.

19 Simon, H. (2007): *Hidden Champions des 21. Jahrhunderts – Die Erfolgsstrategien unbekannter Weltmarktführer.* Campus, Frankfurt, p. 341 s.

20 Financial Times (2009): "Warren Buffett's biggest question". Financial Times, 2 maggio 2009, p. 8.

21 Cfr. Maucher, H. (2007): *Management-Brevier – Ein Leitfaden für unternehmerischen Erfolg.* Campus, Frankfurt, p. 14.

22 Simon, H. (2007): *Hidden Champions des 21. Jahrhunderts – Die Erfolgsstrategien unbekannter Weltmarktführer.* Campus, Frankfurt, p. 334.

23 Cfr. in particolare Maucher, H. (2007): *Management-Brevier – Ein Leitfaden für unternehmerischen Erfolg.* Campus, Frankfurt, p. 11 ss. e Simon, H. (2007): *Hidden Champions des 21. Jahrhunderts – Die Erfolgsstrategien unbekannter Weltmarktführer.* Campus, Frankfurt, p. 350 ss.

24 Simon, H. (2007): *Hidden Champions des 21. Jahrhunderts – Die Erfolgsstrategien unbekannter Weltmarktführer.* Campus, Frankfurt, p. 353.

25 Cfr. May, P. (2008): *Manager müssen Treuhänder sein.* Harvard Business Manager 8, pp. 12-15.

26 Più in dettaglio, sull'importanza dei modelli nella leadership, cfr. tra l'altro Jetter, F. und Rainer Skrotzki (2010): *Führungskompetenz – Die Führungskraft als Vorbild, Manager, Koordinator, Macher, Teamentwickler, Coach, Experte und zugleich Lernender.* Walhalla-

Fachverlag, Regensburg; Hochenrieder, F. (2008): *Führen durch Vorbild: ... folgst du noch oder führst du schon?* Books on Demand, Deutschland.

27 In questo senso anche Simon, H. (2007): *Hidden Champions des 21. Jahrhunderts - Die Erfolgsstrategien unbekannter Weltmarktführer.* Campus, Frankfurt, p. 354.

28 Cfr. fra gli altri Hus, C. (2008): "Dem Wandel verpflichtet". Financial Times Deutschland, 21 aprile 2008: S. Sb3; Bilanz (2006): "Lichter löschen nach 40 Generationen", Bilanz 5, 15 marzo 2006, p. 25; Hutcheson, J. (2007): "The End of a 1,400-Year-Old Business". Business Week, 16 aprile 2007, p. 25.

29 Più nel dettaglio William Prym GmbH & Co. KG Langenscheidt, F. und P. May (2009, ed.), *Das Lexikon der deutschen Familienunternehmen – Deutsche Familienunternehmen mit allen wichtigen Informationen zu Herkunft, Geschichte, Daten und Fakten,* Gabler, Wiesbaden, pp. 902-903 nonché Prym, M. (2010): *Entweder sammelt sich die Familie oder wir scheitern als Familie und als Unternehmen.* In: Koeberle-Schmid, A., H.-J. Fahrion und P. Witt (ed.), *Family Business Governance – Erfolgreiche Führung von Familienunternehmen,* Erich Schmidt, Berlin, pp. 229-234.

30 Fahrion, H.-J., A. Käufl und S. Hein (2010): *Risikomanagement, Internes Kontrollsystem und Compliance Management als zentrale Instrumente der Business Governance.* In: Koeberle-Schmid, A., H.-J. Fahrion und P. Witt (ed.), *Family Business Governance – Erfolgreiche Führung von Familienunternehmen,* Erich Schmidt, Berlin, pp. 179-200.

31 Più nel dettaglio sugli elementi di un management globale del rischio nell'impresa familiare cfr. Fahrion, H.-J., A. Käufl und S. Hein (2010): *Risikomanagement, Internes Kontrollsystem und Compliance Management als zentrale Instrumente der Business Governance.* In: Koeberle-Schmid, A., H.-J. Fahrion und Witt (ed.), *Family Business Governance – Erfolgreiche Führung von Familienunternehmen,* Erich Schmidt, Berlin, pp. 179-200.

32 Cfr. Kommission Governance Kodex für Familienunternehmen (2015): *Governance Kodex für Familienunternehmen – Leitlinien für die*

verantwortungsvolle Führung von Familienunternehmen. Comma 4.1.2. (http://www.kodex-fuer-familien-unternehmen.de/).

33 Più in dettaglio sulle commissioni volontarie di controllo (comitati) nell'impresa familiare cfr. Koeberle-Schmid, A. (2008): *Family Business Governance – Aufsichtsgremium und Familienrepräsentanz.* Gabler, Wiesbaden; Wiedemann, A. und R. Kögel (2008): *Beirat und Aufsichtsrat in Familienunternehmen.* Beck, München; Kormann, H. (2009): *Beiräte in der Verantwortung: Aufsicht und Rat in Familienunternehmen.* Springer, Berlin; Achenbach, C. (2010): *Der Beirat für Familienunternehmen – Sparringspartner, Rat- und Ideengeber für Gesellschafter und Geschäftsführung.* Intes Akademie für Familienunternehmen, Bonn-Bad Godesberg; Lorz, R. und A. Koeberle-Schmid (2010): *Professionelle Aufsichtsgremien: Aufgaben, Typen und Ausgestaltung.* In: A. Koeberle-Schmid, H.-J. Fahrion und P. Witt (ed.), *Family Business Governance – Erfolgreiche Führung von Familienunternehmen,* Erich Schmidt, Berlin, pp. 106-139.

34 Cfr. May, P. (2008): *Leading the Family Business – Why creating an owner strategy must come first for family businesses.* In: B. Büchel, S. Read, A. Moncef und S. Coughlan (ed.), *Riding the Winds of Global Change,* Imd, Lausanne, pp. 83-89; May, P. (2009): *Familienunternehmen erfolgreich führen – Von der Inhaber-Strategie zur Unternehmens-Strategie.* Zeitschrift für Betriebswirtschaft, Special Issue 2/2009, p. 114 nonché May, P. (2008): *Familienunternehmen: Nicht nur anders, sondern besser – Grundzüge einer Managementtheorie für Familienunternehmen.* In: C. Rödl, W. Scheffler und M. Winter (ed.), *Internationale Familienunternehmen – Recht, Steuern, Bilanzierung, Finanzierung, Nachfolge, Strategien – Festschrift für Bernd Rödl zum 65. Geburtstag,* C. H. Beck, München, pp. 417-429.

35 Ward, J. (2005): *Unconventional Strategy – Why Family Firms Outperform.* In: J. Ward (ed.), *Unconventional Wisdom – Counterintuitive Insights for Family Business Success.* John Wiley & Sons, Hoboken, p. 30.

36 Simon, H. (2007): *Hidden Champions des 21. Jahrhunderts – Die Erfolgsstrategien unbekannter Weltmarktführer.* Campus, Frankfurt, p. 13.

Capitolo 8

1   Qui citato da May, P. (1999): *Familienstrategie kommt vor Unternehmensstrategie*. In: P. May, G. Sieger und G. Rieder (ed.), *Familienunternehmen heute – Jahrbuch 2000*, Intes Akademie für Familienunternehmen, Bonn-Bad Godesberg, p. 42.

2   Cfr. In proposito Eglau, H. (2001): *Erbe, Macht & Liebe – Unternehmerfamilien zwischen Interessen und Emotionen*. Dodos-Verlag, Düsseldorf, p. 166 nonché Gordon, G. and N. Nicholson (2010): *Family Wars – The Real Stories behind the Most Famous Family Business Feuds*. Kogan Page, London, p. 50 ss.

3   Ciò vale tra l'altro non solo per le imprese familiari ma anche per gli altri tipi di imprese con proprietà dominante.

4   In questo senso già Pümpin, C. (1998): *Die Eignerstrategie*. In: B.-H. Hennerkes und R. Kirchdörfer (ed.), *Unternehmenshandbuch Familiengesellschaften – Sicherung von Unternehmen, Vermögen und Familie*, seconda edizione, Carl Heymanns, Köln, p. 799, e Pümpin, C. (2008): *Eigner-Strategie*. In: P. May (ed.), *Das Intes-Handbuch Familienunternehmen*, Intes Akademie für Familienunternehmen, Bonn-Bad Godesberg, pp. 113-131.

Capitolo 9

1   Cfr. May, P. (2008): *Leading the Family Business – Why creating an owner strategy must come first for family businesses*. In: B. Büchel, S. Read, A. Moncef and S. Coughlan (ed.), *Riding the Winds of Global Change*, Imd, Lausanne, pp. 83-89 e poi in May, P. (2009): *Familienunternehmen erfolgreich führen – Von der Inhaber-Strategie zur Unternehmens-Strategie*. Zeitschrift für Betriebwirtschaft, Special Issue 2/2009, p. 114.

2   Una rappresentazione convincente delle diverse forme di proprietà familiare e delle questioni connesse nonché delle raccomandazioni operative si trova in Ward, J. (2004): *Perpetuating the Family Business*. Palgrave Macmillan, Basingstoke.

3   In dettaglio sulla soluzione del cosiddetto erede al trono May, P. (2004): *Lernen von den Champions – Fünf Bausteine für unternehmerischen*

Erfolg. Seconda edizione, Intes Akademie für Familienunternehmen, Bonn-Bad Godesberg, p. 181 s.; Baus, K. (2007): *Die Familienstrategie – Wie Familien ihr Unternehmen über Generationen sichern*. Seconda edizione, Gabler, Wiesbaden, p. 129 s.

4   Al riguardo May, P. (2004): *Lernen von den Champions – Fünf Bausteine für unternehmerischen Erfolg*. Seconda edizione, Intes Akademie für Familienunternehmen, Bonn-Bad Godesberg, p. 184 s.; Baus, K. (2007): *Die Familienstrategie – Wie Familien ihr Unternehmen über Generationen sichern*. Seconda edizione, Gabler, Wiesbaden, p. 130 s.

5   In sintesi la proprietà unica è da valutare in modo positivo; secondo gli studi, le imprese con proprietari unici riportano in media una longevità maggiore di quelle che intraprendono la strada di una frammentazione delle quote proprietarie. I consulenti raccomandano dunque spesso di "sostenere l'albero genealogico"; cfr. per esempio Lambrecht, J. and J. Lievens (2008): *Pruning the Family Tree: An Unexplored Path to Family Business Continuity and Family Harmony*. Family Business Review 21, pp. 295-313 nonché Ward, J. (1987): *Keeping the Family Business Healthy*. Jossey-Bass Publishers, San Francisco.

6   Nel dettaglio in proposito Ward, J. (2004): *Perpetuating the Family Business*. Palgrave Macmillan, Basingstoke, p. 102 ss.

7   Cfr. Pümpin, C. und J. Prange (1995): *Management der Unternehmensentwicklung – Phasengerechte Führung und Umgang mit Krisen*. Campus, Frankfurt, p. 84 ss. e Klein, S. (2010): *Familienunternehmen*. Terza edizione, Eul, Lohmar – Köln, p. 282 ss., e anche Rosenbaum, C. (1994): *Strategische Erfolgsfaktoren des Familienunternehmens im Rahmen seines Lebenszyklus*. Dissertation Universität St. Gallen, St. Gallen.

8   Citazione dal "Testamento di un commerciante di mobili", dal 1975 noto a tutti i collaboratori Ikea. Il "Testamento" in italiano è scaricabile da questo indirizzo: http://goo.gl/kL0OlP (N.d.R.).

9   Cfr. Pümpin, C. und J. Prange (1995): *Management der Unternehmensentwicklung – Phasengerechte Führung und Umgang mit Krisen*. Campus, Frankfurt, p. 97 ss. e p. 108 ss.

10 Cfr. Klein, S. (2010): *Familienunternehmen*. Terza edizione, Eul, Lohmar – Köln, p. 235 ss.

11 Cfr. Klein, S. (2010): *Familienunternehmen*. Terza edizione, Eul, Lohmar – Köln, p. 239 ss., che qui a ragione distingue tra proprietario unico e partner management, richiamando l'attenzione sui problemi specifici del secondo.

12 Klein, S. (2010): *Familienunternehmen*. Terza edizione, Eul, Lohmar – Köln, p. 236.

13 Cfr. Klein, S. (2010): *Familienunternehmen*. Terza edizione, Eul, Lohmar – Köln, p. 239 ss.

14 Più nel dettaglio cfr.Voigt, J. (1990): *Familienunternehmen – Im Spannungsfeld zwischen Eigentum und Fremdmanagement*. Gabler, Wiesbaden; Becker, F. (2006): *Führung von Familienunternehmen – zwischen Familien- und Fremdmanagement*. In: Böllhoff, C., W. Krüger und M. Berni (ed.), *Spitzenleistungen in Familienunternehmen*, Schäffer-Poeschel, Stuttgart, pp. 31-46; Eckrich, C. and S. McClure (2004): *Working for a Family Business – A Non-Family Employee's Guide to Success*. Family Enterprise Publishers, Marietta; McConaughy, D. (2000): *Family CEOs vs. Nonfamily CEOs in the Family-Controlled Firm – An Examination of the Level and Sensitivity of Pay to Performance*. Family Business Review 2, pp. 121-131; Schulze, W., M. Lubatkin und R. Dino (2003): *Toward a Theory of Agency and Altruism in Family Firms*. Journal of Business Venturing 4, pp. 473-490; Smeja, A. (2006): *Erfolgsfaktoren in Familienunternehmen mit familienfremdem Management. Forschungspapier Nr. 4*, Intes Zentrum für Familienunternehmen Whu – Otto Beisheim School of Management, Vallendar; Kenyon-Rouvinez, D. (2010): *Familienunternehmen "richtig" führen*. In: Koeberle-Schmid, A., H.-J. Fahrion und P. Witt (ed.), *Family Business Governance – Erfolgreiche Führung von Familienunternehmen*, Erich Schmidt, Berlin, pp. 78-94.

15 Sull'importanza della storia nell'impresa familiare cfr. Kormann, H. (2009): *Was heißt und zu welchem Ende studiert man die Geschichte von Unternehmen?* In: Steinbeis, M. (ed.), *Familienfirma – Erfolge, Krisen, Fortbestand*, Steinbeis, Brannenburg, p. 53 ss. nonché Kormann, H. (2011): *Zusammenhalt der Unternehmerfamilie – Verträge, Vermögensmanagement, Kommunikation*. Springer, Berlin, pp. 357-360.

Capitolo 10

1 Una sintesi eccellente degli strumenti che sono a disposizione è stata presentata da Hermut Kormann; cfr. Kormann, H. (2011): *Zusammenhalt der Unternehmerfamilie – Verträge, Vermögensmanagement, Kommunikation*. Springer, Heidelberg.

2 Hennerkes, B. (2009): *Die Familie und ihr Unternehmen*. Seconda edizione, Campus, Frankfurt, p. 58.

3 Cfr. Gersick, K., J. Davis, M. McCollom Hampton and I. Lansberg (1997): *Generation to Generation – Life Cycles of the Family Business*. Harvard Business School Press, Boston, pp. 39-56; Neubauer, F. and A. Lank (1998): *The Family Business – Its Governance for Sustainability*. Macmillan Press, Basingstoke, pp. 73-80; Kellermanns, F. und A. V. Schlippe (2010): *Konflikte in Familie und Unternehmen erkennen, managen und vermeiden*. In: A. Koeberle-Schmid, H.-J. Fahrion und P. Witt (ed.), *Family Business Governance – Erfolgreiche Führung von Familienunternehmen*, Erich Schmidt, Berlin, p. 313 nonché Schlippe, A. V. und F. Kel-lermanns (2008): *Emotionale Konflikte in Familienunternehmen*. Zeitschrift für KMU und Entrepreneurship 1/2, p. 49.

4 Cfr. May, P. (2004): *Lernen von den Champions*. Seconda edizione, Intes Akademie für Familienunternehmen, Bonn-Bad Godesberg, p. 180 ss.; Lambrecht, J. and J. Lievens (2008): *Pruning the Family Tree: An Unexplored Path to Family Business Continuity and Family Harmony*. Family Business Review 21, pp. 295–313 nonché Westhead, P., C. Howorth and M. Cowling (2002): *Ownership and management issues in first generation and multi-generation family firms*. Entrepreneurship & Regional Development 14, pp. 247-269.

5 Citazione dal discorso di insediamento del presidente degli Stati Uniti Barack Obama del 20 gennaio 2009.

6 Secondo Charles Hill e Jones Gareth, un "mission statement" stabilisce il quadro entro cui vengono formulate le strategie. È costituito da quattro dichiarazioni: significato e scopo dell'impresa (mission), stato futuro a cui si mira (vision) nonché valori e obiettivi dell'impresa. Cfr. Hill, C. and J. Gareth (2009): *Strategic Management Theory – An Integrated Approach*. Nona edizione, South Western Education Publishers, Cincinnati, p. 14.

7   Cfr. Hennerkes, B.-H. (1998): *Familienunternehmen sichern und optimieren*. Campus, Frankfurt, p. 46; Baus, K. (2009): *Kooperationsfähigkeit als Schlüsselkompetenz*. In: R. Kirchdörfer, R. Lorz, A. Wiedemann, R. Kögel und T. Frohnmayer (ed.), *Familienunternehmen in Recht, Wirtschaft, Politik und Gesellschaft – Festschrift für Brun-Hagen Hennerkes zum 70. Geburtstag*. C. H. Beck, München, p. 13 s.

8   Cfr. Ward, J. (1987): *Keeping the Family Business Healthy*. Jossey-Bass Publishers, San Francisco, pp. 151-154 nonché Distelberg, B. and R. Sorenson (2009): *Updating Systems Concepts in Family Businesses – A Focus on Values, Resource Flows and Adaptability*. Family Business Review 1, pp. 74-76.

9   Come prototipo di "pecora nera" nell'impresa familiare può servire Christian Buddenbrook del famoso romanzo di Thomas Mann *I Buddenbrook*. Sul fenomeno cfr. anche Vontobel, H. (2008): *Corporate Governance im Familienunternehmen – Eindrücke aus der Praxis*. Zeitschrift für KMU und Entrepreneurship 1/2, p. 37; Stone, E. (2005): *Black Sheep and kissing cousins – How our family stories shape us*. Transaction Publishers, New Brunswick.

10 Cfr. Waugh, A. (2009): *Das Haus Wittgenstein – Geschichte einer ungewöhnlichen Familie*. Terza edizione, Fischer, Frankfurt; da leggere anche la rappresentazione in parte biografica e in parte fittizia che ne fa Singer, L. (2008): *Konzert für die linke Hand*. Hoffmann und Campe, Hamburg.

11 Cfr. Wickert, U. (2010): *Das Buch der Tugenden – Große Texte der Menschheit für uns heute ausgewählt*. Piper, München, p. 21 ss. nonché Bordt, M. (2009): *Was in Krisen zählt – Die Antworten eines Jesuiten auf die Fragen, die wir uns jetzt stellen*. Zabert Sandmann, München, p. 17 ss.

12 Più in dettaglio sui valori dell'impresa familiare Ward, J. und D. Kenyon-Rouvinez (2010): *Familienwerte als Wettbewerbsvorteil*. In: N. Winkeljohann (ed.), *Wirtschaft in Familienhand – Die Erfolgsgeheimnisse der Unternehmerdynastien*, Campus, Frankfurt, pp. 61-73; Tapies, J. and J. Ward (2008, ed.), *Family Values and Value Creation – The Fostering of Enduring Values Within Family-Owned*

Businesses. Palgrave Macmillan, Basingstoke; May, P. (2009): "Der Wert alter Tugenden – Wie die Krise die Welt eines Familienforschers in Ordnung bringt". Süddeutsche Zeitung, 9 aprile 2009, p. 22; Baus, K. (2009): *Kooperationsfähigkeit als Schlüsselkompetenz.* In: R. Kirchdörfer, R. Lorz, A. Wiedemann, R. Kögel und T. Frohnmayer (ed.), *Familienunternehmen in Recht, Wirtschaft, Politik und Gesellschaft – Festschrift für Brun-Hagen Hennerkes zum 70. Geburtstag.* C. H. Beck, München, p. 10 ss. Anche il Codice di governance per le imprese familiari sollecita esplicitamente la definizione di valori e obiettivi per impresa, proprietà familiare e famiglia. Cfr. Kommission Governance Kodex für Familienunternehmen (2015): *Governance Kodex für Familienunternehmen – Leitlinien für die verantwortungsvolle Führung von Familienunternehmen* (http://www.kodex-fuer-familienunternehmen.de/).

13 Più in dettaglio su emotional ownership ed emotional value cfr. Björnberg, A. and N. Nicholson (2008): *Emotional Ownership – The Crutial Pathway Between the Next Generation and the Family Firm.* Institute for Family Business, London; Zellweger, T. and J. Astrachan (2008): *On the Emotional Value of Owning a Firm.* Family Business Review 21, pp. 347-363; Zellweger, T. and P. Sieger (2009): *Emotional Value – Der emotionale Wert, ein Unternehmen zu besitzen.* Ernst & Young/Universität St. Gallen, St. Gallen.

14 Già May, P. (2010): *Geld, Macht und Liebe.* In: A. Koeberle-Schmid, H.-J. Fahrion und P. Witt (ed.), *Family Business Governance – Erfolgreiche Führung von Familienunternehmen*, Erich Schmidt, Berlin, pp. 305-308.

15 Fondamentale sul fair process cfr. Heyden, L. V. D., C. Blondel and R. Carlock (2005): *Fair Process: Striving for Justice in Family Businesses.* Family Business Review 18, p. 1-21.

16 Cfr. tra gli altri Welge, M. A. Al Laham (2007): *Strategisches Management.* Quinta edizione, Gabler, Wiesbaden, p. 444 ss.; Porter, M. (1999): *Wettbewerbsstrategie (Competitive Strategy).* Settima edizione, Campus, Frankfurt, p. 63 ss.

17 Maucher, H. (2007): *Management Breviary: A Guideline to Corporate Success.* Campus, Frankfurt, p. 20.

18 Più nel dettaglio sui family investor cfr. Lehmann-Tolkmitt, A. und C. Wattendrup (2009): *Family Investors – Entstehung, Strukturen und Investitionsverhalten*. Hauck & Aufhäuser, München.

19 Kommission Governance Kodex für Familienunternehmen (2015): *Governance Kodex für Familienunternehmen – Leitlinien für die verantwortungsvolle Führung von Familienunternehmen*. (http://www.kodex-fuer-familienunternehmen.de/).

20 Cfr. per esempio May, P. und G. Rieder (2006): *Family Education – Ein Eckpfeiler von Good Governance im Familienunternehmen*. In: P. May und O. Obermaier (ed.), *Good Governance im Familienunternehmen*, Intes Akademie für Familienunternehmen, Bonn-Bad Godesberg, pp. 132-140.

21 Kommission Governance Kodex für Familienunternehmen (2015): *Governance Kodex für Familienunternehmen – Leitlinien für die verantwortungsvolle Führung von Familienunternehmen*. (http://www.kodex-fuer-familienunternehmen.de).

22 Cfr. anche Smeja, A. (2006): *Erfolgsfaktoren in Familienunternehmen mit familienfremdem Management*. Forschungspapier Nr. 4, Intes Zentrum für Familienun-ternehmen, Whu – Otto Beisheim School of Management, Vallendar, nonché, per una visione complessiva, Hack, A. (2009): *Sind Familienunternehmen anders? Eine kritische Bestandsaufnahme des aktuellen Forschungsstands*. Zeitschrift für Betriebs-wirtschaft, Special Issue 2, pp. 1-29.

23 Cfr. Smit, J. (2004): *Het drama Aholt*. Uitgeverij Balans, Nederland.

24 Sulla partecipazione di manager al successo di lungo periodo dell'impresa cfr. anche Schnabel, H. (2000): *Wertorientierte Vergütung von Führungskräften*. Deutscher Universitätsverlag, Wiesbaden; Lazar, C. (2007): *Managementvergütung, Corporate Governance und Unternehmensperformance – Eine modelltheoretische und empirische Untersuchung*. Gabler, Wiesbaden; Eyer, E. und T. Haussmann (2009): *Zielvereinbarung und variable Vergütung – Ein praktischer Leitfaden – nicht nur für Führungskräfte*. Gabler, Wiesbaden; Ferracone, R. (2010): *Fair Pay, Fair Play – Aligning Executive Performance and Pay*. John Wiley & Sons, Hoboken.

25 Più nel dettaglio sugli organi volontari di controllo (comitati) nell'impresa familiare cfr. Koeberle-Schmid, A. (2008): *Family Business Governance – Aufsichtsgremium und Familienrepräsentanz*. Gabler, Wiesbaden; Wiedemann, A. und R. Kögel (2008): *Beirat und Aufsichtsrat in Familienunternehmen*. Beck, München; Kormann, H. (2009): *Beiräte in der Verantwortung: Aufsicht und Rat in Fami-lienunternehmen*. Springer, Berlin; Achenbach, C. (2010): *Der Beirat für Familienunternehmen – Sparringspartner, Rat und Ideengeber für Gesellschafter und Geschäftsführung*. Intes Akademie für Familienunternehmen, Bonn-Bad Godesberg; Lorz, R. und A. Koeberle-Schmid (2010): *Professionelle Aufsichtsgremien: Aufgaben, Typen und Ausgestaltung*. In: A. Koeberle-Schmid, H.-J. Fahrion and P. Witt (ed.), *Family Business Governance – Erfolgreiche Führung von Familienunternehmen*, Erich Schmidt, Berlin, pp. 106-139.

26 Esiste nella società per azioni, perché il legislatore è qui partito dal tipo ideale di public company con una cerchia di proprietari ampia e spesso variabile, che non può salvaguardare la propria funzione di controllo in modo efficace, personale e diretto.

27 Più nel dettaglio sulla composizione dei comitati cfr. Kormann, H. (2009): *Beiräte in der Verantwortung: Aufsicht und Rat in Familienunternehmen*. Springer, Berlin; Achenbach, C. (2010): *Der Beirat für Familienunternehmen – Sparringspartner, Rat und Ideengeber für Gesellschafter und Geschäftsführung*. Intes Akademie für Familienunternehmen, Bonn-Bad Godesberg, p. 55 ss.; Koeberle-Schmid, A. und R. Lorz (2010): "Professionelle Beiräte in Familienunternehmen". Der Aufsichtsrat 9, pp. 127-129.

28 Kommission Governance Kodex für Familienunternehmen (2015): *Governance Kodex für Familienunternehmen – Leitlinien für die verantwortungsvolle Führung von Familienunternehmen*. (http://www.kodex-fuer-familienunternehmen.de/) e anche May, P. (2008): *Unternehmensnachfolge zwischen Wunsch und Wirklichkeit*. In: P. May (ed.), *Das Intes-Handbuch Familienunternehmen*, Intes Akademie für Familienunternehmen, Bonn-Bad Godesberg, pp. 516-531; Kempert, W. (2007): *Praxishandbuch für die Nachfolge im Familienunternehmen: Leitfaden für Unternehmer und Nachfolger*. Gabler, Wiesbaden, p. 42 ss.; Ebel, K. (2009): *Keine Krise durch Generationswechsel*. In: P. May und

G. Rieder (ed.), *Familienunternehmen heute – Jahrbuch 2010*, Intes Akademie für Familienunternehmen, Bonn-Bad Godesberg, pp. 76-83.

29 Cfr. in proposito Lutter, M. und P. Hommelhof (2009): *GmbHG*, Dr. Otto Schmidt, Köln: § 51a Rn 25 – 31; Baumbach, A. und K. Hopt (2010): *Handelsgesetzbuch*, C. H. Beck, München: § 166, comma 18 e 19.

30 Kommission Governance Kodex für Familienunternehmen (2015): *Governance Kodex für Familienunternehmen – Leitlinien für die verantwortungsvolle Führung von Familienunternehmen.* (http://www.kodex-fuer-familienunter-nehmen.de/).

31 Kormann, H. (2011): *Zusammenhalt der Unternehmerfamilie – Verträge, Vermögensmanagement, Kommunikation.* Springer, Heidelberg, pp. 254-260.

32 Klett, M. (2009): "Muss es immer die Familie sein, meine Herren?" in Frankfurter Allgemeine Zeitung, n. 152, 3 luglio 2009, p. 76.

33 Cfr. Sudhoff, H. (2005): *Unternehmensnachfolge.* C. H. Beck, München: §§ 81, 82.

34 Kommission Governance Kodex für Familienunternehmen (2015): *Governance Kodex für Familienunternehmen – Leitlinien für die verantwortungsvolle Führung von Familienunternehmen* (http://www.kodex-fuer-familienunternehmen.de/).

35 Cfr. Kommission Governance Kodex für Familienunternehmen (2015): *Governance Kodex für Familienunternehmen – Leitlinien für die verantwortungsvolle Führung von Familienunternehmen.* (http://www.kodex-fuer-familienunternehmen.de/).

36 Kommission Governance Kodex für Familienunternehmen (2015): *Governance Kodex für Familienunternehmen – Leitlinien für die verantwortungsvolle Führung von Familienunternehmen.* (http://www.kodex-fuer-familienunternehmen. de/).

37 Kommission Governance Kodex für Familienunternehmen (2015): *Governance Kodex für Familienunternehmen – Leitlinien für die verantwortungsvolle Führung von Familienunternehmen.* (http://www.kodex-fuer-familienunternehmen. de/).

38 Cfr. anche Kormann (2011): *Zusammenhalt der Unternehmerfamilie – Verträge, Vermögensmanagement, Kommunikation.* Springer, Heidelberg.

39 Cfr. Simon, F., R. Wimmer, T. Groth (2005): *Mehr-Generationen-Familienunternehmen. Erfolgsgeheimnisse von Oetker, Merck, Haniel,* Carl Auer, Heidelberg, e anche Simon, F. (2009): *Ambivalenzen des Familienunternehmens. Idealtypische Chancen und Risiken für Familie und Unternehmen.* In: Steinbeis, M. (ed.), *Familienfirma – Erfolge, Krisen, Fortbestand,* Steinbeis, Brannenburg, pp. 27-51.

40 Kommission Governance Kodex für Familienunternehmen (2010): *Governance Kodex für Familienunternehmen – Leitlinien für die verantwortungsvolle Führung von Familienunternehmen.* (http://www.kodex-fuer-familienunternehmen.de/).

41 Kellermanns, F. und A. V. Schlippe (2010): *Konflikte in Familie und Unternehmen erkennen, managen und vermeiden.* In: A. Koeberle-Schmid, H.-J. Fahrion und Witt (ed.), *Family Business Governance – Erfolgreiche Führung von Familienunternehmen,* Erich Schmidt, Berlin, p. 309.

42 Cfr. Kellermanns, F. und A. v. Schlippe (2010): *Konflikte in Familie und Unternehmen erkennen, managen und vermeiden.* In: A. Koeberle-Schmid, H.-J. Fahrion und P. Witt (ed.), *Family Business Governance – Erfolgreiche Führung von Familienunternehmen,* Erich Schmidt, Berlin, p. 314 s. con ulteriore documentazione.

43 Questi "disturbi unilaterali della percezione" sono particolarmente pericolosi, perché vengono spesso sfruttati dalle persone che sono interessate (per motivi personali o professionali) al mantenimento o all'escalation del conflitto.

44 Cfr. Kellermanns, F. and K. Eddleston (2006): *Feuding families: The management of conflict in family firms.* In: P. Poutziouris, K. Smyrnios and S. Klein (ed.), *Handbook of Research on Family Business,* Edward Elgar Publishing, North Hampton, pp. 358-368; Kellermanns, F. and K. Eddleston (2007): *Feuding Families: When Conflict Does a Family Firm Good,* Entrepreneurship Theory & Practice 6, pp. 809-830 e la sintesi in Kellermanns, F. und A. V. Schlippe (2010): *Konflikte in Familie und Unternehmen erkennen, managen und vermeiden.* In: A. Koeberle-

Schmid, H.-J. Fahrion und P. Witt (ed.), *Family Business Governance – Erfolgreiche Führung von Familienunternehmen*, Erich Schmidt, Berlin, p. 316 s.

45 Più nel dettaglio May, P. und G. Rieder (2006): *Family Educa-tion – Ein Eckpfeiler von Good Governance im Familienunternehmen*. In: P. May und O. Obermaier (ed.), *Good Governance im Familienunternehmen*, Intes Akademie für Familienunternehmen, Bonn-Bad Godesberg, pp. 132-140. Schröder, E. und N. Arnaud (2010): *Erziehung zur Nachfolge – geht das?*, pp. 12-15; Förster, N. und A. Götsch (2010): *Auf Chef studieren*. Impulse 10, pp. 56-62.

46 Cfr. Lief, C. and P. May (2008): *Roca Corporation: Hard Work and Brotherhood (Fallstudie Imd-3-2032)*. Imd, Lausanne.

47 Cfr. tra l'altro Koch, M. (2010): "Spendable Milliardäre – 40 Superreiche verschenken die Hälfte ihres Vermögens", Süddeutsche Zeitung, 4 agosto 2010, p. 17; Unterreiter, V. (2010): "Milliarden für den guten Zweck". Welt, n. 164, 17 luglio 2010, p. 12.

48 Più nel dettaglio sull'impegno d'interesse sociale dell'impresa cfr. May, P. Eiben und F. von Peter (2008): *Gemeinnütziges Engagement von Familienunternehmen*. Intes Akademie für Familienunternehmen, Bonn-Bad Godesberg; Bnp Paribas and Campden Research (2009): *Global Family Philanthropy Report 2009 – Giving through the generations, demanding impact, building unity, securing legacy*. Campden Fb 3, pp. 22-33; Schmidt, M. (2010): *Die machen Schulen*. Impulse 8, pp. 116-121; Ludowig, K. (2010): "Von Berufs wegen Gutes tun", Handelsblatt 15, 22 gennaio 2010, p. 64.

49 Nel dettaglio sul family office cfr. anche Eiben, J. und Y. Brückner (2010): *Struktur und Aufgaben von Single Family Offices*. In: A. Koeberle-Schmid, H.-J. Fahrion und P. Witt (ed.), *Family Business Governance – Erfolgreiche Führung von Familienunternehmen*, Erich Schmidt, Berlin, pp. 287-302; Haupt, F. und T. Hilger (2006): *Das Family Office: Integrierter Dienstleister oder strategischer Berater? Forschungspapier Nr. 5*, Intes Zentrum für Familienunternehmen, Vallendar; Prinz, R.: *Family Office: Eine markt- und modellorientierte Betrachtung*. St. Gallen.

50 Nel dettaglio sul manager di famiglia cfr. Nelton, S. (2008): *The role*

of a family leader. In: Spector, B. (ed.), *Shareholder's Handbook – Tips and strategies for effective ownership and stewardship of your family company*, Family Business Publishing Co., Philadelphia, pp. 80-82.

51 Più nel dettaglio su ruolo, compiti e realizzazione di un consiglio di famiglia cfr. Koeberle-Schmid, A. (2008): *Family Business Governance – Aufsichtsgremium und Familienrepräsentanz*. Gabler, Wiesbaden; Koeberle-Schmid, A. (2009): "Aufgaben von Familienrepräsentanzen". Der Aufsichtsrat 2, pp. 22-24; Brockhoff, K. und A. Koeberle-Schmid (2010): *Gesellschafterausschuss als zentrales Gremium zur Organisation der Familie*. In: A. Koeberle-Schmid, H.-J. Fahrion und P. Witt (ed.), *Family Business Governance – Erfolgreiche Führung von Familienunternehmen*, Erich Schmidt, Berlin, pp. 257-280.

Codice tedesco di governance per le aziende familiari: linee guida per la gestione responsabile delle imprese familiari e delle famiglie imprenditrici

Versione del 29 maggio 2015

Premessa

Il Codice di governance per le imprese familiari offre alle imprese familiari e ai loro stakeholder un quadro affidabile per la valutazione e l'ottimizzazione delle proprie strutture di governance.

Fu creato in Germania nel 2004 come prima iniziativa mondiale del suo genere e rielaborato nel 2010. Con l'attuale terza edizione, la Commissione adempie al compito che si era data di verificare, a intervalli regolari, il Codice e di svilupparlo ulteriormente.

Il Codice di governance per le imprese familiari è un'iniziativa comune di Intes Akademie für Familienunternehmen, di Family Business Network Deutschland (F.B.N.) e di Die Familienunternehmer. È stato creato dal professor Peter May.

Fanno parte della Commissione noti imprenditori familiari, studiosi e consulenti; senza la loro collaborazione, il Codice e l'attuale rielaborazione non sarebbero stati possibili.

La nuova edizione da loro rivista entra in vigore il 29 maggio 2015 e sostituisce le versioni degli anni 2004 e 2010.
Il Codice è reperibile online, in lingua tedesca, all'indirizzo: www.kodex-fuer-familienunternehmen.de.
Oppure lo si può richiedere a:
Kommission Governance Kodex für Familienunternehmen
c/o Intes Akademie für Familienunternehmen GmbH
Kronprinzenstraße 31
53173 Bonn-Bad Godesberg, Germania.

Commissione Governance Kodex für Familienunternehmen

Presidenza

Peter May (Intes), presidente
Karl-Erivan W. Haub (F.B.N. Deutschland) e
Lutz Goebel (Die Familienunternehmer), vicepresidenti

Altri membri

Ann-Kristin Achleitner (Technische Universität München)
Patrick Adenauer (Bauwens)
Dominik von Au (Intes Akademie für Familienunternehmen)
Peter Bartels (PricewaterhouseCoopers)
Klaus Dohle (Dohle Handelsgruppe)
Stefan Dräger (Drägerwerk)
Franz M. Haniel (Franz Haniel & Cie.)
Jürgen Heraeus (Heraeus Holding)
Thomas Hoyer (Hoyer)

Rafael Kisslinger da Silva (Máquinas Condor)
Sabine Rau (Kings College London)
Hermut Kormann (Zeppelin University)
Alfred Oetker
Florian Rehm (Mast-Jägermeister)
Hans-Ewald Reinert (H. & E. Reinert Westfälische Privat-Fleischerei)
Hans-Arndt Riegel (Haribo)
Helmut Rothenberger (Rothenberger)
Johannes Freiherr von Salmuth (Röchling)
Arist von Schlippe (Private Universität Witten-Herdecke)
Klaus Schweinsberg (Glh)
Bernhard Simon (Dachser Group)
Lenke Steiner (Bju, Die Jungen Unternehmer)
Thilo Wersborg (Precitec Itm)
Michael Woywode (Institut für Mittelstandsforschung)
Reinhard Zinkann (Miele & Cie.)

Indice

Preambolo

1. Autoconsapevolezza dei proprietari
2. Elaborazione dei diritti e dei doveri dei proprietari
    2.1. Parametri generali dell'organizzazione
    2.2. Parametri individuali dell'organizzazione
3. Organo di vigilanza
    3.1. Compiti e ordinamento interno dell'organo di vigilanza
    3.2. Composizione dell'organo di vigilanza
    3.3. Compenso e responsabilità
4. Direzione dell'impresa
    4.1. Compiti della direzione d'impresa
    4.2. Composizione della direzione aziendale
    4.3. Compenso e responsabilità
5. Definizione e utilizzo dei risultati
    5.1. Definizione dei risultati
    5.2. Utilizzo dei risultati
6. Passaggio della proprietà, uscita dalla cerchia proprietaria
7. Family governance
    7.1. Principi
    7.2. Rapporti
    7.3. Attività
    7.4. Organizzazione
8. Realizzazione e validità di un proprio Codice di governance

Glossario

Preambolo

Le imprese familiari non costituiscono solo la maggioranza delle imprese e dei posti di lavoro nel nostro Paese; hanno anche una particolare forma di responsabilità nei confronti della società e, per l'orientamento intergenerazionale del loro modello di business e la relativa natura di lungo respiro, sentono di avere doveri nei confronti dei collaboratori e di tutti gli altri stakeholder. Ai diritti proprietari si accompagna dunque una particolare responsabilità della famiglia proprietaria: organizzarsi in modo tale da assicurare una gestione aziendale moderna e di duraturo successo.

Una buona governance rientra dunque tra gli elementi di una gestione aziendale adeguata ed efficace. Nel Codice tedesco di corporate governance sono fissate le norme principali per le public company quotate in Borsa. Esso non è stato concepito per le imprese familiari non orientate al mercato dei capitali, perché presuppone un grado relativamente elevato di omogeneità delle imprese considerate. Le imprese familiari si caratterizzano invece per una grande varietà di dimensioni, forme di diritto e strutture aziendali, proprietarie e gestionali. Da questa molteplicità nascono sfide specifiche, che richiedono una particolare attenzione.

Il Codice per le imprese familiari qui presentato si rivolge in particolar modo a tutti i proprietari di imprese familiari che vogliono assumersi la loro particolare responsabilità. Vuole aiutare quelle famiglie proprietarie che nei termini di una leadership aziendale globale mirano a un equilibrio tra gli interessi di tutti gli stakeholder e vogliono conservare per le generazioni a venire l'impresa che gli è stata affidata per il bene della propria famiglia, dei clienti e dei dipendenti.

Lo scopo del Codice di governance per le imprese familiari è quello di aiutare le famiglie proprietarie a porre le domande pertinenti e a trovare le risposte individuali, adatte alla particolare situazione dell'impresa e della famiglia.

Il contenuto del Codice di governance per le imprese familiari rappresenta un punto di riferimento per la formazione di una volontà collettiva dei proprietari, il vademecum per lo sviluppo di regole individuali e una premessa indispensabile per la continuità nel tempo come impresa familiare. Da tutto questo trae la sua particolare legittimità.

Nelle sue raccomandazioni, il Codice di governance per le imprese familiari fa distinzione tra la formulazione "si deve" e quella "è raccomandato". Il termine "si deve" rimanda a raccomandazioni che sono irrinunciabili per una buona governance, mentre il termine "è raccomandato" è utilizzato per proposte da cui in casi eccezionali si può derogare.

1. Autoconsapevolezza dei proprietari

Le imprese familiari si trovano sotto la proprietà determinante di una o più famiglie, la cui intenzione è di mantenerla per almeno un'altra generazione. Per affermarsi con successo nel mercato e rafforzare il consenso sociale nei confronti del modello dell'impresa familiare, i proprietari devono manifestare il proprio chiaro impegno per una gestione responsabile del loro ruolo di titolari. Rientra in questo la costituzione di adeguate strutture di governance. In tale ambito, i proprietari devono in particolare prendere le seguenti decisioni e misure e realizzarle sia all'interno dell'impresa sia nella famiglia titolare.

1.1. I proprietari devono stabilire verso quali valori e obiettivi si sentono impegnati considerando la loro proprietà di famiglia e la loro impresa familiare.

1.2. Essi devono stabilire fino a che punto, oltre agli interessi legittimi della famiglia proprietaria, vogliono tenere in considerazione gli interessi degli altri stakeholder, in particolare dei dipendenti e dei clienti, e contribuire attraverso una solida amministrazione allo sviluppo della società.

1.3. I proprietari devono anche stabilire quale valore attribuiscono al mantenimento dell'impresa come impresa familiare e in che misura gli interessi dell'impresa precedono gli interessi complessivi e individuali dei proprietari.

2. Elaborazione dei diritti e dei doveri dei proprietari

I proprietari sono l'istanza decisionale massima. Nel quadro giuridico da loro scelto possiedono la facoltà di stabilire valori e obiettivi nonché di prendere le decisioni finali. Se delegano questa facoltà a un organo di vigilanza indipendente, sono responsabili dell'efficienza e della qualità di questo organo. A tutela di tale responsabilità è necessario tener conto di quanto segue.

2.1. Parametri generali dell'organizzazione

2.1.1. Nel determinare i valori e gli obiettivi i proprietari devono formulare le proprie aspettative riguardanti l'orientamento aziendale, soprattutto con riferimento alla stabilità, redditività e crescita a lungo termine. Si raccomanda di equilibrare queste aspettative con la strategia patrimoniale di lungo termine dei proprietari.

2.1.2. Inoltre i proprietari devono esprimersi chiaramente sul ruolo dei proprietari nella gestione e nel controllo dell'impresa.

2.1.3. Laddove la legge non richieda un organo di vigilanza, i proprietari devono decidere se e in che misura vogliono delegare i poteri a loro conferiti, in particolare di consultazione e di controllo della gestione aziendale, a un comitato volontario.

2.1.4. I proprietari devono organizzarsi in modo che la loro capacità decisionale sia garantita in ogni momento. Si raccomanda di definire chiaramente i diritti di maggioranza e di minoranza e di bilanciarli in maniera adeguata.

2.1.5. Le strutture aziendali e d'informazione devono essere costituite in modo tale da permettere in ogni momento ai proprietari, a un qualsiasi organo di controllo nonché alla direzione dell'impresa una valutazione appropriata della situazione economica e finanziaria dell'impresa e il mantenimento dei valori e degli obiettivi concordati.

I proprietari devono anche stabilire se e in che misura questa trasparenza interna deve essere applicata anche nei confronti degli stakeholder esterni.

2.2. Parametri individuali dell'organizzazione

2.2.1. Tra i principali diritti di partecipazione dei titolari rientrano:
- il diritto di partecipare all'assemblea dei proprietari;
- il diritto di voto;
- il diritto di informazione e accesso ai dati.

Nella tutela di tali diritti di partecipazione si raccomanda di trattare allo stesso modo tutti i titolari e di permettere loro l'esercizio personale dei diritti di partecipazione. Si raccomanda di regolamentare chiaramente le relative deroghe e soprattutto di motivarle e di amministrarle con discrezione.

2.2.2. Si deve stabilire da chi possa farsi rappresentare un titolare nell'assemblea dei proprietari e nell'esercizio del proprio diritto di voto. Per i minori o per i proprietari che sono impediti in modo permanente dal partecipare personalmente (per esempio a causa di un'esecuzione testamentaria) si raccomanda di accertarsi che vi sia un'adeguata possibilità di partecipazione delle persone delegate.

2.2.3. Il diritto di voto deve collegarsi all'ammontare della partecipazione al capitale. Eventuali diritti speciali in deroga a favore di singoli titolari o gruppi di titolari devono richiedere chiare regole e particolari motivazioni; si raccomanda di amministrale con discrezione.

2.2.4. Per l'elaborazione di una politica di accesso ai dati e di informazione riguardante l'impresa, si raccomanda che essa permetta a tutti i proprietari:
- di farsi un quadro esatto della situazione economica e finanziaria dell'impresa e del rispetto dei valori e degli obiettivi dei suoi proprietari;
- di familiarizzare con gli aspetti principali del business dell'impresa e di capire la sua strategia;
- di rafforzare i legami con l'impresa.

Si raccomanda anche di stabilire norme per l'esercizio dei diritti di informazione da parte dei proprietari e di adottare misure contro un eventuale abuso del diritto di informazione.

2.2.5. I proprietari devono stabilire se, in quale numero e con quali presupposti i familiari possono lavorare in o per l'impresa e/o ottenere prestazioni dall'impresa.

Nel caso in cui i membri della famiglia proprietaria collaborino, si raccomanda di stabilire secondo quali regole ha luogo il processo di selezione e chi deve decidere l'assunzione.

2.2.6. I proprietari devono stabilire in modo chiaro i diritti e doveri derivanti per il singolo proprietario dal ruolo di titolare. Ciò vale in particolare per:
- la partecipazione all'assemblea dei proprietari;
- l'esercizio del diritto di voto;
- la riservatezza in questioni interne all'impresa e alla famiglia;
- la non concorrenza;
- la garanzia che l'impresa familiare sia gravata il meno possibile dalle conseguenze di divorzi, quote di legittima e/o imposte di successione.

Si raccomanda di adoperarsi affinché i proprietari stipulino contratti matrimoniali con efficacia restrittiva sugli utili e prendano disposizioni testamentarie in armonia con le disposizioni del contratto societario.

3. Organo di vigilanza

Con la crescente dimensione dell'impresa e della sua complessità dalla parte della proprietà si raccomanda anche alle imprese familiari non obbligate per legge a costituire un organo di vigilanza volontario e indipendente. Un tale organo può aiutare a garantire la qualità e l'obiettività nella consulenza e nel controllo della direzione aziendale. Se i proprietari decidono per la costituzione di un tale organo volontario, si devono orientare ai seguenti principi.

3.1. Compiti e ordinamento interno dell'organo di vigilanza

3.1.1. I proprietari devono definire chiaramente quali compiti ha l'organo di vigilanza. In particolare devono stabilire se e in che misura l'organismo di vigilanza è competente per:
- la nomina e la revoca nonché per altre decisioni riguardanti il personale direttivo;
- le decisioni in merito a un eventuale presidente o portavoce della direzione dell'impresa, un regolamento interno e altri provvedimenti riguardanti l'organizzazione interna della direzione aziendale;
- l'approvazione della strategia aziendale, della relativa pianificazione, delle misure di gestione straordinarie o comunque di partecipazione alla gestione dell'impresa;
- la verifica del bilancio di esercizio e dell'utilizzo degli utili;
- i contratti con i proprietari, i membri della famiglia proprietaria e i membri dell'organo di vigilanza, e in che misura sono inoltre da includere le decisioni in origine riservate ai proprietari.

3.1.2. Contenuto, portata, modalità e frequenza dei resoconti della direzione aziendale devono essere chiaramente definiti. Lo stesso vale per i diritti di informazione che esulano da quelli dell'organo di vigilanza e per le questioni riguardanti la misura ed eventualmente il tipo di diritti di informazione dei titolari da trasmettere a questo organo. Rapporti e diritti di informazione e di accesso ai dati devono essere elaborati in modo che l'organo di vigilanza e i suoi membri siano in grado di assolvere in qualsiasi momento e in modo completo i propri compiti.

3.1.3. La struttura e i processi decisionali interni devono essere regolati in modo che l'organo di vigilanza possa attendere ai compiti affidatigli secondo i termini del suo incarico. Si deve in particolare garantire che
- l'organo di vigilanza sia convocato con ragionevole frequenza;
- l'efficacia della sua attività sia regolarmente controllata (evaluation);
- i membri dell'organo di vigilanza siano formati e aggiornati in conformità alla proprie responsabilità.

3.2. Composizione dell'organo di vigilanza

3.2.1. Struttura, dimensione e composizione dell'organo di vigilanza, nonché l'adeguatezza dei suoi appartenenti devono corrispondere alle dimensioni dell'impresa, alla complessità della sua struttura proprietaria e alla responsabilità assunta.

Si raccomanda ai proprietari di tener conto che nell'organo di vigilanza le competenze indipendenti dalla famiglia sono in grado di migliorare la qualità e l'effettività del suo lavoro.

3.2.2. I proprietari devono dunque stabilire in particolare:
- in che misura la famiglia proprietaria può e deve essere rappresentata nell'organo di vigilanza;
- le modalità con cui il presidente e gli altri membri dell'organo di vigilanza sono nominati e revocati dal loro incarico;
- quali maggioranze sono necessarie in un'elezione;
- quali requisiti professionali e personali devono essere soddisfatti per essere membri;

- quale durata ha il mandato dei membri nominati nell'organo di vigilanza e se sono stabiliti limiti di età o di durata massima dell'incarico.

3.2.3. Si deve fare attenzione che rientrino sempre nell'organo di vigilanza membri che dispongano delle competenze necessarie per il corretto svolgimento delle funzioni, che siano coperte le necessarie qualifiche e che i membri dell'organo di vigilanza agiscano, nel complesso, nell'interesse dell'impresa familiare e dei suoi proprietari. Nella scelta dei membri dell'organo di vigilanza si deve badare che i membri si identifichino con i valori e gli obiettivi dei proprietari.

Il presidente costituisce il punto di incontro tra gli interessi della famiglia e dell'impresa, e deve dunque godere in misura speciale della fiducia dei proprietari.

3.2.4. I proprietari devono stabilire se e a quali condizioni un membro della direzione aziendale può, dopo il suo ritiro, essere nominato nell'organo di vigilanza, in particolare come presidente di questo organo.

3.2.5. Nella scelta dei membri dell'organo di vigilanza si deve prestare attenzione a evitare conflitti d'interesse.

3.3. Compenso e responsabilità

3.3.1. L'attività dei membri dell'organo di vigilanza deve essere adeguatamente ricompensata. I meccanismi in vigore devono essere chiaramente definiti.

3.3.2. I principi e la portata di una potenziale responsabilità dei membri dell'organo di vigilanza devono essere chiaramente regolati.

4. Direzione dell'impresa

La direzione dell'impresa guida l'impresa familiare nel quadro della sua responsabilità giuridica, dei valori e degli obiettivi stabiliti dai titolari, nonché delle competenze che essi hanno creato (contratti aziendali, regolamento aziendale ecc.). Nel dettaglio occorre tenere presente quanto segue.

4.1. Compiti della direzione d'impresa

4.1.1. La direzione aziendale deve sviluppare l'orientamento strategico dell'impresa, tenendo conto dei valori e degli obiettivi dei proprietari, adeguarli in maniera regolare insieme ai titolari e/o all'organo di vigilanza da loro creato e provvedere alla loro attuazione.

4.1.2. La direzione aziendale deve provvedere al rispetto delle disposizioni di legge e delle direttive interne dell'impresa (compliance) e a un adeguato management del rischio e delle opportunità aziendali in linea con i valori e gli obiettivi dei titolari.

4.1.3. La direzione aziendale deve comunicare il risultato della sua attività ai titolari e/o all'organo di vigilanza da questi insediato. I particolari sono disciplinati direttamente o in conformità al punto 3.1.2.

4.2. Composizione della direzione aziendale

4.2.1. Dimensioni, struttura e composizione della direzione dell'impresa devono essere allineate alle dimensioni dell'azienda, alle singole esigenze del mercato e alla responsabilità assunta.

4.2.2. Se la direzione aziendale è costituita da più membri, si deve decidere se ci deve essere un presidente o un portavoce. Si devono inoltre redigere un regolamento e un organigramma e regolamentare la questione di chi decide in proposito.

4.2.3. I proprietari devono in particolare stabilire in modo chiaro se e a quali condizioni i membri della famiglia proprietaria possono essere chiamati nella direzione aziendale e da questa revocati e chi decide in proposito. Queste norme devono essere chiare, trasparenti e oggettivamente verificabili. Lo stesso vale per il licenziamento, la definizione dei contratti di impiego (incluso il compenso) e tutti gli ulteriori accordi presi con loro.
I membri della famiglia titolare e quelli indipendenti dalla famiglia, impegnati nella direzione dell'impresa, devono per principio essere trattati allo stesso modo. La norma vale anche per le decisioni secondo il punto 4.2.2 (regolamenti e attribuzioni). In particolare, se l'impresa familiare ha più proprietari, si raccomanda, per motivi di imparzialità, di rendere partecipi i soggetti indipendenti della famiglia alle decisioni riguardanti i membri che vi fanno parte.

4.2.4. Le imprese familiari devono disporre di un piano di successione a lungo termine. Si raccomanda che questo contenga almeno un limite d'età vincolante per i membri della direzione aziendale, considerazioni sulla preparazione dei potenziali successori, disposizioni in merito alla selezione e alla configurazione del processo di transizione.
Inoltre ci deve essere un piano di emergenza che stabilisca che cosa si deve fare in caso di successione imprevista e anticipata.

4.3. Compenso e responsabilità

4.3.1. L'attività dei membri della direzione aziendale deve essere adeguatamente retribuita. Dovrebbe essere chiaramente definito:

- chi è responsabile della decisione sui compensi;
- secondo quali principi devono essere fissati;
- chi deve essere informato sull'entità dei compensi.

4.3.2. I principi e la portata di una potenziale responsabilità dei membri della direzione aziendale devono essere regolati in modo chiaro.

5. Definizione e utilizzo dei risultati

Le imprese familiari devono prestare una particolare attenzione alla sicurezza della loro base di capitale e di liquidità poiché, dato il loro orientamento intergenerazionale, dipendono dai mezzi finanziari messi a disposizione dai familiari titolari. Nella determinazione e nell'uso dei risultati bisogna considerare nel dettaglio quanto segue.

5.1. Definizione dei risultati

5.1.1. I proprietari devono stabilire in modo chiaro, nella redazione del bilancio annuale, i criteri principali di contabilità e di valutazione. In particolare devono decidere come esercitare eventuali diritti di voto riguardanti le scelte contabili e di valutazione. Si raccomanda di farsi guidare dal principio della prudenza.

5.1.2. Si raccomanda di far verificare il bilancio annuale di un'impresa familiare da un revisore dei conti, anche se non è contemplato un relativo obbligo di legge.

5.1.3. La scelta e l'incarico di revisore dei conti devono avvenire attraverso i titolari e/o l'organo di vigilanza da loro creato.

5.1.4. La verifica del bilancio annuale deve essere effettuata dai titolari e/o dall'organo di vigilanza da loro predisposto.

5.1.5. Prima di decidere in merito all'approvazione del bilancio annuale, i proprietari e/o l'organo di vigilanza da loro predisposto devono avere sufficienti possibilità di prendere visione in forma adeguata del bilancio annuale e della relazione del revisione dei conti, e di porre domande al revisore.

5.2. Utilizzo dei risultati

5.2.1. Le norme che disciplinano l'utilizzo dei risultati devono essere elaborate in modo che, da un lato, favoriscano il raggiungimento degli obiettivi di stabilità, redditività e crescita fissati dai titolari, e, dall'altro, aiutino a evitare conflitti nella cerchia dei proprietari.

5.2.2. I proprietari devono garantire che una parte sufficiente di utile, tolte le imposte, rimanga in modo permanente nell'impresa a rafforzamento del capitale proprio. Nella sua determinazione devono essere tenuti in debita considerazione i legittimi interessi di distribuzione dei dividendi della totalità dei proprietari.

5.2.3. Per un oggettivo e adeguato equilibrio tra gli interessi finanziari dell'impresa e quelli di distribuzione dei dividendi dei proprietari, si raccomanda di agganciare l'ammontare della distribuzione e il reinvestimento degli utili al raggiungimento di determinati indici finanziari.

5.2.4. Si raccomanda inoltre di inserire nello statuto le norme fondamentali riguardanti l'utilizzo dei risultati, per creare un quadro affidabile per tutti i soggetti coinvolti.

5.2.5. Inoltre i meccanismi di calcolo del dividendo e della capitalizzazione devono essere resi trasparenti a tutti i proprietari.

6. Passaggio della proprietà, uscita dalla cerchia proprietaria

Per conservare la proprietà dominante della famiglia nel lungo periodo, i proprietari devono prendere misure che garantiscano il mantenimento delle quote di partecipazione all'impresa nelle mani della famiglia. Ciò porta a una intrinseca limitazione della libera trasmissibilità delle quote, che deve essere tarata su un equilibrio ragionevole fra interessi di gruppi e interessi individuali. Detto questo, per una buona governance vanno osservati i seguenti principi.

6.1. I proprietari devono chiaramente stabilire a chi deve essere trasmessa la proprietà dell'impresa senza ulteriori restrizioni. Essi devono altrettanto chiaramente stabilire a quali condizioni è consentito il passaggio ad altri e quali conseguenze legali ha un trasferimento a tali altre persone che sia contrario agli accordi presi.
Regole altrettanto chiare devono valere per il passaggio tra soggetti viventi e anche per causa di morte.

6.2. Per compensare i limiti di trasferibilità secondo il punto 6.1., deve essere concesso ai titolari un adeguato diritto di recesso. I proprietari devono in particolare stabilire in modo univoco:
- a quali condizioni,
- in che termini temporali,
- secondo quali regole di valutazione
- e con quali modalità di pagamento

un proprietario può recedere dalla comune impresa di famiglia. Si raccomanda ai proprietari di stabilire anche come possa essere assicurato il finanziamento di eventuali indennità.

7. Family governance

Chi vuole mantenere a lungo un'impresa come proprietà della famiglia deve dirigere la propria attenzione non solo agli interessi aziendali, ma anche considerare in modo professionale e responsabile l'organizzazione della famiglia proprietaria. L'obiettivo di una buona family governance è quello di rafforzare e consolidare sul lungo periodo il sentimento di appartenenza dei membri della famiglia titolare e la loro identificazione con l'impresa, nel senso di un progetto comune. Un'altra istanza di una buona family governance è di aiutare a evitare i potenziali conflitti o di agevolare la loro risoluzione.

Le imprese familiari e le famiglie titolari sono così diverse che non ci possono essere raccomandazioni schematiche per una buona family governance. La soluzione giusta deve essere elaborata individualmente, tenendo conto delle dimensioni dell'impresa e della famiglia, della diversità e della specifica storia. In dettaglio bisogna tenere presente quanto segue.

7.1. Principi

7.1.1. Le imprese possono restare imprese familiari sino a quando sono in grado di conservare la massima unità all'interno della famiglia proprietaria e il suo consenso per il mantenimento dell'impresa come impresa familiare. Ai proprietari si raccomanda di prestare una particolare attenzione a questi aspetti e di prendersi cura degli interessi della famiglia con la stessa diligenza posta nella gestione dell'impresa familiare.

7.1.2. La famiglia proprietaria deve elaborare per la famiglia valori e obiettivi e collegarli in un modello compiuto ai valori e agli obiettivi posti per l'impresa.

7.1.3. Nel quadro di una family governance deve anche essere stabilito:
- chi appartiene alla famiglia proprietaria;
- a quali condizioni i nuovi membri della famiglia vengono inseriti nella famiglia titolare dell'impresa;
- a quali condizioni può di nuovo andare persa l'appartenenza alla famiglia titolare;
- chi ha diritto di voto nelle questioni riguardanti la family governance.

Una buona family governance deve anche affrontare la questione di come avvicinare la futura generazione alle sue responsabilità nell'impresa e di come gestire le relazioni con i membri della famiglia che non sono proprietari e che tuttavia portano la responsabilità della continuità della famiglia e dell'impresa.

7.2. Rapporti

7.2.1. Si raccomanda di fissare regole di condotta per i rapporti tra i membri della famiglia proprietaria, in particolare:
- nella comunicazione e nelle relazioni all'interno della famiglia proprietaria, nonché tra impresa e famiglia e nei rapporti con l'esterno;
- nel comportamento in casi di conflitto;
- nel comportamento in casi di emergenza.

7.2.2. In caso di violazione delle regole di comportamento esistenti devono essere noti a tutti i membri della famiglia proprietaria lo sviluppo del conflitto (per esempio gradi di escalation) nonché le misure e le conseguenze. Vi rientrano anche percorsi riparatori e di recupero.

7.2.3. Si raccomanda di creare un management del conflitto, in modo che gli interessi dell'impresa non siano pregiudicati da controversie interne alla famiglia proprietaria.

7.3. Attività

7.3.1. Più è estesa la famiglia proprietaria, più fortemente si raccomanda di svolgere attività collettive e di stabilire le responsabilità per la loro attuazione.

7.3.2. In ogni caso la famiglia imprenditrice deve provvedere per tempo a uno sviluppo delle competenze dei (futuri) proprietari, per assicurare "la capacità del comitato". Viene inoltre raccomandato di includere eventualmente nello sviluppo delle competenze anche membri della famiglia allargata, per permettergli di comprendere le specificità della loro famiglia.

7.4. Organizzazione

7.4.1. Per concretizzare, attuare e sviluppare ulteriormente la family governance, la famiglia proprietaria deve decidere a chi attribuire la responsabilità di questo compito.

7.4.2. Il profilo richiesto, la durata dell'incarico, le modalità di scelta e le competenze devono essere stabiliti dalla famiglia proprietaria.

8. Realizzazione e validità di un proprio Codice di governance

8.1. Si raccomanda di regolare in modo individuale gli elementi di questo Codice.

8.2. La famiglia proprietaria deve elaborare e adottare insieme queste norme. Il processo di comune formazione e realizzazione è almeno importante quanto il risultato.

8.3. Le norme individuali devono essere verificate a intervalli (ir)regolari dalla famiglia proprietaria e, in caso di necessità, adeguate. La famiglia deve quindi disciplinare per tempo quale procedimento, quali competenze decisionali e quali maggioranze sono necessarie per un successivo adeguamento del suo Codice.

8.4. Deve anche regolare quale qualità giuridica si addice al Codice e ai suoi contenuti, in particolare con riferimento ai contratti societari e ad altri documenti giuridici.

Glossario

Assemblea dei proprietari: l'assemblea dei soci, l'assemblea generale di un'impresa, che ha diritti di intervento e patrimoniali, nonché doveri.

Corporate Governance: direzione e controllo di un'impresa con lo scopo di assicurare il successo a lungo termine della medesima. Nelle imprese familiari si aggiunge l'obiettivo di assicurare il mantenimento a lungo termine dell'impresa nelle mani della famiglia.

Direzione dell'impresa: la direzione ovvero il governo dell'attività imprenditoriale, il consiglio di amministrazione, i soci con responsabilità personale di un'impresa che amministrano.

Famiglia titolare: la cerchia di persone stabilite dai proprietari secondo il punto 7.3.

Family governance: organizzazione della famiglia proprietaria, avente come obiettivo di rafforzare e consolidare il senso di appartenenza tra i membri della famiglia titolare e la loro identificazione con l'impresa.

Imprese familiari: sono di proprietà dominante di una famiglia che ha un orientamento intergenerazionale.

Organo di vigilanza: quell'organo (per esempio un consiglio di sorveglianza o un comitato) che, in un'impresa, fornisce consulenza alla direzione aziendale e/o la controlla.

Proprietari: i proprietari, soci, azionisti o soci accomandanti ecc. di un'impresa.

Proprietari familiari: i proprietari di un'impresa che discendono dalla famiglia titolare.

Stakeholder: persone, gruppi di persone e istituzioni che hanno interessi nell'impresa, ovvero che hanno diritti sull'impresa (per esempio clienti, fornitori, collaboratori o Stato).

Postfazione

Il libro di May e Ingelfinger dimostra una profonda conoscenza delle aziende familiari. Nell'elaborazione teorica e negli esempi utilizzati si coglie la profondità dell'esperienza del più noto consulente di imprese familiari tedesche e di un manager di primissimo livello di una grande impresa familiare tedesca. May e Ingelfinger conoscono e ben spiegano i punti di forza e di debolezza delle imprese familiari e le loro differenze rispetto ad altri tipi di aziende. Per un breve commento al libro, mi concentro su alcune riflessioni a mio parere più rilevanti di altre:

- "Ogni famiglia ha lei stessa in mano la scelta: se vuole moltiplicare i vantaggi della proprietà familiare (…) oppure confrontarsi con gli svantaggi derivanti dall'invidia, dalla gelosia e dall'animosità" (p. 30). Questo è a mio avviso il primo grande punto fermo che May e Ingelfinger fissano: la proprietà familiare può essere un bene o un male per un'impresa. Molto dipende dai comportamenti della famiglia proprietaria. E per aiutare le famiglie a scegliere, gli autori citano un principio inserito nella Costituzione tedesca: "I proprietari sono in linea di massima liberi di disporre a propria discrezione dei loro beni, ma al tempo stesso hanno obblighi verso il bene comune" (p. 42). L'impresa è un bene comune e chiede rispetto a tutti, compresi i proprietari. È confortante che gli autori riprendano uno dei più solidi principi della economia aziendale italiana, un principio che ha sempre orientato la mia attività di ricerca e di consulenza.

- "Essendo un proprietario dominante non deve rispondere a nessuno, può restare al suo posto oltre ogni ragionevole limite d'età. Un tale comportamento non è né professionale né da prendere come modello" (p. 23). Con grande energia gli autori prendono posizione su una delle grandi scelte che un proprietario deve fare: decidere se dare continuità alla propria impresa governando la propria successione, oppure se rimanere a ogni costo al vertice, innescando un pericoloso processo di invecchiamento dell'impresa.

- Oltre al tema della difficoltà di organizzare la successione, May e Ingelfinger indicano un altro limite delle imprese familiari: la minaccia sempre presente del "virus Igr: invidia, gelosia, risentimento". Nella vita di una famiglia è inevitabile che succeda prima o poi qualcosa che minaccia l'armonia. Credo che tutti coloro che hanno figli lo possano riconoscere facilmente. Giustamente gli autori elaborano molto su questo limite delle imprese familiari, aiutando a capire che non esistono rimedi sicuri, anche se "la creazione di strutture che favoriscano la coesione e la professional ownership della famiglia titolare è importante quanto la definizione di regole adeguate" (p. 209). E qui gli autori danno anche un suggerimento che può sembrare di dettaglio, ma che invece apre a un modello diverso di relazioni tra i proprietari: "Nessun dubbio, i tempi sono cambiati. Se nell'era patriarcale bastava una semplice assemblea dei soci, oggi servono 'family days' con un programma completo di eventi" (p. 212).

- Mi pare utile sottolineare un ultimo passaggio del libro: "È ormai tempo che si tratti di questioni riguardanti la proprietà con la stessa professionalità che si usa nell'orientamento strategico dell'impresa". A partire da questo statement gli autori dedicano l'intera terza parte del libro proprio al tema delle "strategie per i proprietari". Qui sta uno dei segreti delle imprese familiari che prosperano oltre la terza generazione e che raggiungono anche dimensioni significative: la messa a punto di una strategia che consenta di governare la dimensione della proprietà. E – sia detto senza volontà di sterile critica verso gli imprenditori italiani ma a scopo di stimolo – molte aziende familiari italiane potrebbero giovarsi della lettura di questo libro allo scopo di "imparare che una concentrazione unilaterale sull'impresa non è sufficiente per conservare sul lungo periodo l'impresa nelle mani della famiglia. Per la riuscita del progetto dinastico, si deve organizzare sia l'impresa sia la famiglia e far fronte alle sfide che nascono dall'incontro dei due sistemi" (p. 219).

GUIDO CORBETTA
Professore "AIdAF-EY di Strategia delle aziende familiari. In memoria di Alberto Falck", Università Bocconi, Milano